华中科技大学文科著作出版基金资助

国家社会科学基金项目（13BJL056）研究成果

适宜城市规模与我国城镇化

范红忠 陈青山◇著

中国社会科学出版社

图书在版编目（CIP）数据

适宜城市规模与我国城镇化/范红忠，陈青山著．—北京：中国社会科学出版社，2017.12
ISBN978 – 7 – 5203 – 1569 – 2

Ⅰ.①适…　Ⅱ.①范…②陈…　Ⅲ.①城市化—研究—中国
Ⅳ.①F299.21

中国版本图书馆 CIP 数据核字(2017)第 288159 号

出 版 人	赵剑英
责任编辑	卢小生
责任校对	周晓东
责任印制	王　超

出　　版	中国社会科学出版社
社　　址	北京鼓楼西大街甲 158 号
邮　　编	100720
网　　址	http://www.csspw.cn
发 行 部	010 – 84083685
门 市 部	010 – 84029450
经　　销	新华书店及其他书店

印　　刷	北京明恒达印务有限公司
装　　订	廊坊市广阳区广增装订厂
版　　次	2017 年 12 月第 1 版
印　　次	2017 年 12 月第 1 次印刷

开　　本	710 × 1000　1/16
印　　张	20.25
插　　页	2
字　　数	333 千字
定　　价	88.00 元

凡购买中国社会科学出版社图书，如有质量问题请与本社营销中心联系调换
电话：010 – 84083683

自　序

　　城镇化空间格局一旦形成就将难以改变。中国今日的城镇化模式不仅影响着中国人民当前的福祉，而且也将对中国未来经济社会的健康发展，对中国人民及其子孙后代的福祉产生永久性重要影响。

　　然而，对于什么是中国城镇化的合理模式？什么样的城镇化空间格局是合理的？如何形成合理的空间格局？国内外学术界不仅远未达成共识，反而存在大相径庭的学术观点。其中，许多学者主张，中国人口众多，为了解决人多地少的矛盾，应该走日本式的城市化道路，主张以东京、中国香港作为我国内地城市发展的榜样，大力发展特大城市。这些学者通常还以世界范围内大城市人口有增加的趋势，我国大城市对资本和人口吸引力更大，大城市人口规模膨胀是一个普遍的市场规律，政府不应该违背市场规律等现象和观点为理由，为其大力发展特大城市的政策主张寻找支持性证据。他们的政策主张看起来似乎也很有道理。

　　但是，东京、中国香港是我国内地城市应该学习的良好榜样吗？我国城市发展不应该借鉴东京、中国香港发展的教训吗？如果说人口向大城市流动是一个普遍的规律，那么，人类该如何利用这一规律呢？是任由这一规律自行发挥作用，还是利用这一规律，使经济社会更好地发展？

　　正如对"市场经济条件下会周期性地发生经济危机"这一规律一样，世界各主要国家政府并没有任由这一规律自行发挥作用，而是应用经济理论，采取积极的反周期干预措施，以减少经济危机造成的危害。正是政府积极的反周期干预措施，使第二次世界大战后世界各主要国家避免了类似1930年的世界性经济大危机，并促进了经济增长。因此，对于经济规律，人类并不是被动地听之任之，而往往是主动地利用经济规律，以促使经济健康发展。

　　如果"人口向大城市流动"是一个普遍的规律，那么我们首先也应明确，这一规律是市场机制失灵的结果，还是市场机制正常发挥作用的结果。因为一些表面的经济现象常常有着深层的作用机制，一些看似合理的普遍的经济现象常常是市场失灵的不良结果。此时，政府就应当发挥有形之手的作用，弥补市场失灵，减少市场失灵引发的不良后果。

其次，如果"人口向大城市流动"是一个普遍的规律，我们还要看这一规律对经济社会发展产生的影响。如果这一规律像"周期性经济危机"规律一样对经济社会发展产生了严重的不良影响，那么政府就应该果断地运用有形之手进行必要的干预，以减轻人口向大城市流动带来的不良影响。

本书以促进我国经济长期健康增长为目标、以资源空间合理配置为视角、以中国经济增长方式转型为背景，把我国城镇化与经济增长的现实紧密地结合起来研究，其实质是"以人为本"的城镇化研究，而不是单纯地为了"数量的城镇化"而研究城镇化。这也构成了本书的主要特色。

本书的主要工作和核心观点如下：

一　基于"以人为本"的发展理念，对经济增长的本质进行了新的理论探索和理论界定，对城市化和城市发展的国际经验进行了新的提炼和总结

在库兹涅茨（Kuznets，1973）和米山（Mishan，1967）等现有文献基础上，本书认为，闲暇、美丽的自然风光、幽静整洁的人居环境也是人类经济活动的重要产出，而且随着人民生活水平的逐步提高，其经济价值也将不断提升，我国与发达国家的差距突出表现在人居环境、闲暇和产品质量上，而不是产品数量和种类上。

基于"以人为本"的发展理念，本书从两个视角层次对经济增长的本质进行了新的界定。从供给结构视角来看，本书给经济增长下的定义是：一国经济增长是指该国生产数量和种类更多、质量更好的产品、闲暇、美丽的自然风光和人居环境能力的长期上升。这个定义有三个构成要素：数量和种类更多的产品、质量更好的产品和美丽的人居环境、闲暇和自然风光。从更广义视角来看，过大的贫富差距降低了人们的主观幸福感，违背了共同富裕的社会主义经济增长目标；忽视了美满婚姻的经济增长实践最终可能导致结婚率和生育率大幅下降，人口严重老龄化，人们主观幸福感下降，经济增长难以持续。因此，经济增长的本质还应该包含在发展经济的过程中，防止出现过大的贫富差距和过多的"剩男剩女"。本书对经济增长本质的界定可以称为"以人为本"的经济增长定义。

在理论探索的基础上，我们提炼出两种典型的经济增长空间模式和三种典型的城市化模式，并以人居环境、上下班交通成本（含时间成本）、房价、生活成本、真实收入、贫富差距和城市环境为考量指标，对城市化和城市发展的国际经验进行了总结和提炼，对代表性巨型城市面临的问题及其对一国经济增长的影响进行了分析，指出生产和人口过度集中于一些巨型城市，是第二次世界大战后各国城市化的一个比较普遍的现象，根据经济增长本质和现有城市经济学理论与实证研究，这种过度集中不利于一国经济持续健康增长。

二　提出了"聚集不经济传导机制失灵"这一新的理论概念，并应用农民工调查数据证明该问题在中国的存在，进而对巨型城市持续膨胀进行了新的理论解释

城市适宜规模是由聚集经济和聚集不经济相互作用形成的。聚集经济主要表现为厂商生产效率的提高，聚集不经济主要表现为城市房价和工人生活成本的提高。通过劳动力市场的工资谈判，大城市工人会向厂商要求更高的名义工资来补偿大城市更高的生活成本，大城市更高的名义工资提高了厂商的投资成本，阻止了资本和人口向大城市的过度聚集，这就是聚集不经济的传导机制。

但是，在类似中国这样的发展中国家，大城市工人的工资谈判能力很弱，他们可能无法要求厂商根据大城市更高的生活成本调整并提高其名义工资，进而把大城市高房价、高通勤成本转嫁给厂商，并提高厂商的投资成本。当大城市更高的房价和生活成本不能转化为大城市厂商更高的投资成本时，聚集不经济传导机制失灵就产生了，此时，资本和人口将会在巨型城市过度聚集。本书采用对农民工的调查数据，证明了中国存在聚集不经济传导机制失灵问题。

三　从多维视角研究了我国不同等级城市的适宜规模，证明了我国城市体系存在严重的失衡，阻碍了城市全要素生产率的持续提高

用全要素生产率、人均 GDP 以及经过生活成本调整的真实人均GDP 和全要素生产率等多个指标衡量，均发现我国北京、上海、广州、深圳等巨型城市均严重超过其适宜的人口规模，同时，有超过一半的地级以上城市人口规模低于其适宜规模。城市体系的严重失衡既造成我国特大城市"房价和交通成本过高、人居环境恶化"等"城市病"日益严重；同时，也造成一大批中小城市缺乏对资本和人口的吸引力，最终导致整个国家的经济增长方式难以转变，经济增长难以持续。

对大中小城市真实收入比较研究发现，一方面，许多中小城市的人均真实收入大于北京、上海、深圳、广州等巨型城市的人均真实收入；另一方面，还有更多中小城市的真实收入低于巨型城市的真实收入。这一结论进一步证明了我国城市体系发展失衡，存在"特大城市过大、中小城市过小"问题。

通过计量分析，本书发现，城市规模越大，贫富差距越大；而且，城市规模越大，城市适龄青年结婚成本越高，其个体结婚概率越低。贫富差距过大和结婚概率过低都不利于经济健康发展，因此，必须借鉴国际经验，对巨型城市规模进行严格控制，并鼓励区位条件较好的中小城市发展。

四　在理论与实践研究基础上，提出应树立新的城市和城镇化发展理念

中国有近 14 亿人口，光靠几个重点一、二线城市难以实现我国城镇化和经济持续健康发展。切实把中小城镇当作促进我国城镇化和经济健康发展的重要载体和新的空间，坚决扭转我国城镇化和经济发展对几个重点一、二线城市的严重依赖。不少学者以东京、首尔，甚至东南亚和拉美一些国家巨型城市持续扩张为依据，认为继续发展巨型城市符合世界城市发展的规律。本书认为，我国巨型城市全部超过了其适宜规模，阻碍了其全要素生产率的提高和技术进步。东京、首尔，以及东南亚和拉美一些国家巨型城市发展产生的"城市病"及其对整个国家经济健康增长的阻碍恰恰应该引起我国的高度重视，并尽力避免。

五　通过非均等财政支出对资源空间布局和居民福利影响的理论与实践研究，提出应改革偏向大城市的财政体制机制

我国大中小城市和小城镇严重的"非均等财政支出"实质是偏向大城市的财政体制和机制造成的。包括土地收入分配制度在内的财政体制机制拉大了大城市与中小城镇之间的财力差距，使巨型城市拥有巨大的财力。不改革偏向大城市的财政体制机制，我国城市体系的失衡将更为严重，巨型城市的"城市病"将更为严重，贫富差距问题将更为严重，城市剩男剩女问题将更为严重，各类城市改变人居环境的努力将更为困难，特大城市和中小城市的发展差距将更为突出，我国各类城市的创新成本将更为高昂，整个国民经济将难以实现由数量型向品质型增长阶段的根本转变。

正在笔者向出版社交稿之际，武汉房地产市场正在发生着"秒光盘""深夜认购，疯抢房源"等令人印象深刻的事件，这些事件深刻地折射出特大城市面临的聚集不经济问题。愿本书对我国城镇化和经济社会健康发展有所贡献。

范红忠

2017 年 6 月 26 日于华中科技大学经济学院

目　录

第一篇　引论

第二篇　巨型城市过度膨胀的原因分析

第三篇　从多维视角分析城市适宜规模

第一篇

引　论

第一章 经济增长的本质与适宜城市规模判断分析框架

第一节 城镇间真实差距问题的提出

生产和人口空间分布是指一国 GDP 和人口在不同地区大、中、小城市（镇）和乡村的分布比例，它既是一国各类产业空间布局和人口流动的结果，同时，对各类产业空间布局的演变和人口流动的方向有着重要影响（Krugman，1991）。城镇化本质上是生产和人口在空间上重新分布的过程，城镇化过程中生产和人口空间分布是否合理，对一国城镇化的质量和经济的长期健康发展具有决定性影响（Henderson，2003）。要实现提出的大、中、小城市和小城镇之间的协调发展，就需要深入研究生产和人口空间合理分布问题。

从城镇化的国际经验来看，第二次世界大战后实现快速城市化的许多国家都不同程度地存在生产和人口过度集中问题（Henderson，2002）。例如，土地面积仅 1.33 万平方千米的日本东京圈，2007 年聚集了 3562 万人口，生产了日本 31.8% 的 GDP。尽管东京有着世界上最先进的轨道交通系统，但是，每天有 500 万上班族从东京周边地区涌入东京市区，其中 25% 的人口每天通勤时间超过 3 小时，上下班高峰期东京地铁的拥挤程度，被人们形容为"通勤地狱"（Hirooka，2000；Yates，1990；Wolf，2012），东京的房价之高使其成为世界上生活成本最高的城市之一（Mercer，2012）。占韩国国土面积 0.6% 的首尔，集中了韩国 20.8% 的人口、22.6% 的 GDP。同东京一样，首尔地区通勤交通十分拥挤，节节攀高的房价导致年轻人不能在适宜年龄结婚，交通房价问题还迫使韩国建设交通部长官秋秉直于 2006 年引咎辞职。目前，韩国正实施迁都计划以应对首尔的过度拥挤问题。此外，拉美国家也普遍存在生产与人口过度集中问题，过度集中使拉美大城市交通拥挤、房价过高、城市环境恶化、贫民区治安混乱（韩琦，1999）。日韩城镇化模式、拉美城镇化模式和德国大、中、小城镇和乡村协调发展的城镇化模式具有显著的差别。日韩城镇化质量值得重新考量。

总之，第二次世界大战后，生产和人口过度集中问题，具有一定的普遍性，其形成的深层机制和影响因素是什么？如何科学地判断北京、上海等特大城市的规模是否过大？如何科学地判断并提高中国生产和人口空间分布的合理性？科学地认识和解决这些问题，有助于实现大、中、小城市和小城镇协调发展，积极稳妥地推进中国城镇化。

中国在城镇化实践上，尽管十分强调发展中小城镇，但北京、上海、广州等不少特大城市实际上正有意无意同时又是不由自主地走着日韩城市化的道路，其中也有很大的拉美城市化模式的成分。在这些大城市，轨道交通系统越来越先进，但是，人口规模越来越大、交通越来越拥挤、房价越来越令普通居民难以承受，大学生"蚁族"越来越多，农民工市民化越来越困难，一些城市地区的治安形势比较严峻。然而，当一些大学生因为房价过高，想逃离"北上广"时，他们又无法在其家乡或中小城市找到合适的就业机会。

大、中、小城市和农村小城镇之间的真实差距是研究生产和人口空间合理分布的一个重要视角。北京、上海等东部特大城市的生活成本远高于中西部大、中、小城市和东部中小城市的生活成本，一个月薪1万元的北京人的真实收入很可能低于一个月薪5000元的湖南岳阳人的真实收入。仅考虑城市名义收入的差距，不仅夸大了城镇真实差距（江小涓、李辉，2005），而且还容易导致颇有争议的政策建议。例如，忽视生活成本因素，以名义人均GDP或单位土地面积创造的名义GDP来衡量，上海、北京等特大城市的人均劳动生产率和单位土地利用效率是最高的，一些学者据此认为，应该继续大力发展北京、上海等特大城市，以充分利用这些大城市的聚集经济。然而，如果考虑经生活成本调整的人均真实产出、居民人均真实收入或单位土地创造的真实产出，就很可能会得出截然不同的结论。

从城市经济学理论来看，城市的形成和发展依赖于生产与人口聚集所产生的聚集经济和聚集不经济，聚集经济使大城市的厂商具有了更高的生产效率，聚集不经济主要表现为大城市过高的房价、上下班时间过长，这提高了居民生活成本。城市有效规模反映了更高生产效率和更高生活成本之间的一种平衡（Henderson，2003）。仅仅考虑城市的名义人均 GDP 和居民名义收入，实际上只是考虑了城市聚集经济而忽视了聚集不经济的一面。

与多数学者采用名义值比较地区发展差距不同，江小涓、李辉（2005）根据购买力平价原理，构建了中国 36 个大中城市的生活成本指数，发现经该生活成本指数调整的城市间真实收入差距小于名义收入差距。李实、罗楚亮（2011）采用布兰特和霍尔兹（Brandt and Holz，2006）方法，使用 2002 年以来各省份城乡居民 CPI 计算出 2007 年中国各省份农村和城市的相关生活费用指数。相比而言，美国关于城市生活成本指数的研究比较完善，根据库兰（Curran et al.，2006）的总结，美国城市生活成本指数可以分为两大类：以单一居住成本为基础的生活成本指数和以"一篮子"商品价格为基础的生活成本指数。如美国住房与城市建设部的 FMR 指数和美国商业调查协会的 ACCRA 生活成本指数，这些指数在互联网上可方便查到。此外，学者研究了中国小城镇的公共服务欠缺及地区差距问题（王悦荣，2010；吴晓林，2011；孔祥智等，2012；樊纲、武良成，2012），一些学者还研究了德国通过公共服务及生活条件等值化，促进大、中、小城镇和乡村协调发展的经验（叶剑平、莫晓辉，2009）。

综上所述，综合比较研究大、中、小城市经生活成本调整的真实收入、居民公共服务满意度以及主观幸福感，对正确认识和促进中国生产和人口在大、中、小城市间的合理分布，对促进中国城镇化的健康发展具有重要价值。

第二节 基于"以人为本"发展理念 对经济增长本质的分析

城镇化与经济增长具有紧密的内在联系。经济增长可以促进城镇化，城镇化反过来也可以促进经济增长，高质量健康的经济增长可以促进高质量的城镇化，而高质量的城镇化也可以促进长期健康的高质量经济增长。要提高中国的城镇化质量，我们就必须对经济增长的本质进行深入的分析。

一 从供给结构的视角分析经济增长的本质

仅从物质财富的角度，库兹涅茨（1973）对经济增长的定义是："经济增长是给居民提供种类日益繁多的经济产品的能力长期上升。"该定义有三层含义：第一，经济增长是物质产品生产能力的提高，即国民生产总能力的提高。这里的物质产品包括产品的数量、质量和种类。第二，经济增长是以技术进步为基础和源泉的。第三，经济增长是以制度（政治与法律制度、经济体制、经济结构）和思想意识的不断调整为必要条件的。

米山（1967）认为，仅从物质财富的角度显然无法反映经济增长全部的本质内涵。在《经济增长的代价》一书中，米山（1967）试图从快乐的角度来定义经济增长的本质，认为物质财富的享受不是人类快乐的唯一源泉和目标，人类还需要有闲暇、文化娱乐、美丽的自然风光、幽静整洁的环境，等等。

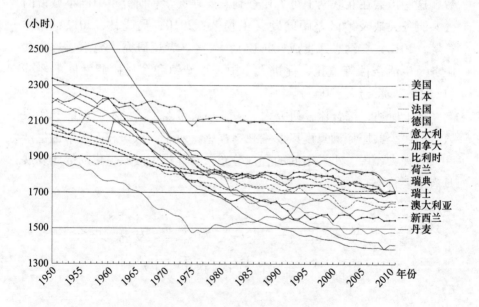

图 1-1　主要发达国家人均工作时间

资料来源：Penn World Table Version 8.0。

综合库兹涅茨（1973）和米山（1967）的观点，我们认为，他们都是从供给结构的角度来分析经济增长的本质，因为闲暇、文化娱乐、美丽的自然风光、幽静整洁的环境也是经济活动的重要产出，而且随着物质财富的不断积累和人民生活水平的逐步提高，闲暇、文化娱乐、美丽的自然风光、幽静整洁的人居环境对人们的重要性或曰经济价值也将不断提升。

从发达国家的发展经验来看，随着经济的不断发展，人均工作时间会显著下降，闲暇时间相应提高。例如，1950—2010年，荷兰人均工作时间由2300个小时下降到1400个小时，美国人均工作时间由1910个小时下降到1600个小时，比利时人均工作时间由2350个小时下降到1550个小时。而中国人均年工作时间达到2000—2200小时，九成行业每周工时超过40小时，过半数行业每周要加班4小时以上。[1]可见，中国的闲暇时间和发达国家相比还有很大差距。

除闲暇外，中国与发达国家差距还表现在人居环境和生态环境方面。改革开放以来，中国的物质财富实现了高速增长，但是，中国的生态环境、人居环境受到了较为严重的破坏。雾霾锁城、垃圾围城、河水变质、土质恶化、食品安全等问题严重影响着中国人民的福祉。

综合上述分析，从供给结构的视角，我们可以给经济增长重新定义如下：一国的经济增长是给其居民提供数量和种类更多、质量更好的产品、闲暇、更加美丽的人居环境和自然风光能力的长期上升。这个定义有三个构成要素：①数量和种类更多的产品；②质量更好的产品和美丽的人居环境；③闲暇和自然风光。

罗斯托（Rostow，1960，1971）把经济增长分为传统社会、为起飞创造前提、起飞、向成熟推进阶段、大规模高消费阶段（汽车）、追求生活品质阶段六个阶段。在六个阶段中，第三阶段和第六阶段是社会发展的两次"突变"。

借鉴罗斯托的经济发展阶段论，我们可以将一国的经济增长分为三个阶段：数量型增长阶段、数量型向品质型增长转型阶段和品质型增长阶段。下面介绍数量型增长阶段和品质型增长阶段。

---

① http：//www. bj. xinhuanet. com/bjyw/2014 – 11/23/c_ 1113364541. htm.

（一）数量型增长阶段

数量型增长阶段是指单纯追求产品数量和种类增长的阶段，其基本特征是只追求产品的数量和种类，不关心产品的质量。在经济增长的初期，由于技术落后、生产率低下等原因，产品供给难以满足人们的需求，即使是质次价高的产品也能销售出去，所以，在这个经济增长阶段，人们更为关注产品数量的增长，而忽视产品质量的提高。20世纪60年代的日本就处于此类经济增长阶段，当时，日本的产品就是"低劣质量"的代名词。①

（二）品质型增长阶段

品质型增长阶段（或称质量效率型增长阶段）是指追求高质量产品、人居环境和闲暇的阶段，其基本特征是产品质量不断提升，自然和人居环境不断改善，人们的闲暇不断增多。和数量型增长不同，品质型经济增长的实际成果很难用 GDP 来全面衡量，因为闲暇和人居环境的经济价值很难用 GDP 来计算。雇用保姆来打扫卫生，给她支付的报酬就是在购买闲暇，购买一套海景、湖景房，高出一般房产的价格就是在购买环境。虽然环境、闲暇的经济价值难以准确衡量，但其给人带来的快乐是很大的。而且，人们越富有，对环境和闲暇需求就越大，其经济价值也越高。从美国等发达国家的发展经验来看，随着经济发展，人们对优美的人居环境、闲暇等高品质生活的要求不断提高。

二 对中国经济增长所处阶段的判断

中国经济已经完成了数量型增长阶段，正处于由数量型增长阶段向品质型增长阶段的转型阶段。2015 年，中国汽车产销量均超过 2450 万辆，创全球历史新高，连续七年蝉联全球第一；2014 年，中国共生产手机 16 亿部，占全球产量的 85%。根据韩国贸易协会国际贸易研究院的研究报告，2012 年，各国的全球出口市场占有率第一的商品数量中，中国以 1485 种高居榜首，排名第二的德国和美国分别为 707 种及 603种。但是，由于国际市场竞争加剧，国内需求低迷，中国不少行业产能过剩问题比较突出，2014 年第三季度，中国产能利用率只有 78.7%，产能过剩的范围，已经从钢铁、水泥、电解铝、平板玻璃、造船等传统

---

① http://biz.163.com/05/0515/02/1JOR71K700020QDS.html.

产业扩展到包括光伏产业在内的战略性新兴产业。① 这些数据和现象表明，中国已经基本完成了数量型增长阶段。

一方面，国内产能过剩严重，很多消费品积压滞销；另一方面，消费者在国内买不到价格合适的高品质商品，不惜全球"海淘"。根据国家旅游局统计，2015 年，中国老百姓出境旅游是 1.2 亿人次，在海外消费金额达到了 1045 亿美元，不仅是奢侈品，连电饭煲、马桶盖等一般消费品也热衷于从境外购买。其主要原因是中国消费者对国产商品质量满意度不高。产能过剩与大规模海外消费并存，从一个侧面说明中国经济正处于由数量型向品质型增长的艰难转型之中。

近年来，中国城乡湖景房、海景房、山景房的价格与其他住房价格相比的明显溢价，说明中国居民对人居环境的需求已经日益旺盛，然而，如前所述，在闲暇、生态环境和人居环境方面，中国与发达国家相比还有不少差距，中国对闲暇、生态环境、人居环境的供给上还存在较严重的不足。

三　对人居环境的分析

按照城市居民居住环境的空间层次，可以把人居环境分为室内环境、小区环境、片区环境和城市环境四个层面。

（一）室内环境

人的大部分生活时间是在室内度过的，良好的室内环境有利于人的身心健康和工作效率的提高。室内环境主要包括以下几个方面：

第一，房屋结构设计是否合理、通风采光效果是否良好。合理的住房设计主要包括齐全的住房功能和良好的通风采光条件。从住房功能来看，客厅、卧室、厨房、洗手间、阳台、书房、储藏间等功能空间的数量和大小要合适，布局要合理（干湿分区、动静分区等）；从通风采光条件来看，住房户型应该南北通透，可以受到较长时间的阳光照射。

第二，室内的各种装修材料是否环保。当前，室内污染已经成为大家广泛关注的公共问题，室内污染对居住人的人体健康带来了严重伤害，而各种装修材料的甲醛、笨等化学物质超标是产生室内污染的主要原因，这一问题在中国尤为突出。2012 年，央视记者对北京、上海和天津三大城市居室进行抽检，发现甲醛超标的比例分别为 79%、82%

---

① http：//finance. people. com. cn/n/2014/1118/c1004 - 26044220. html.

和81%。

第三，房屋是否比较安静、是否具有较好的隔音效果。人们都追求安静的生活环境，然而，随着城市人口和车辆的增多，以及城市各种高架桥的建设，各种噪声污染日益严重。所以，住房的隔音效果就显得至关重要。良好的隔音设施能够显著降低噪声污染，保证室内不受外界环境的干扰。

第四，房屋是否具有足够大的面积。住房面积的大小制约着住房功能空间的数量和大小，也影响住房的舒适度，如果长期居住在狭小的空间，必然会影响到人的心理和身体健康。

（二）小区环境

小区环境是决定人居环境的重要一环，那么，什么样的小区环境才是好呢？

首先，要有足够多的绿地。大量的绿地不仅可以美化小区环境，而且可以改善小区空气质量，一些高株的植物还能起到降低各种噪声污染的作用。

其次，要有公共活动的空间、场所和设施。宽敞的公共活动空间、干净的活动场所和完善的娱乐、健身等设施是小区品质的重要标志。一方面，小区居民可以利用公共活动场所和各种体育休闲设施进行休闲娱、体育活动；另一方面，公共活动场所也为小区居民提供了相互交流的平台，有利于消除邻里之间的陌生感，打造和睦的邻里关系。

最后，整洁、有序的管理。优质的物业管理是小区环境的保障，如果缺乏有序的管理，仅靠小区居民自觉保持小区环境，小区势必会陷入脏、乱、差的境地。

（三）片区环境

片区是比小区范围更大的区域，其由多个小区或者社区组成，例如，北京市西城区划分了七个片区来确定小升初的学校。片区环境主要是指各种居民生活配套设施是否完善，是否能够满足居民教育、医疗、购物和休闲等服务的需求。首先，片区内是否拥有完善的公共服务设施，例如，中小学校、医院、图书馆等。其次，片区内是否拥有完善商业服务设施，例如，超市、商场、菜市场等。最后，片区内是否拥有完善的休闲设施，例如，公园、体育馆、电影院等。

（四）城市环境

城市环境主要包括城市的自然风光、空气质量以及高等院校、科研机构和交通环境等人文环境。独特的自然风光是一个城市的主要标志，是一个城市重要的名片。独特的自然风光不仅包括自然形成的风光美景，例如，杭州西湖、中国香港维多利亚港等，也包括自然风光巧妙结合、交相辉映的自然人文景观，例如，巴黎埃菲尔铁塔、悉尼歌剧院、上海东方明珠等。知名大学或者科研机构是城市环境的另一个组成部分。一方面，大学或者科研机构能够提高城市的人文气息；另一方面，大学或者科研机构能够带来知识溢出作用，为城市提供人才和科技支持。德国弗莱堡之所以成为全球著名的太阳能之城，主要是因为欧洲最大的太阳能开发利用研究机构弗劳恩霍夫研究院坐落于此，其为这座城市提供了丰富的与太阳能研究相关的人才和技术。交通环境是城市环境的第三个组成部分，主要是指城市具有较为先进的交通基础设施，具有较高的城市交通效率，居民上下班的通勤时间较短，不存在较为严重的交通拥堵问题。在一个交通拥堵较严重的城市，各类汽车常常在拥挤的街道上缓慢前行，街道似乎成了停车场，既影响人们的心情，耽误人们的时间，又影响城市景观。

四　从更广义的视角对经济增长本质的分析

（一）伊斯特林悖论、收入差距与居民幸福感

伊斯特林（Easterlin，1974）研究发现，通常在一个国家内，富人报告的平均幸福和快乐程度高于穷人，但如果进行跨国比较，穷国的幸福水平与富国几乎一样高。国民的平均幸福感和快乐程度并未随国家富裕水平提升而提升。这一现象称之为"伊斯特林悖论"。

伊斯特林悖论目前也开始适用于中国。根据世界价值调查（World Values Survey）的资料，1990—2000 年，中国居民的平均幸福感从 7.3 下降到 6.5（一般为 1—10 标度），自认为"非常幸福"的居民比例从 28% 下降至 12%（Brockmann et al.，2008）。中国社会科学院调查的显示，2005 年，72.7% 的城乡居民感觉生活是幸福的，比上年下降了 5 个百分点。另有一项调查表明，中国人的幸福感先升后降，与经济发展的曲线并不同步（戴廉，2006）。[①]

---

① 这里参考应用了何立新和潘春阳（2011）的阐述。

对伊斯特林悖论的解释，学术界进行了不少探索，其中相对收入和相对消费理论的解释得到广泛的认同。该理论认为，一个人的主观幸福感与其相对地位、相对收入和相对消费有关。这意味着收入差距扩大会导致居民幸福感和快乐程度的降低。何立新、潘春阳（2011）和汤凤林、雷鹏飞（2014）等实证研究均发现，收入差距扩大降低了中国居民的主观幸福感；王鹏（2011）研究发现，收入差距对主观幸福感的影响呈倒"U"形关系，临界点在基尼系数为 0.4，当基尼系数小于 0.4 时，居民的幸福感随着收入差距的扩大而增强；但当基尼系数大于 0.4 时，扩大的收入差距将导致居民幸福感下降，随着收入差距的扩大，居住在城市非农业户籍和受教育程度较高的居民，其幸福感更低。由于中国基尼系数已达 0.47，所以，收入差距是中国居民主观幸福感不随收入水平提高而提高的重要原因。我们的研究也发现，居民在住房消费具有重要的向上攀比性，居民住房面积与其亲友中住房条件较好者的住房面积相差越大，居民幸福感越低；如果居民的住房面积超过其亲友中住房条件较好者的住房面积，其幸福感将不受其住房面积和亲友住房面积的影响。总之，理论和实证研究都表明，收入差距扩大会降低中国居民的幸福感（范红忠、范阳，2015）。

共同富裕是中国社会主义经济建设的长期目标，收入差距扩大也与"共同富裕"目标的背离。因此，从更广义的视角来看，防止收入差距过大，不仅有助于在提高居民收入水平的同时，提高居民的幸福感和快乐程度，有助于实现中国社会长期的发展目标，经济增长的本质应该包含在经济增长过程中防止出现过大的贫富差距。

（二）婚姻、居民主观幸福感与经济增长的本质

婚姻对人的身心健康有着重要影响，享有美好婚姻并得到配偶的社会支持，能提升个体主观幸福感（Ross et al. , 1990；Mastekaasa，1992；Stack and Eshleman，1998）；反之，未婚的成年人更容易从事犯罪活动，危及社会的和谐与稳定（Sampson et al. , 2006）。20 世纪 70 年代，坎贝尔（Campbell）等甚至将婚姻和家庭视为预测美国人总体幸福感的 15 个因素中最主要的两个因素。《小康》杂志社 2012 年的调查表明，收入、健康和婚姻是影响中国居民的三大因素。有关中国婚姻与主观幸福感的实证研究也发现，婚姻对中国居民主观幸福感提升有正向作用，女性总体幸福感高于男性；已婚状态下，男女幸福感分布大致相

同；而非婚状态（尤其是未婚）下，女性的幸福感水平明显高于男性，也就是说，非婚状态下男性更容易感到沮丧和不幸福。婚姻对未婚女性的幸福感提升不显著，但对离异或丧偶状态的女性来说，有显著提高；婚姻尤其对未婚（包括同居）离异男性的幸福感水平有较大提高（陈璐、王威海，2013）。

近十年来，中国适龄青年的婚姻状况不容乐观。根据中国人口普查数据，20—29 岁的青年结婚率从 2000 年的 60.8% 下降至 2010 年的 51.4%，平均每年降幅为 1 个百分点。中国是一个非常重视家庭和婚姻的国家，适龄青年不能顺利结婚，牵动着亿万家庭的神经和福祉，并引发了其他一些社会问题，比如，被称为"剩男剩女"的 30 岁以上大龄单身青年增多、生育率下降、犯罪率上升、治安形势严峻。

经济增长与婚姻之间存在多种内在的相互影响渠道。首先，婚姻影响人们的主观幸福感和快乐程度，而人民的幸福是经济增长的最终目标，追求经济增长绝不是为了降低人民的主观幸福感。从这个视角来看，经济增长不能以牺牲人民美满的婚姻为代价。相反，健康的经济增长应该能够促进人民的美满婚姻，进而从美满婚姻这一渠道增进人民的幸福感。其次，婚姻对生育率和子女教育有着重要影响，这进一步影响一国的人力资本的数量和质量，进而影响一国经济的长期健康增长。

然而，从日本、韩国以及一些西方发达国家的经验来看，经济增长常常带来结婚率和生育率的下降，并影响这些国家经济长期稳定健康增长，还会产生一些社会问题，如人口老龄化、人口再生产难以持续、劳动力不足。

综上，在促进一国经济增长和城镇化问题上，必须高度重视经济增长对婚姻问题的重要影响，从提高人民幸福感这一经济增长的最终目的和经济的长期健康发展来看，短期的经济增长不但不能以牺牲人民美满的婚姻为代价，反而应该能够促进人民美满的婚姻。

非常遗憾的是，绝大多数经济学者和社会学者并没有重视经济增长对美满婚姻可能产生的不利影响，经济学者对以 GDP 表征的物质财富的经济增长的重视程度远超过了婚姻问题。他们对经济增长对婚姻的不利影响往往视为不可避免的，甚至是必然的。事实证明，这种忽视美满婚姻的经济增长理论与实践是有缺陷的，其结果可能导致结婚率、生育率下降、人口老龄化，经济增长难以持续健康发展，人民的幸福感难以持续提升。这恰恰违背了经济增长的本质和目的。因此，从更广义的视角来看，经济增长的本质必须包含美满的婚姻这一因素。

第三节　城市规模适宜性判断分析框架

一　适宜城市规模判断分析框架

对适宜城市规模的判断分析实际上是对资源空间配置效率的判断分析，也是对生产和人口空间分布的合理性分析。科学地判断分析城市适宜规模，不仅有助于提高资源的空间配置效率，也有利于提高城镇化质量，促进经济社会长期健康发展。

如前所述，现有研究如 Au 和 Henderson（2006）采用名义 GDP 这个指标来判断城市的适宜规模。根据前文对城市间真实差距和经济增长本质的分析，仅采用名义 GDP 来判断分析城市的适宜规模既忽视了不同城市间生活成本的巨大差异，也忽视了经济增长本质的多种内涵。因此，仅根据名义 GDP 来判断分析适宜城市规模是片面的。本书将采用下面多个维度来判断分析城市适宜规模，以期得出更为全面、科学的结论。

第一，从城镇间真实差距维度来判断。包括经过生活成本调整的城镇间真实收入差异维度、公共服务差距维度和主观幸福感差距维度。从这些维度，可以直接比较大、中、小城市的真实收入差距、公共服务差距和主观幸福感差距。

第二，从全要素生产率维度来判断。包括工业企业全要素生产率和地级以上城市全要素生产率两个维度。对于地级以上城市全要素生产率，我们将既考虑名义城市全要素生产率，也将考虑经过生活成本调整的真实全要素生产率。全要素生产率的高低是中国经济增长方式转型的决定性因素，从这一维度判断城市适宜规模实际上是从中国经济是否能够从数量型向品质型增长方式转型，以实现长期健康发展的角度来考察城市适宜规模的。

第三，从收入差距维度来判断。过大的收入差距既降低了人民的幸福感和快乐程度，有违经济增长的本质，也有违社会主义经济建设的最终目标。所以，收入差距应该是判断城市适宜规模的重要因素。

第四，从适龄青年结婚概率维度来判断。经济增长不能以牺牲人民尤其是适龄青年美满婚姻为代价，持续健康的经济增长需要人民拥有美满的婚姻，促进人民享受美满的婚姻家庭带来的快乐应该是经济增长的本质内涵。从适龄青年结婚概率维度看，是从更广义更长远的视角来对城市适宜规模进行判断分析。

以上构成了本书判断分析城市适宜规模的分析框架，根据这一框架，本书将对中国城市规模的适宜性进行分析判断，进而研究中国的城镇化问题。

二　本书的结构安排

本书共分四篇。第一篇引论包括第一、第二两章，第一章提出了城镇间真实差距这一问题，并对经济增长的本质进行分析，进而提出了城市适宜规模的判断分析框架。第二章在经济增长本质、城市生活成本和城市间真实收入的概念框架下，对城市化和城市发展的国外经验进行了新的分析，总结提炼出两种典型的经济增长空间模式和三种典型的城市化模式，明确了代表性城市发展的经验教训，论证了生产与人口过度集中于巨型城市是第二次世界大战以后许多国家城市化的重要特征，并且着重强调了生产与人口的过度集中对一国经济的长期增长和一国城镇化的空间格局产生了极其深远的重要影响。

第二篇包含第三章至第五章，对巨型城市过度膨胀的原因进行研究。其中，第三章提出了聚集不经济传导机制失灵的概念，通过问卷调查数据和实证分析，论证了市场失灵是我国巨型城市过度膨胀的重要原因；第四章研究了非均等财政支出对巨型城市的形成和居民福利的影响，证明非均等财政支出或称之为偏向性财政政策也是我国巨型城市过度膨胀的重要原因；第五章分析了拥挤成本对我国对外开放的空间布局的影响，进一步论证了市场机制失灵对中国城市体系的重要影响。

第三篇从多个维度来判断分析中国城市的适宜规模，包含第六章至第十二章。第六章至第九章分别从城镇间真实收入差距、公共服务满意度差距和主观幸福感差距的视角对大、中、小城镇的真实差距及城市的适宜规模进行研究；第十章至第十二章分别从收入差距、适龄青年个体结婚概率、工业企业的生产效率、城市全要素生产率等维度研究了城市适宜规模。

第四篇是总论，包括第十三章至第十六章。第十三章总结了主要发达国家高技术创新中心的空间布局经验；第十四章通过问卷调查和实证分析，研究了重点大学毕业生工作地选择倾向及其影响因素；第十五章以湖北区位条件较好地区县域经济和城镇化为案例，对中西部地区区位条件较好地区推进县域经济与城镇化实践进行了研究；第十六章总结本书的结论，并基于资源空间合理配置、生产和人口合理布局，构建合理城市体系的角度，提出了促进我国经济和城镇化持续健康发展的对策建议。

第二章 城市化及城市发展的国外经验

第二次世界大战后，许多国家城市化的速度远远超过第二次世界大战前就已基本实现城市化的国家的城市化速度。例如，美国 1900 年的城市化率是 40%，1960 年是 70%，1990 年是 75%；韩国 1970 年的城市化率是 40%，1990 年是 78%；巴西 1960 年的城市化率是 40%，1990 年是 75%。换言之，韩国用 20 年、巴西用 30 年就完成了美国耗时 90 年才走完的城市化历程（Henderson，2002）。

第二次世界大战后，快速城市化的国家普遍存在过度集中问题（Henderson，2002）。过度集中是指一国经济活动和人口在少数大城市高度集中，引发了房价过高、交通拥挤、城市环境恶化等"城市病"。其中，日韩城市化模式可以称为"巨型城市 + 快速轨道交通系统 + 郊区的睡城"的日韩模式，拉美等国的城市化模式可以称为"巨型城市 + 贫民窟"的拉美模式。

比较研究包括上述国家在内的世界各国（地区）的经济增长空间模式、城市化道路和城市发展经验对我国的城镇化有着重要借鉴意义。本章系统地梳理不同国家（地区）典型的城市化模式，以期为中国的城镇化提供国际经验。

第一节　两种典型的经济增长空间模式

一　生产和人口集中度的倒"U"曲线理论

威廉姆森（Williamson，1965）、汉森（Hansen，1990）、戴维斯和亨德森（Davis and Henderson，2003）、巴罗和萨拉 - 伊 - 马丁（Barro and Sala - I - Martin，1991，1992）指出，随着经济增长，一国或地区生产和人口的集中度呈倒"U"形曲线变化。经济增长初期，人口向大城市，尤其沿海大城市流动。随着生活水平的提高，人们对自然环境、闲暇、居住条件有较高要求，因而中小城市会得到进一步发展。但并不是所有国家都实现了这种转变。德国、美国等国实现了，但日本、阿根廷、秘鲁、智利等国没有实现，集中度仍然很高。因此，以德美和日本为代表，可以从各国生产和人口空间布局的演变中提炼出两种典型的经济增长空间模式。

二 经济增长的典型空间模式之一：日本模式

日本模式的经济增长过程以"国家功能高度集中"为特征，政治中心、科技中心、教育中心、文化中心、经济金融中心高度集中于首位城市。在首位城市各类国家功能又高度集中于中心城区。除了日本，泰国、菲律宾、马来西亚、印度尼西亚以及拉美等国家都是这种模式。

第二次世界大战以后，日本进入经济高速增长期和城市化水平快速提升期。日本的城市化率由 1950 年的 37% 上升到 1975 年的 76%。由于在经济增长和城市化过程中，日本的少数中心城市获得优先集中发展（杨建军等，1998），全国几个主要的中心城市急剧扩张，人口和资本在这些中心城市聚集，中心城市在规模结构与功能结构上快速发展，城市快速膨胀形成大城市甚至特大城市。日本的八大都市区占全国城市总人口的 72.87%（1980 年）。东京等城市聚集大量人口，由此带来通勤、住房等生活成本上升、闲暇减少、过度拥挤等问题。

亨德森（2003）研究发现，一国生产和人口过度集中将阻碍一国经济增长，该研究发现，包括阿根廷、墨西哥、秘鲁等在内的 55 个国家过度集中了。在亨德森（2003）的研究中，日本不存在生产和人口的过度集中，我们认为，这是由于亨德森（2003）低估了日本的集中度，他只用了东京的人口，但东京只有 2000 平方公里，东京圈包括东京和周边 3 县（神奈川、千叶、崎玉），加起来和天津面积差不多。陈利锋、范红忠、李伊涵（2012）用东京圈人口作为日本人口的集中度代理变量，进行实证研究，发现日本生产与人口不仅存在过度集中，而且其过度集中是日本经济长期停滞的一个重要原因。

为什么生产和人口的过度集中会阻碍一国或地区的经济增长？首先，拥挤将增加通勤时间，挤占劳动者的有效劳动时间。其次，居民改善生活环境和提高生活质量的要求将使有限的资金投资到巨型城市的交通、环保等基础设施建设中。同时，由于大城市具有较高的人均基础设施投资成本和房地产开发建设成本，又进一步挤占了研发资金的投入。再次，由于大城市的高生活成本，研发人员要求较高的工资，因而增加企业的创新成本。最后，"城市病"是城市规划与管理难以跟上城市发展步伐的结果，同时又增加了城市规划和管理的难度，进一步降低了城市运行效率。日本曾高速增长，但1992年至今经济却长期停滞，这与日本的城市化模式不无关系。

三　经济增长的典型空间模式之二：德美模式

德美模式的主要特征是经济增长过程中"国家功能"分散，政治中心、科技中心、教育中心、文化中心、经济金融中心分散在各个城市。例如，我们很难说德国的科技中心、教育中心在哪个城市或城市群？德国弗朗霍夫学会，是德国也是欧洲最大的应用科学研究机构之一，弗朗恩霍夫学会下设80多个研究所，年经费10亿欧元，总部位于慕尼黑。这80多个研究所分布在德国40多个地区。德国首位城市是多中心的，而不是单中心的。例如，莱茵—鲁尔城市群面积1.1万平方千米，拥有1000万人口，是德国人口规模最大、聚集程度最高的城市群，在面积和人口规模上同中国天津相当。但莱茵—鲁尔城市群内有许多大、中、小城市，其中，50万人口以上城市有科隆、埃森、多特蒙德、杜塞尔多夫、杜伊斯堡，20万人口以上的城市10个，10万人口以上的城市30个，还有一批2.5万人口以上的小城镇。这些城镇鳞次栉比，彼此距离几人口至几十千米，形成东西向转向南北向的弓状城市群（Paul Gans，2000）。

美国国家功能也比较分散：科技中心有多个，目前最有影响力的是硅谷，教育中心很分散，经济中心也较分散，有纽约、洛杉矶、硅谷、芝加哥、西雅图、休斯敦等。范红忠、岳国宝（2010）比较研究了中国和美国的国家功能集中度，发现在《中国城市统计年鉴》中界定的17个行业中，除制造业的行业国家功能集中度最高的城市是深圳外，其他16种行业的行业国家功能集中度最高的城市都是北京。在美国劳工局划分的22个行业中，行业国家功能集中度最高的都市区有11个，而且，这11个都市区在空间上分布比较均衡，如华盛顿—阿灵顿—亚历山德里亚都市区和纽约—北新泽西—长岛都市区位于美国东北部地区，底特律—沃伦—利沃尼亚都市区位于美国北部地区，达拉斯—沃斯堡—阿灵顿都市区位于美国中南部地区，菲尼克斯—梅萨—斯科茨代尔都市区位于美国中西部地区，洛杉矶—长滩—圣安娜都市区位于美国西部地区，芝加哥—内珀维尔—乔利埃特都市区位于美国中北部地区。在中国 17 个行业中，11 个行业的行业国家功能集中度次高的城市是上海，广州和深圳各是两个行业的行业国家功能集中度次高的城市。而美国 22 个行业的行业国家功能次高的都市区分散在 14 个都市区，其中，费城—卡姆登—威尔明顿、奥兰多—基西米、休斯敦—舒格兰—贝敦、印第安纳波利斯—卡梅尔、密尔沃基—沃基肖—西艾利斯、孟菲斯、圣何塞—森尼韦尔—圣克拉拉、弗雷斯诺 8 个都市区都不是行业国家功能最高的都市区。

从单个行业的行业国家功能集中度的大小来看，中国 IT 行业在北京的行业国家功能集中度高达 37%，租赁商业服务在北京的行业国家功能集中度高达 38%，而美国只有保健支持业的行业国家功能集中度在纽约—新泽西—长岛都市区，达到最高的 29%。综上，中国的北京、上海承担了过多的行业国家功能，而美国各行业的行业国家功能相对要分散得多。

值得一提的是，法国的城市化曾经是日本模式，后来，为了缓解大城市人口和工业集中的压力而对这种模式进行了坚决的抵制。1968 年，仅占全国 2.2% 土地的巴黎区，却占有 18% 的全国人口和 30% 的城市人口。对此，法国实施了领土整治计划和工业分散政策，提出"阻挡住把全国一切有生力量带往大城市的潮流，在所有资源尚未充分利用以及纵然有雄厚潜力而趋于荒芜的地区重新开发生命的源泉"。法国在制度、人力、财力上采取了各种措施。第一，加强一批除巴黎以外的外省城市，这些城市往往有一定的发展基础。第二，鼓励分散工业布局，发展落后地区。首先，政府明令禁止在巴黎、里昂、马赛等地区新建和扩建工厂，不执行者将给予重罚。其次，设立"地方化奖金"，鼓励中央机构向外省迁移。最后，奖励在落后地区扩建和新建工厂的企业，并发展金融业。

第二节 三种典型的城市化模式

一 日韩模式

日韩模式的主要特征是"巨型城市 + 快速交通系统 + 高房价 + 远郊

区睡城"。第二次世界大战以后，日韩经济进入高速增长阶段，同时也是日韩城市化快速发展的时期。日本的城市化率由 1950 年的 37% 上升到 1975 年的 76%。1955—1990 年，韩国的城市化水平由 1960 年的 28% 上升到 1980 年的 52.2%，平均每年上升 1.2 个百分点。无论是日本还是韩国，在城镇化水平提高过程中，城市体系结构演变有一个共同的特征：少数中心城市获得优先集中发展（杨建军等，1998），表现在城镇化高速增长的初期首先是全国几个主要的中心城市急剧增长，人口和资本在这些中心城市聚集，中心城市在规模结构与功能结构上快速发展，城市快速膨胀，形成巨型城市，同时向周边的中小城市辐射。

韩国的六大城市、日本的八大都市区，分别占全国城市总人口的 59.7%（1990 年）和 72.87%（1980 年）。以韩国首都圈为例，其面积仅仅占韩国国土面积的 1.6%，但占总人口的 46.5%、制造业企业的 55%、高新技术企业的 70.0%、大企业的 88.0% 和国家公共机构的 84.0%（金相郁，2003）。1955—1970 年为韩国经济快速增长期，每年约有 20 万移民从韩国各地流向面积仅 605.52 平方千米、占首尔面积 0.6%，到 1970 年首尔都市人口达到 700 万。

1970 年 6 月迫于交通和住房压力，首尔开始了第一期地铁建设，至 1985 年建成 4 条地铁，总长 125.7 千米，居世界第七位。这 4 条地铁和郊区铁路相连接，促使郊区卫星城的发展和"睡城"的形成，提高了首尔都市圈尤其是首尔郊区对人口的吸纳能力。1976—1990 年，首尔人口平均每年增加近 15 万。郊区人口从 1971 年交通条件的改善开始快速增加，到 1980 年，迁入郊区的人口超过了迁入首尔市区的人口；1971—1989 年，平均每年有 16 万人净迁入首尔郊区；1955—1990 年，韩国的城市化水平由 1960 年的 28% 上升到 1980 年的 52.2%，平均每年上升 1.2 个百分点，此期间首尔市人口由 156.9 万增加到 1060.3 万，首尔都市圈人口由 392.8 万增加到 1857.0 万。1960—1980 年的 20 年是韩国实现经济腾飞和城市化的重要时期，平均每年约有 24.6 万净迁入人口移居首尔都市圈。

1990 年后，为了应对人口持续增加带来的住房和交通压力，首尔投入 8300 亿元的巨资进行了第二期地铁建设（1 人民币等于 156.5 韩元），到 2000 年又建成 4 条总长 160 千米的地铁，至此，首尔 8 条地铁总长 285 千米。城郊交通条件的改善，进一步增加了郊区对人口的吸引

力。根据韩国统计局数据，1990—2007 年，共有 232.6 万净迁移人口
流入首尔都市圈，平均每年 13.7 万人。2005 年，首尔都市圈人口
2262.2 万，占韩国全国人口的 48.1%；占韩国国土面积 0.6% 的首尔，
集中了韩国 20.8% 的人口、22.6% 的 GDP。

尽管首尔地铁拥有世界最先进的设施，售票和收费系统全部实现自
动化，但是，由于人口规模庞大，人们对住房的需求随着收入的提高而
逐渐提高，首尔都市圈的交通、住房压力并没有明显减轻。同东京一
样，首尔地区通勤交通也十分拥挤，其房价也居世界前列，并且自
1997 年以来增长迅速，节节攀高的房价引起市民不满。2006 年，韩国
建设交通部长官秋秉直也因房价过高辞职。[①] 韩国其他地区由于人口的
不断流失，逐步失去活力，造成了首都圈和其他地区之间的恶性循环，
这迫使韩国考虑规划迁都问题。

日韩城镇化模式一方面带来城市的飞速发展，另一方面造成了空间
的过度集中，从而导致中心城区住房困难、地价高涨、交通拥挤、环境
恶化等一系列问题。同时，由于快速交通系统的发展，大城市周边中小
城镇的居民也来到大城市工作，导致出现了"远郊区睡城"的现象，
结果是郊区居民上下班通勤时间较长，中心城区居民居住条件难以改
善，整体上居民生活质量难以持续提升。

二 拉美城镇化模式

拉美城镇化模式的主要特征是"巨型城市 + 贫民窟"。由于大城市
超先增长、继承于殖民地时期经济基础的工业化进程、主动采取发展特
大城市的城镇化战略等原因，大多数拉美国家走的都是集中型城镇化道
路，大量人口集中在少数巨型城市（郑文晖，2008）。海地 56% 的城市
人口集中于太子港，玻利维亚 44% 的城市人口集中于拉巴斯，尼加拉
瓜 47% 的城市人口集中于马那瓜，秘鲁 39% 的城市人口集中于利马，
巴拉圭 44% 的城市人口集中于亚松森，巴拿马 66% 的城市人口集中于
巴拿马城，智利 52% 的城市人口集中于圣地亚哥，阿根廷 45% 的城市
人口集中于布宜诺斯艾利斯，乌拉圭 52% 的城市人口集中于蒙得维的
亚（张家唐，2003）。

墨西哥首都墨西哥城（也称联邦区），既是墨西哥最重要的经济、

---

① 参见《南方都市报》2006 年 11 月 15 日。

工业和文化中心，也是墨西哥人口最密集的城市。墨西哥城的面积为1499平方千米，仅占全国面积的0.076%，城市人口872.09万，2006年的GDP占全国GDP的21.8%。墨西哥城大都市区包括58个毗连城市和一个在伊达尔戈（Hidalgo）州的城市。2006年，墨西哥大都市区有1920万人，是西半球最大的都市区。①

由于城市基础设施普遍不足，公共服务机构严重缺乏，擅自占地、营建违章住房的现象严重。1980年，墨西哥城的非正规住宅区占全市住房的40%，一半以上的居民居住在"贫民区"或者"棚户区"。所谓"棚户区"是指新来的农村移民，由于无力建造或购买住宅，只能用纸板、树枝、芦席等材料搭成窝棚，暂时栖身，这里没有电灯、自来水和下水道，更没有学校和医院，往往是各种传染病和社会犯罪的滋生场所。墨西哥城的汽车和工厂每天排出的大量废气，使城市上空常常笼罩着一层灰色烟雾，四面群山环抱，烟气不易走散，空气污染异常严重。墨西哥城的臭氧水平高达世界卫生组织规定的可接受标准的6倍。在上下班高峰期，居民深感"行路难"。据统计，全市因交通阻塞，每天要浪费314万人时（韩琦，1999；张家唐，2003）。

拉美的大城市是大多数拉美国家国民经济的引擎和支柱，并支配全国的城市系统。人口向大城市的急速流动，衍生出了一系列问题，其中最为严峻的是"贫民窟"问题。2001年，拉美地区城市"贫民窟"居民达到1.27亿，占城市人口的1/3，主要大城市都被大片"贫民窟"所包围。"贫民窟"的基本情况是：半合法外围定居，水电、排污系统等基本设施严重短缺，建筑简陋、脏乱，交通、卫生、保健、教育等公共服务严重不足，地下经济、暴力事件泛滥。

三 德国模式

德国城市化模式即德国模式的主要特征是建立互补共生的大、中、小城市协调发展的城市圈。拥有8200万人口、35.7万平方公里国土的德国是欧洲人口较密集的国家之一。虽然德国的城市化率超过了90%，但却很少受到诸如交通拥堵、高房价、垃圾围城等"城市病"的困扰。

中小城市是德国城市体系中的主体。德国大城市少，以中小城市居多，且分布比较均匀。据统计，截至2010年年底，德国共有大、中、

---

① 数据来自联合国拉美经济委员会网站和墨西哥统计局网站。

小城市 2065 座。其中，人口超过百万的城市只有柏林、汉堡、慕尼黑，10 万人口以上的城市也不过 80 个。而人口在 2000—10 万的中小城镇却密布全国，这些城镇承载着 4970 万人（约占德国人口的 60%）。即便是德国人口最多的柏林，也不过 370 万人。

由大、中、小城市组成的区域城市群分布均匀。自 20 世纪 60 年代起，德国开始规划与建设互补共生的区域城市圈，城市圈内部以大城市为龙头，以中小城市为主体。目前，德国形成了莱茵—鲁尔区、柏林—勃兰登堡区、莱茵—美茵区、斯图加特区、慕尼黑区、大汉堡区、纽伦堡区、法兰克福区、不来梅—奥登堡区、莱茵—内卡区、汉诺威—布伦瑞克—哥廷根—沃尔夫斯堡区和德国中部城市圈 12 个城市圈。这 12 个城市圈均匀地分布于德国各个地区，涵盖了国内所有的商业、文化和政治中心，聚集了德国 70% 的人口，并解决了国内 70% 的就业。

德国的城市圈具有与其他国家大城市相匹敌的竞争力。以前文所述莱茵—鲁尔城市圈为例，该城市圈是以莱茵河和鲁尔为中心的城市聚集区域，这个地区从南部的波恩延伸到东北部的哈姆并且包括科隆和杜塞尔多夫，面积达 1.15 万平方千米。该城市圈内拥有 50 万人口以上的大城市 5 个，即科隆、埃森、多特蒙德、杜塞尔多夫、杜伊斯堡；20 万人口以上的城市有 10 个；10 万人口以上的小城市有 30 个，该城市圈内还有一批拥有 2.5 万人口以上的小城镇。这些城市星罗棋布，彼此距离几公里至几十公里，形成了东西向转南北向的弓状城市群。尽管莱茵—鲁尔城市群没有人口超过 100 万的特大城市，但是，由于中小城市密集，使莱茵—鲁尔城市群聚集了 1170 万人口，与伦敦大都市区和巴黎大都市区的人口旗鼓相当。

德国城市化模式具有如下优势：地区和城乡差距；房价和房价收入比低；通勤成本低；各城市独具特色的城市文化促进和壮大了多样化的旅游业。这得益于大、中、小城市均具有独立的财政预算权和投资决策权；交通设施水准高且布局均衡；公共服务均衡发展，各城市的教育并驾齐驱，且均重视高科技发展、产学研结合，各城市均努力优化环境；产业和机构布局均匀。

第三节　东京和中国香港面临的问题

一　东京面临的问题

东京具有非常多的荣誉和光环，它是日本首都及最大城市、亚洲最大的城市，也是世界上最大的城市之一。东京的经济高度发达，是世界五大金融中心之一，与美国纽约、英国伦敦、法国巴黎并称为"世界四大国际大都市"。2014 年，东京的 GDP 仅次于美国纽约，排名世界第二；世界 500 强的总部数量也排名世界第二。但光环的背后是居民生活的压力，美国知名咨询公司美世公司公布的 2012 年全球生活成本调查报告，对全球主要城市 2011 年 3 月至 2012 年 3 月包括住房、交通、食品等超过 200 个项目的花费进行比较，东京生活成本全球排名第一。东京还拥有全球最复杂、最密集和运输流量最高的铁道运输系统和通勤车站群，其中，东京的地铁系统每日平均客运量达 1080 万人次，繁忙程度居全球地铁第一位。

东京圈或称东京大都市区，包括东京都及其周边的神奈川、千叶和崎玉三县（相当于中国的县级行政区）组成，面积 1.33 万平方千米，人口 3300 万。和已经相当拥挤的北京（面积为 1.68 万平方千米，人口是 2300 万）相比，东京面积小、人口多，可想而知，东京的拥挤程度。如何解决人口居住的问题呢？东京周边的区县只是成了东京上班族睡觉的地方，周边三县出现了大量"睡城"——上班族白天去东京上班，晚上回到周边三县睡觉。东京中心城区白天人口是夜间人口的 3 倍，2/3 的人口住在周边县城。

东京拥有世界上最发达的城市轨道交通，东京的轨道交通非常先进，令中国人羡慕，但东京圈的上班族每天上下班的通勤时间平均需要 3 小时。上下班高峰期地铁十分拥挤，被称为"通勤地狱"（Haruya Hiroka，2000）。"Tokyo Subway Dreams"是德国摄影师迈克尔·沃尔夫（Michael Wolf）拍摄于 2009 年的一个摄影项目，在这个项目中，摄影师通过对每天上班高峰时间东京地铁里乘客表情的记录，来反映城市中人们的生活状态。这组作品也在 2010 World Press Photo 中获得 Daily Life 一等奖。这组照片人们也戏称为"Tokyo Compression"，即东京人挤人、东京压缩饼干。

像东京这样的巨型城市，生产和人口过度集中使人们的生活成本极度攀升，闲暇时间随着通勤时间增加而大幅减少。"特大城市＋快速交通系统＋远郊区睡城"的城市化模式并没有给城市居民带来高质量的生活，交通拥挤和住房问题反而使人们的生活面临更大的压力。同德国的城市相比，从以人为本和经济增长本质的角度来看，这种城市发展模式并不是一种健康的发展模式。

二 中国香港的问题

中国香港特区占地面积 1104 平方千米，2015 年年中人口总数为 729.9 万，给外界的印象一直是寸土寸金。从中环到湾仔、从旺角到油麻地，整个维多利亚湾南北岸每一平方米都被充分利用。几个世纪以来，客家人、广州人、内地人逐渐汇集于此，让中国香港成为一个高度发达、高度国际化、高度立体化然而又高度拥挤的城市。

中国香港在高速发展过程中每年总人口也在不断增长。2000 年，香港特区总人口为 667 万，而 2015 年已增长至 729.9 万，且仍有递增的趋势。2015 年，香港特区的人口密度达到 6612 人/平方千米，相比而言，北京和上海的人口密度尽管只有 1323 人/平方千米和 3809 人/平方千米，但是，仍显得拥挤不堪。据人民网 2015 年 11 月报道，香港特区普通居民住房狭小，人均仅 16 平方米左右，而内地则是 36 平方米。香港特区，除了贫民和普通民众居住环境恶劣，白领的住房大多也是蜗居。香港特区 100 平方米的房子就是所谓的"千尺豪宅"，有钱的高级白领才能租得起。许多白领只能在九龙新界或港岛较远的地区租住 60 多平方米的公寓房子。

香港特区房价非常贵，根据香港特区 2011 年的数据，港岛区房子均价在 12 万—50 万港元/平方米，具体到商业旺地湾仔、铜锣湾区，为 18 万—22 万/平方米，2 平方米的阳台，意味着 40 万港元。香港人均收入比内地高，2011 年第二季度人均工资约为 18100 港元，中位数工资约为 12000 港元。但如此收入水平与香港的房价相去甚远。据路透社中文网 2012 年 5 月 16 日报道，2011 年，香港的"楼价痛苦指数"（二手楼价除以家庭年收入）为 11.7，即一个家庭需要 11.7 年不吃不喝不消费，才能买得起房子。2012 年 1 月 24 日，Demographia 公司发布了"全球住房负担"报告，在调查的全球 325 个大城市中，香港不仅居于榜首，而且其房价负担水平已经达到家庭年收入的 12.6 倍，突破美国洛杉矶 2007 年时创下的最高纪录。因此，很多香港人只有购买面积小但能满足需要的住房以减轻负担，买不起房的低收入阶层只好把目光转向廉租房。

香港号称富裕程度全球第八，但是，多数香港人居住的条件，比发达国家的同阶层人士差很多，也比内地同阶层人士差不少（见表 2 - 1）。近年来，经济增长放缓、社会争拗不断所带来的物价上涨、楼价飙升、分配不公、贫富差距扩大、青年向上流动空间狭窄等一系列问题，严重阻碍了香港经济健康发展。在"2015 中国省、自治区、直辖市综合竞争力排行榜"中，香港首次跌出前十，位列第 12 名，比上年又下降了 5 位。在 25 个分类榜单中，除"中国省、自治区、直辖市人均财富竞争力排行榜"与"中国十佳食品安全城市排行榜"以外，其他榜单中香港的排名均有不同程度的下降。

表 2 - 1　　　　　一些主要国家人均住房面积调查（2010 年）

国家	人均住房面积（平方米）
美国	67
荷兰	40.82
德国	39.4
中国	36
英国	35.4
法国	35.2
西班牙	25.8
韩国	19.8
日本	19.6

资料来源：全球经济数据（http://www.qqjjsj.com）。

从住房角度而言，香港的工薪阶层已经不能承受其高房价。虽然香港工作机会多，名义工资水平高，但这些优势已经不能弥补日渐上涨的房价以及在狭小空间里生存所带来的痛苦和压抑，因此，香港人的真实生活质量并不高，生活压力和工作压力都非常大。一个城市吸引人才、吸引劳动力，必然是其在基础设施、衣食住行以及工作机会等方面走在前列，经济文化、城市生活等各方面适合人类聚居，反观现在的香港，虽然有国际大都市的繁华，经济发展迅速，但是却越来越远离宜居这一城市标准了。研究表明，楼层空间小，人有压抑感，抑制创新及思维等。①

第四节 马尼拉和里约热内卢等城市面临的问题

托达罗（1969）研究发现，发展中国家大城市普遍存在的失业大军和过度城市化，是因为农村人口预期在大城市滞留的时间越长，找到工作的机会越大，预期收入也越高，因此，宁可在大城市失业，农村人口也愿意进入大城市。卢卡斯（2004）研究发现，农村人口预期在大城市工作，其人力资本和工资长期来看增加得更快，因此，从整个生命周期收入来看，农村人口宁可接受眼下较低的实际收入，也愿意到大城市工作。

由于大城市劳动力市场存在失业大军，大城市投资者即使降低名义工资也可以招收到足够的工人，这提高了大城市的投资利润。大城市的投资利润大于小城市的投资利润，资本和工作机会向大城市流动，人口也随着工作机会向大城市流动，从而造成生产和人口在大城市的过度集中。因此，即使政府不采取对大城市的倾斜性投资政策，发展中国家劳动力市场的市场机制本身就会导致生产和人口在大城市的过度集中。

除劳动力市场外，发展中国家的大城市常常是国家权力的中心，发展中国家政府常常采取对大城市倾斜的投资政策，以争取 GDP 更快的增长；大城市政府相对于小城市政府往往有着更大的财力，采取优惠政策吸引社会投资。许多研究发现，对大城市的倾斜性政策是巴西等发展中国家生产和人口在大城市过度集中的重要原因（Henderson，2002）。

圣保罗市是巴西最大的城市，面积 1523 平方千米，根据巴西地理统计研究所的统计，2007 年，圣保罗市人口为 1088.65 万。圣保罗大都市区由圣保罗市及其周边 38 个卫星城组成（如 Campinas、Jundiaí、Paulínia、Americana、Indaiatuba、São José dos Campos、Santos，etc.），面积为 8055 平方千米，人口 1932 万，人口密度超过北京的两倍（2008

① 柴为民：《住宅质量特性探析》，《世界标准化与质量管理》2008 年第 11 期。

年北京人口 1685 万，面积 1.68 万平方千米）。圣保罗市所在的圣保罗州面积 2.49 万平方千米，2007 年人口 4116.4 万，占巴西全国人口的 21.5%。里约热内卢是巴西第二大城市，面积 1260 平方千米，2007 年人口 609.34 万。里约热内卢所在的里约热内卢州面积 4378.8 平方千米，人口 1559.3 万。圣保罗州和里约热内卢州面积共占巴西全国的 0.34%，但集中了巴西近 30% 的人口和 46.5% 的 GDP。[①]

过度集中给巴西大城市的住房和交通带来了巨大的压力。据 2000 年的人口普查，巴西有"贫民窟" 3905 个，比 1991 年增加 717 个。圣保罗州是"贫民窟"最多的州，有 1548 个。"贫民窟"带来的社会问题主要是：一方面，"贫民窟"居民大部分人处于贫困线以下，居住、出行、卫生、教育条件极差，不仅影响当代人，也影响下一代人的发展。另一方面，生活水平的巨大差异造成国民感情隔阂，加之"贫民窟"游离于社区和正常社会管理之外，影响社会安定（李瑞林、李正升，2006）。圣保罗市交通局、圣保罗大学和里约热内卢联邦大学对圣保罗市交通拥堵问题进行的研究表明，目前圣保罗市日常拥堵路段总长度达到 80 千米，高峰时段超过 200 千米。据估计，堵车过程中，机动车燃料消耗和交通事故等造成的直接经济损失平均每年达 41 亿雷亚尔（1 美元约合 1.7 雷亚尔）。如考虑堵车带来的环境污染和对市民生活的不利影响等因素，损失则远远超过这一数字（新华网，2008）。

菲律宾的首都马尼拉（Manila City）面积 38.55 平方千米，2007 年人口 166.07 万人，约占全国人口的 15%，人口密度 43079 人/平方千米。大马尼拉区或首都区面积为 636 平方千米，约占全国面积的 0.2%。2007 年人口 1155.34 万，约占全国人口的 13%，人口密度 18650 人/平方千米，2007 年其 GDP 约占全国 GDP 的 32.6%。甲米地（Cavite）、拉古纳（Laguna）和黎刹（Rizal）三省均邻近首都区，而且人口较为密集，经济较为发达，我们将这三个省份以及大马尼拉区统称为马尼拉都市区。马尼拉都市区总面积为 4880 平方千米，约占全国面积的 1.7%，2007 年总人口 1917 万，占全国总人口的 21.6%，人口密度为 3835.7 人/平方千米。[②]

---

① 数据来自巴西统计局网站和联合国拉美经济委员会网站。
② 数据来自菲律宾统计局网站。

大马尼拉是亚洲快速城市化带来"城市病"的典型例子。马尼拉市只有11%的人口可以接通排污管道,大马尼拉35%的人口居住在"贫民窟"里。"贫民窟"的卫生状况十分堪忧,由于缺乏合理的规划,许多"贫民窟"就建在天然河道或沼泽地的上方,没有下水道和垃圾处理设施,河道和屋后的空地就成了垃圾场。每当雨季来临时,被垃圾堵塞的污水常常造成水淹,污水滋生的虎蚊又将登革热带给"贫民窟"。城市交通效率低下、交通设施落后,使城市居民不得不忍受长时间的上下班通勤交通、高交通事故发生率、汽车尾气造成的污染等(漆畅青、何帆,2004)。

本章小结

一国在其经济起飞和走向成熟阶段的经济快速增长和城市化过程中,其生产与人口空间分布的演变具有"宏观上持续聚集、微观上先集中后分散"的规律性,即宏观上,一国生产与人口在其经济起飞和走向成熟阶段,将不断地向一些区位条件较好的地区聚集,先形成核心区,后向中心城市周边的中小城市聚集,以规避聚集不经济,从而形成多中心都市区,使生产与人口分布由集中的分布格局向分散的格局逐渐演变。德国的城市化实现了以大城市为核心、建立互补共生的区域城市圈的模式,而且城市群在德国国土空间内分布均衡。

德国模式是一种值得借鉴的城市化模式,但并不是所有国家都实现了这种城市化模式。在一国经济起飞和走向成熟的阶段,容易造成生产和人口在核心区或者在核心区的中心城市过度集中问题。本章研究发现,生产和人口在少数大城市过度集中现象在第二次世界大战后各国的城市化进程中具有普遍性和易发性,日本、韩国、巴西、墨西哥、菲律宾等国家都存在过度集中问题。过度集中造成少数大城市房价过高、交通拥挤、上下班通勤时间过长、城市人居环境恶化,也造成其他地区经济发展相对停滞。从"以人为本"的经济增长本质定义来看,过度集中既严重阻碍了区域协调发展,也严重阻碍了一国经济长期健康增长。

第二篇
巨型城市过度膨胀的原因分析

第三章　聚集不经济传导机制的失灵

第一节　问题的提出

一　聚集不经济的功能与传导机制

长期以来，人口与资本的空间分布是人们关注的焦点。一方面，资本向巨型城市持续聚集，普通居民不堪承受其高昂的房价，难以忍受其拥挤的交通；另一方面，绝大多数中小城市尤其是中西部中小城市资本短缺，就业机会贫乏，经济社会发展滞后。如何实现大、中、小城市协调发展，是中国面临的重大挑战，也是中国未来发展的重大机遇。

聚集不经济是抑制资本向大城市过度聚集，促使大、中、小城市协调发展的主要市场机制。根据城市经济学理论，城市的形成和发展依赖于生产及人口聚集所产生的聚集经济和聚集不经济（Fujita，1989）。聚集经济使厂商和工人的边际收益上升，是促进厂商和工人向大城市不断聚集的市场因素；而聚集不经济使厂商和工人的边际成本上升，是阻止厂商和人口向大城市过度聚集的市场因素。聚集经济和聚集不经济共同作用的结果是，随着城市规模的扩大，厂商和工人的净边际收益呈倒"U"形曲线变化，倒"U"形曲线顶点对应的城市规模为城市有效规模（Au and Henderson，2006）。这里隐含的假设是大城市的厂商和工人享受了聚集经济带来的收益，同时也承担了聚集不经济带来的成本。然而，这一假设的成立是有条件的，明确这一条件，对分析聚集不经济是否有效地发挥了其阻止资本向大城市过度聚集，促使大、中、小城市协调发展的市场功能至关重要。为此，我们需要深入分析聚集不经济发挥作用的机理和传导机制。

从微观基础来看，聚集经济有如下几种形式：（1）生产和人口的集中,产生了信息溢出效应,减少了有关技术、供应者、购买者和市场条件方面的信息成本(Fujita and Ogawa, 1982),也增加了消费者的选择性。(2)市场规模的扩大,使原本不值得贸易的中间品市场化生产成为可能,降低了中间投入品的生产和交易成本(Becker and Henderson, 2000)。(3)生产和人口的集中,市场规模的扩大,对区域出口商品制造商提供的中间投入品实现了多样化,从而提高了效率(Dixit and Stiglitz, 1977;Abdel - Rahua and Fujita, 1990)。(4)生产和人口的集中,降低了劳动市场上的信息成本,厂商和工人的匹配效率得以提高(Helsley and Strange, 1990)。(5)由于买卖双方的地理接近性,降低了运输成本(Krugman, 1991)和零售的搜寻成本。

尽管大城市提供了更高的生产效率,但大城市的居民却承受着更高的生活成本,包括更高的房价和更长的通勤时间、噪声与环境污染等(Muth, 1969;Fujita and Ogawa, 1982)。例如,在美国和拉美国家,大城市的生活成本是小城市的两倍多(Thomas, 1980;Henderson, 1988),巴黎的生活成本比法国其他地区高89%—94%(Rousseau, 1995)。理查森(Richarson, 1987)发现,孟加拉国、埃及、印度尼西亚和巴基斯坦四国一般城市地区吸纳一个家庭的边际投资成本比乡村地区高3倍,这一成本(包括住房、公共设施和公共服务)在首都城市更高(Henderson, 2002)。Zheng(2001)研究发现,日本东京大都市区生产和人口聚集不经济主要表现为过高的房价、过长的通勤时间和低环境质量,而聚集经济主要源于公司总部、政府组织和金融产业的集中。

从上述文献可知,聚集经济主要是生产和人口的聚集为厂商带来了更高的生产效率,聚集不经济主要是生产和人口的聚集,通过房价、交通和环境等渠道,提高了居民的生活成本。通过劳动力市场的工资谈判,大城市生活成本的提高,首先会影响工人的名义工资,进而影响厂商的投资成本。因此,城市有效规模反映了生产和人口的聚集所产生的更高生产效率与更高生活成本之间的一种平衡关系(Davis and Henderson, 2003)。

由上述文献我们可以发现,聚集不经济的传导机制有两个:第一,直接提高厂商的用地成本;第二,通过劳动力市场提高厂商的用工成本。由于现代经济中厂商对土地的依赖程度越来越小,所以,聚集不经

济的主要传导机制是通过劳动力市场提高厂商的用工成本。这一机制的
作用机制是：大城市高房价、高生活成本等聚集不经济首先作用于工
人，工人是聚集不经济主要的直接受害者，但在一些特定的条件下，大
城市工人可以向厂商索要更高的名义工资作为补偿，否则工人将选择向
其他中小城市迁移。这样，大城市较高的房价和较高的生活成本就可以
传导给厂商，并转嫁为厂商的投资成本，这种成本的传导和转嫁过程，
正是聚集不经济有效发挥其市场功能的过程，将有效地防止资本和人口
在大城市的过度聚集。

二 聚集不经济传导机制有效发挥市场作用的条件

值得注意的是，聚集不经济传导机制有效发挥其市场功能是有条
件的。要实现大城市较高的房价和较高生活成本等聚集不经济传导并
转嫁为厂商的投资成本，有两个重要的前提条件：第一，大城市的高
房价等聚集不经济对工人的生活成本产生了显著影响，工人很在意大
城市的高房价等聚集不经济并深受其害；第二，工人有足够的工资谈
判能力，可以要求大城市厂商提高其名义工资，以对其在大城市更高
的生活成本进行补偿。事实证明，在美国，这两个前提条件是基本满
足的。根据美国 2000 年的人口普查，人口规模超过 150 万的特大都
市区工人的名义工资要比乡村和人口规模小于 25 万的小城市工人的
名义工资高 32%。但是，如果把名义工资用生活成本指数进行调整，
采用实际工资进行比较，人口规模超过 150 万的特大都市区工人的实
际工资同乡村和人口规模小于 25 万的小城市工人相比，没有显著的
差异（Baum - Snow and Pavan，2012）。这表明在美国聚集不经济有效
地发挥了其市场作用，大城市工人通过索要较高的名义工资，把大城
市较高的房价和生活成本传递并转嫁给了厂商，大城市较高的房价和
生活成本提高了厂商的投资成本，但基本没有影响大城市工人的实际
收入。

同小城市相比，美国大城市工人的名义工资和生活成本都较高，而
经生活成本指数调整后的实际工资却相差不大，对其生产和人口空间合
理分布的重要意义在于：一方面，大城市工人名义工资高，增加了大城
市厂商的投资成本；另一方面，大城市工人生活成本较高，减少了大城
市对人口的吸引力，这形成了阻止资本和人口向大城市过度聚集的重要
市场机制，可以有效地防止大城市暴发城市病，如房价过高、交通拥

挤、环境恶化等问题，促使大、中、小城市协调发展。

在中国，聚集不经济有效发挥作用的条件是否也同样存在呢？一个有效的检验标准是看中国工人的生活成本和名义工资是否与城市规模及房价有关。如果和美国一样，同小城市相比，中国大城市工人的生活成本和名义工资都较高，但是，经生活成本调整后的实际工资却没有显著差异，我们可以得出结论，在中国，聚集不经济有效发挥作用的条件是存在的，大城市工人可以把大城市更高的生活成本传导并转嫁给厂商。

然而，我们有理由质疑在中国聚集不经济的传导机制有效地发挥了作用。根据国家统计局 2012 年对全国 31 个省份、899 个县、近 20 万农民工的调查数据，分区域看，东部、中部和西部地区外出农民工的月均名义收入分别为 2286 元、2257 元和 2226 元，分城市等级看，在直辖市、省会城市、地级城市和县级市的农民工的月均名义收入分别为 2561 元、2277 元、2240 元和 2204 元（国家统计局，2013）。从这些数据来看，在不控制农民工个人特征的前提下，农民工名义工资与其工作所在的区域和城市规模，并没有统计上的显著联系。

本章的主要贡献是在深入分析中国农民工行为模式和跨区域流动模式的基础上，利用中西部地区六省份农民工的微观调查数据进行规范的实证研究，发现农民工的生活成本和名义工资均与农民工工作所在城市的房价和城市规模无关。这表明，在中国大城市聚集不经济的传导机制出现了失灵，其结果是聚集不经济阻止资本和人口向巨型城市过度聚集的市场功能严重失灵，仅靠聚集不经济这一市场机制很难实现大、中、小城市协调发展。

据笔者所知，本章是首次提出聚集不经济传导机制失灵并证实其存在的著作，这一理论探索和实证检验有助于我们深刻理解中国巨型城市持续膨胀的原因，对有效地促进中国大、中、小城市协调发展，提升城镇化的质量，有着十分重要的政策含义。本章的结论也暗示，在其他工人工资谈判能力较弱的发展中国家，也可能存在聚集不经济传导机制的严重失灵，这为世界上多数巨型城市存在于发展中国家这一现象提供了新的解释视角。

第二节　中国农民工跨区域流动模式与本章理论假设

一　农民工"城市打工挣钱、农村盖房消费"行为模式

农民工是中国城市人口规模扩张的主要来源，也是中国城市化的主力军。根据 2010 年第六次人口普查数据，农民工占北京常住人口的 35.9%，北京新增常住人口中绝大多数是农民工，农民工占深圳常住人口的 70%。从全国来看，2.7 亿农民工占中国第二、第三产业就业人口的近一半，是中国劳动力市场的重要组成部分。

国家统计局 2015 年公布的《2014 年全国农民工监测调查报告》显示，农民工中，文盲占 1.1%，小学文化程度占 14.8%，初中文化程度占 60.3%，高中文化程度占 16.5%，仅有 32% 的农民工接受过非农职业技能培训。这与发达国家技能劳动者占工人总量的 50%—75% 的情况相比，差距很大。

数量大、人力资本水平低，决定了农民工较低的工资谈判能力，也决定了农民工不可能获得很高的工资。事实上，在中国发达的城镇地区，特别是北京、上海这样的大城市，区别一个工人是外来的"民工"还是当地的"职工"，方法出人意料的简单：观察他（她）从事的职业。外地"民工"与当地"职工"从事着不同的职业：前者主要从事非熟练工作（"蓝领"工作），后者主要从事熟练工作（"白领"工作）（钟笑寒，2006）。《2014 年全国农民工监测调查报告》显示，2014 年农民工平均工资为 2864 元。这一工资水平属于我国城市劳动力较低收入水平之列。

绝大多数农民工的工资不可能在大城市买房置业，也不可能在城市租住体面的住房，但是，经过若干年的积累，农民工的工资却可以使其在家乡农村盖起比较体面的"小洋楼"。农民工的工资水平再加上户籍制度、土地制度和社会保障制度等方面的限制，农民工逐渐形成了"城市打工挣钱、农村盖房消费"的行为模式。而在家乡农村这个熟人社会，农民工之间在家乡的住房和耐用品消费上的攀比心理，强化了这种行为模式。

总之，农民工的工资虽远不够在其打工的城市购房，但通过若干年的积累，农民工的工资却可以使其在家乡农村盖起漂亮的"小洋楼"。这一客观现实再加上户籍制度、土地制度、社会保障制度的约束和农村熟人社会盖房与消费的攀比效应，构成了农民工"城市打工挣钱、农村盖房消费"的主因。

二　"城市打工挣钱、农村盖房消费"模式下农民工在城市的生活方式选择

借鉴王建国和李实（2015）的研究，我们通常使用城市的住房成本代理生活成本，假设城市间的运输成本为零，可贸易商品的价格相等，进而生活成本差异归结为住房成本差异。基于"挣钱回家盖房消费"的目的，农民工在其打工的城市往往选择简陋而价格低廉的居住和生活方式。此外，由于地方政府利用在土地市场的垄断地位，扩张工业用地供给，将土地低价或者零地价供给制造业厂商，厂商通过建造集体宿舍等途径，满足流动人口的住房需求，并使流动人口的居住成本降低。政府通过建造大量的廉价公共住房，降低工人对于工资增长的要求，以此来促进出口工业的发展（范剑勇等，2015）。农民工特有的生活方式加上政府主导的土地政策行为为农民工的流动提供了物质保证。农民工一般居住在厂方修建的简陋的集体宿舍内，这些宿舍通常是免费的或收取较低的租金。这些地方可以称为是中国式"贫民窟"。① 在大城市的一些农民工甚至选择居住在一些建筑的地下室里，以节省居住成本。以我们的调查为例，956 份有效问卷调查中，400 人表示相应的工厂或者企业提供免费住宿，因此，他们的住房支出低至几乎为零。

综上，流动人口的居住选择主要为厂商集体宿舍、"城中村"和群租的普通商品房，这种免费或低廉的居住方式降低了农民工的生活成本，由此不难发现，农民工在大城市和中小城市的居住与生活成本很可

---

① 这种方法可能会低估生活成本，因此，我们在问卷中除调查农民工的住房支出外，也调查了农民工的其他生活支出，在实证回归中，我们研究的生活成本等于农民工住房支出以及其他生活支出之和。根据范红忠、连玉君（2010）和范红忠、周启良（2014）的研究，目前我国农村剩余劳动力主要以家庭外部的剩余劳动力为主，其外出打工的成本较高，土地规模经营可以在不影响农业产出条件下降低其外出打工成本。根据城市经济学理论，大城市城乡接合部农村的住房租金和小城市城乡接合部是一样的，只是大城市可能要花费更长的上下班时间，但根据农民工的行为模式，相对于金钱，农民工对时间并不看重。

能与城市规模和城市房价无关。① 例如，尽管北京、上海的房价高达每平方米数万元甚至在一些片区高达数十万元，但是，对于完全放弃了在北京、上海购房，只想积攒更多的名义收入带回老家，且居住在公司简陋的集体宿舍、临时工棚或远郊区"贫民窟"的农民工而言，北京、上海的高房价与其生活成本可能并没有什么关联。

三 "城市打工挣钱、农村盖房消费"模式下农民工跨区域流动模式

中国农民工具有高度的跨区域流动性。根据国家统计局《2014 年全国农民工检测调查报告》的数据，1.68 亿外出农民工中 50%是跨省份流动的，其中，中部地区外出农民工 62.8%是跨省份流动的。高度的跨区域流动性源于两个主要原因：一是因为农民工在打工的城市没有住房和其他不动产，跨区域流动的成本很低；二是因为农民工"挣钱回家盖房消费"的外出打工目的，那里能挣更多的钱回家消费，他们就流动到那里打工。高度的跨区域流动性和"挣钱回家盖房消费"的外出打工目的，将导致农民工名义工资不存在跨区域差距。

综上，农民工的行为模式可以用下式表示：

$$\text{Max：} W - C \tag{3.1}$$

其中，W 是农民工的名义工资，C 是农民工在城市的生活成本（包括日常生活成本和居住成本），农民工到打工地的路费随着省际交通设施的完善已大为降低，略去不计。

数以亿计的农民工在教育程度、技能水平等方面具有很强的同质性，他们通常是劳动力市场上的价格接受者，个体农民工并不能提高其名义工资 W，为了最大化式（3.1），农民工唯有选择最小化 C。为此，他们愿意居住在工地、简陋的集体宿舍甚至城市的"贫民窟"，以便积攒更多的钱回家乡农村结婚盖房消费，包括一些在家乡的攀比性消费。W 减去 C 的差值构成农民工克服情感成本和体力成本进城打工的激励因素。

农民工在大、小城市之间的流动均衡条件表示如下：

$$W_A - W_B = C_A - C_B \approx 0 < C_{Ah} - C_{Bh} \tag{3.2}$$

---

① 即使有差别的话，也远远小于大城市和小城市居住体面的住房所需成本之差。例如，党国英 2009 年曾询问在北京建国门附近长安街边一卖水农民工的居住成本，该农民工说其居住在附近的一个胡同里，每月居住成本为 200 元（党国英，2011）。

式中，W_A 和 W_B 分别是农民工在大城市 A 和小城市 B 工作的名义工资，C_A 和 C_B 分别是农民工在大城市 A 和小城市 B 的实际生活成本，C_{Ah} 和 C_{Bh} 分别是在大城市 A 和小城市 B 居住体面的住房所需的生活成本。式（3.2）有个重要含义：由于大城市和中小城市的农民工均选择十分简陋的居住和生活方式，所以，相对于大城市和中小城市居住体面的住房所需生活成本的巨大差距而言，大城市和中小城市农民工的实际生活成本几乎是相同的。换言之，农民工的生活成本和名义工资均与城市房价和城市规模无关，聚集不经济传导机制有效发挥作用的第一个前提条件在中国并不存在。对这一理论分析结论进行实证研究是本章的主要目的。

中国大城市农民工的名义工资并不一定比中小城市农民工的名义工资高，可能还存在其他原因：①身份效应和公共服务水平效应。一些人为了享受大城市的公共服务或看重在大城市的身份，可能会放弃一部分收入（Jennifer，1982；Baum-snow and Pavan，2012），中国大城市公共服务水平往往比中小城市的公共服务水平要高得多，因此，中国的农民工可能宁愿接受较低的名义工资，也愿意到大城市工作几年，再回家乡"盖房消费"。②学习效应。有研究发现，农村人口预期在大城市工作，其人力资本和工资长期来看增加得更快，因此，从整个生命周期收入来看，农村人口可能宁可接受眼下较低的实际工资，也愿意到大城市工作（Lucas，2004；Baum-snow and Pavan，2012）。这些因素可以归因于聚集经济因素对工人工资的影响，使农民工愿意接受较低的名义工资。但是，经过改革开放30多年的发展，大城市对具有高度跨区域流动性的农民工而言可能早已失去了神秘性，因此，大城市对中国理性的农民工很可能不存在身份效应；绝大多数农民工或者工作于一些"师带徒"的行业，或者工作于一些低技能的岗位，再加上高度的跨区域流动性和市场的竞争性，大城市对农民工可能也不存在显著的学习效应；由于被排除在社会保障制度之外，大城市对农民工可能更不存在公共服务效应。下面的实证分析也证明大城市聚集经济因素对农民工工资的影响并不存在。

此外，即使学习效应、公共服务效应等聚集经济对工人工资可能存在的负影响会在一定程度上抵消聚集不经济对工人工资的正影响，但是，这些聚集经济因素并不会降低大城市的房价和在大城市居住体面住房所需的生活成本，也不会影响聚集不经济传导机制有效发挥作用的第一个前提条件。因此，在实证分析中，我们仍然可以通过考察房价和城市规模对工人生活成本是否存在显著影响，来检验聚集不经济传导机制有效发挥作用的第一个前提条件是否存在，这正是本章下面实证分析所采取的研究策略。

然而，如果政府过度采取倾斜性财政政策，将公共服务过度集中于大城市，有可能降低大城市工人的工资谈判能力，进而影响聚集不经济传导机制有效发挥作用的第二个前提条件。不过，就本章的研究目的和研究对象（农民工）而言，检验聚集不经济传导机制的第一个条件存在就足够了。

四　本章的理论假设：大城市房价等聚集不经济的传导机制失灵

在中国当前的市场环境下，农民工形成了"城市打工挣钱、农村盖房消费"的行为模式，他们在大城市一般居住在设施简陋的"贫民窟"内以便积攒更多的钱带回家乡，大城市的高房价等聚集不经济对他们的生活成本和工作地选择并没有显著的影响，这导致房价等聚集不经济的传导机制严重失灵。在实证上表现为：城市规模和房价对农民工的生活成本没有显著影响，进而导致城市规模和房价对农民工的名义工资也没有显著影响。

具有高度跨区域流动性的农民工，对城市户籍人口中普通素质劳动力的工资水平有重要的拉平效应。邢春冰（2008）根据2005年全国1%人口抽样调查数据研究发现，普通素质农民工的工资十分接近普通素质城镇职工的工资。因此，从理论上讲，如果农民工工资与城市房价和城市规模无关，城市户籍人口中普通素质劳动力的工资也会与城市房价和城市规模没有显著的关系。这也会加剧聚集不经济传导机制的失灵，加剧资本和人口向大城市的过度聚集。

第三节　数据说明及描述

本章农户的调查选择四川省江油市、安徽省望江县和利辛县、湖北省枝江市、江西省都昌县、湖南省南县、河南省濮阳市，这些地区不仅外出打工者多，而且都属平原或丘陵地区。选择平原或丘陵地区进行调查是为了很好地控制农民外出打工的信息成本和交通成本。在大山区，同属一个乡镇的农民可能在外出打工的信息成本和交通成本上有着很大的差异，导致农民工的名义工资在一定程度上缺乏可比性。农户调查的时间是 2012 年春节前后，因此，调查数据是 2011 年的。春节是农民工集中回家乡与亲人团聚的传统节日，也是进行农民工调查比较便利的时机。

调查采取分层随机农户访谈问卷调查的方式进行，由调查员选择上述各县 2—3 个相邻的乡镇，然后随机选择 10—11 个自然村，每个自然村随机选择 10—20 家农户进行调查。调查时，由调查员朗读问卷，农民工或农户户主回答，调查员填写问卷。本次调查共计对 1157 个农民工的名义工资、生活成本和个人特征进行了调查，但 184 个农民工没有准确地报告工作地点。另外，借鉴杜兰顿和特纳（Duranton and Turner, 2011）对数据的处理方法，我们把这些月平均工资超过 8000 元的农民工视为奇异样本，同时我们将月生活支出成本超过 8000 元的也视为异常值，有效样本为 953 个。

本章研究的是不同规模城市农民工的生活成本和名义工资，使用第六次人口普查各地级市市辖区人口和县级市市中心人口作为城市规模的度量。如果按表 3－1 把城市划分为巨型城市、特大城市、大城市和其他城市四类，则每类城市的样本有近 200 人或 200 人以上。更重要的是，农民工的个体特征十分相似，例如，农民工的文化程度基本相同，绝大多数是初中，农民工从事的职业也大体相似，绝大多数是建筑业、制造业、商业企业工人或个体户。基于这两个原因，就本章研究目的而言，笔者相信近 1000 个随机调查的农民工样本具备了足够的代表性。

表 3－1　　　　　在不同规模城市工作的样本农民工数量　　　　　单位：人

按城市人口规模分类	巨型城市	特大城市	大城市	其他城市
农民工数量	202	202	260	289

注：巨型城市、特大城市、大城市和其他城市人口规模分别为大于 1000 万、300 万—1000 万、100 万—300 万和小于 100 万。

一 样本农民工的工作地点

在 922 个样本农民工中，在家乡所在省份工作者 319 人，在家乡以外省份工作者 603 人，这表明超过 65.4% 的农民工到外省份工作。表 3 - 1 给出了按城市人口规模界定方法，样本农民工在不同规模城市的分布，其中在中小城市工作的农民工较多。

二 不同城市规模样本农民工的生活成本和名义工资

此次调查中，共有 917 个农民工报告了月平均生活支出，均值为 786.23 元，标准差为 578.34。共有 951 个农民工报告了月平均名义工资，均值为 2426.99 元，标准差为 1123.65。图 3 - 1 分别给出了在不同规模城市工作的样本农民工生活成本及其名义工资的散点图。由图 3 - 1 可知，不同规模城市间的农民工的生活成本并没有表现出显著的差异性。此外，农民工的名义工资也没有表现出城市间显著的差异性。直观地看，可能由于受其"城市打工挣钱、农村盖房消费"的行为模式影响，以及大量简陋的集体宿舍、临时工棚、远郊"贫民窟"的提供，农民工的生活成本支出得到了较大削减，因此并没有表现出城市间显著的差异性。

三 样本农民工的个体特征

在被调查农民工中，文盲 2 人，小学文化程度者 159 人，初中文化程度者 641 人，高中文化程度者 61 人，中专文化程度者 43 人，大专文化程度者 24 人，大学及以上文化程度者 23 人。由此可见，文盲农民工已基本不存在，绝大多数农民工具有小学文化和初中文化，分别占农民工总数的 16.7% 和 67.3%。

在被调查农民工中，小企业主、个体户等自雇型就业者 77 人，各类专业技术人员 31 人，企事业单位中层以上管理人员 13 人，一般职员 44 人，销售人员 21 人，工业企业普通工人 172 人，商业企业工人 24 人，餐饮旅馆等服务业工人和家庭服务员 54 人，建筑装修业技术工人 96 人，其他技术工人如裁缝、车工等 195 人，其他职业或者职业空缺的 226 人。由此可见，农民工主要职业为技术工人、工业企业工人，建筑装修业工人，其他技术工人和其他职业。在被调查农民工中，男性 622 人，中共党员 23 人，其中，到家乡之外的省份工作的党员农民工为 11 人。样本中农民工年龄范围为 15—68 岁，平均年龄为 30.47 岁。

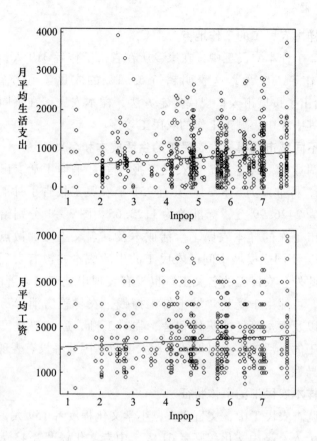

图 3 - 1 农民工生活成本及名义工资与城市规模

注：上图纵轴为农民工月平均生活支出（单位：元），下图纵轴为农民工月平均工资（单位：元），两图横轴都为农民工所在工作地对应的地级市的常住人口规模（单位：万人）的自然对数。

第四节 计量分析结果

一 计量模型

根据上文的理论分析，本章的基本计量模型设定如下：

$$\ln cost = \alpha_0 + \alpha_1 ha_1 + \alpha_2 ha_2 + \varepsilon_1 \tag{3.3}$$

$$\ln cost = \beta_0 + \beta_1 ha_1 + \beta_2 ha_2 + \beta X_1 + \varepsilon_2 \tag{3.4}$$

$$\ln cost = \rho_0 + \rho_1 \ln pop + \rho X_1 + \varepsilon_3 \tag{3.5}$$

$$\ln cost = \sigma_0 + \sigma_1 \ln pop + \sigma_2 \ln wage + \sigma X_1 + \varepsilon_4 \qquad (3.6)$$

$$\ln wage = \theta_0 + \theta_1 \ln pop + \theta_2 X_2 + \varepsilon_5 \qquad (3.7)$$

$$\ln wage = \lambda_0 + \lambda_1 \ln pop + \lambda_2 ha_1 + \lambda_3 ha_2 + \lambda X_2 + \varepsilon_6 \qquad (3.8)$$

式（3.3）至式（3.6）中，$\ln cost$ 是农民工在打工所在地生活成本的自然对数；$\ln wage$ 是农民工月平均工资的自然对数；$\ln pop$ 是农民工工作所在城市人口规模的自然对数。房价是城市聚集不经济的最主要因素（Moulton，1995），但是，我们没有所有城市房价的准确数据，只有根据《中国区域统计年鉴（2012）》地级以上城市住宅销售额和销售面积所得的地级以上城市的平均房价，其他城市的房价数据缺失。因此，我们采取了房价虚拟变量的办法来表征不同城市的房价，具体做法是：把平均房价在每平方米 1 万元以上的城市用虚拟变量 ha_1 表示，把平均房价在每平方米 5000—1 万元的城市用虚拟变量 ha_2 表示，其他城市为对照组。其中，房价在 1 万元以上的城市有北京、上海、广州、深圳以及杭州、温州 6 个城市。X_1 是一组控制变量，主要包括农民工及其所在城市的特征变量，下文将予以详细介绍。对于式（3.3），我们主要采用一元线性回归关注房价与生活成本支出之间的统计关系。对于式（3.4）和式（3.5），我们重点关注房价或者城市规模前面的系数，如果不显著，就说明城市规模、城市房价与农民工的生活成本无关，大城市高房价等聚集不经济的传导机制失灵。另外，考虑到农民工个人能力的潜在能力也有可能影响到他个人的消费支出，在式（3.6）中，我们用 $\ln wage$ 代理农民工个人的潜在能力。

式（3.7）和式（3.8）中，在关于农民工工资的文献中，一些研究采用月工资，另一些研究采用小时工资，还有一些研究两者都采用。本章使用的样本中，一部分是自雇型就业者，他们的工作小时数和其他职业农民工很难比较，因此，就本章的数据而言，采用月平均工资更为合理。X_2 是一组控制变量，主要包括农民工及其所在城市的特征变量，下文将予以详细介绍。如果式（3.4）、式（3.5）和式（3.6）中的房价或者城市规模前面的系数不显著，表明聚集不经济的传导机制失灵，那么式（3.7）、式（3.8）中的房价或者城市规模前面的系数也会不显著，即农民工的工资与城市规模无关。

根据卢卡斯（2004）、鲍姆–斯诺和帕万（Baum–Snow and Pavan，2012）等现有文献，随着城市规模的扩大，学习效应、身份效应及公共服务效应会降低农民工的工资要求，这些效应可归因于城市聚集经济对农民工工资的影响。我们采用式（3.9）和式（3.10）进一步研究导致农民工工资与城市规模无关的原因是否是聚集经济和聚集不经济对农民工工资的影响相互抵消了。城市规模的扩大既可以提高房价等聚集不经济因素，也可能会影响学习效应、身份效应和公共服务效应等可能与工资有关的聚集经济因素，因此，房价等聚集不经济和城市聚集经济都与城市规模有关。借鉴德斯梅特和罗西 – 汉斯伯格（Desmet and Rossi – Hansberg，2013）对具有共同影响因素的解释变量的处理方法，在式（3.8）中，我们将房价 ha_1、ha_2 和城市规模同时放入了模型中。这里，房价变量 ha_1 和 ha_2 是聚集不经济的代理变量，在房价等聚集不经济已经用 ha_1 和 ha_2 加以控制的条件下，式（3.7）模型中的城市规模 lnpop 变量将只反映因城市规模变化而引起的聚集经济变化，其系数反映了聚集经济因素对工人工资的影响。在式（3.7）及式（3.8）模型中，我们将重点关注房价、城市规模对农民工工资是否有显著的影响。

在工资计量模型的估计过程中，考虑到农民工进入城市工作时，可能存在的选择偏差，特别是可能存在逆向选择，也即大城市的农民工的能力可能比小城市农民工能力弱，并且这种能力由一些不可观察的特征引起，致使上述模型的回归结果可能存在低估，而出现大城市农民工的名义工资同中小城市农民工的名义工资没有显著的差异。为了克服该问题，运用马达拉（Maddala，1983）的处理效应模型来估计农民工名义工资，是否受其工作所在城市规模或生活成本的影响。

$$\ln wage = \gamma_0 + \gamma_1 dum\_c + \gamma X + \upsilon_1 \tag{3.9}$$

$$dum\_c^* = \eta Y + \mu \tag{3.10}$$

将样本分成两组，当农民工工作所在城市规模大于分界点时，$dum\_c^* = 1$，否则为 0。模型（3.9）为标准的工资计量模型，选择偏差问题使 OLS 估计得出的 dum_c 系数 γ_1 为非一致估计值，此时采用处理效应模型的两阶段估计方法。第一阶段估计选择计量模型（3.10），得到估计系数 $\bar{\eta}$，运用公式计算出个体的风险比 h。第二阶段，将个体的风险比 h 代入模型（3.9），构建扩展的收入模型（3.11），系数 γ_1 为一致性估计值，其中，风险比 h 的估计系数为 λ，其可以估计内生性选择偏差存在与否。

$$\ln wage = \gamma_0 + \gamma_1 dum\_c + \gamma X + \lambda h + \upsilon_2 \tag{3.11}$$

　　式中，$X = X_1 + X_2$，X_1 和 X_2 为两组大体相同的控制变量，包括如下个体特征变量和城市特征变量：

　　age 表示农民工的年龄，单位为年，age^2 是年龄的平方。一些研究发现，年龄和年龄的平方对农民工的工资有显著影响（姚俊，2010）。本章样本农民工年龄区间为 15—68 岁，随着年龄的增大，农民工的体力和精力可能存在一个倒"U"形曲线，但是，人生经验会随年龄增大而不断上升，综合而言，age 和 age^2 对工资的影响，前者应该为正，后者应该为负。time 表示农民工从事其报告职业的时间，单位是年，time 一定程度上反映了农民工从事其报告职业的工作技能，从业时间对工资的影响与年龄相类似，可能存在非线性关系，比如倒"U"形（宁光杰，2014），因此，本章也加入了从业时间的平方项 $time^2$。年龄和从业时间对农民工生活成本的影响也可能是非线性的。dhc 表示是否包住。在我们的调查中，部分农民工由于所在企业或者工厂包住，因此，这可能会影响到他的生活成本支出或者工资收入，我们使用 dhc 加以控制，dhc 为 1 表示包住，即住房支出为零，dhc 为 0 表示不包住。

　　gender 是农民工的性别虚拟变量，男性等于 1。party 是虚拟变量，如果农民工是中共党员 party 等于 1，在农村通常比较有能力的人才能当上党员，因此，本章希望 party 可以在某种程度上控制农民工的能力。health 表示健康状况的虚拟变量，农民工身体状况为健康则为 1，否则为 0。married 为婚姻状况虚拟变量，如果农民工已经结婚，该变量定义为 1，否则为 0。配偶是否在身边，对农民工外出打工的感情成本有重要影响，用虚拟变量 together 来控制其对农民工工资影响，together 为 1 表示农民工与配偶一起在外打工，否则为 0。这些变量对农民工的工资和生活成本都可能有一定影响。

　　prov 表示农民工工作所在省份的虚拟变量，在外省份工作为 1，否则为 0。county 是农民工工作所在县的虚拟变量，如果在家乡所在省份内但在家乡所在县外则为 1，在本县内工作则为 0，上述两个虚拟变量的对照组为在本省份本县工作的农民工。远离家乡到外省份或外县工作，需要农民工具有更强的人际沟通能力、冒险精神和进取心，因此，prov 和 county 在某种程度上也反映了农民工的个人能力。同时，到外省份和外县工作回老家和亲人团聚的机会减少，这意味着更大的情感成本和回老家探亲的成本。这两个变量对工资和生活成本都可能有影响。

edu 代表一组反映农民工文化程度的 5 个虚拟变量，分别控制初中文化、高中文化、中专文化、大专文化和大学以上文化。voc 代表一组反映农民工职业的 10 个虚拟变量，分别控制除工业企业普通工人以外的其他 10 种职业。文化程度和职业对工资与生活成本也可能有一定的影响。

lnrain 和 lntemperature 分别表示农民工工作所在城市的年降雨量及年平均气温的自然对数。一个城市的降雨量和气温体现了其自然环境，影响着居住的舒适性，农民工在生活和工作中可能存在权衡，比如，为了在一个居住环境适宜的地方工作，而接受更低的工资，由此可见，城市的自然环境变量对农民工工作地点选择和工资都可能有影响，控制该类变量有利于减弱内生性的问题。但我们不认为，这两个变量会显著影响生活成本。

式（3.9）中，Y 包括 X 的个体特征变量之外，还有三个可能影响农民工进行工作地点选择的变量：①农民工所在家庭的在家务农劳动力的平均农业收入的自然对数，用以表示外出打工的机会成本；②农民工所在村庄与最近县城直线距离的自然对数，该变量可以用来度量农民工家乡与外界信息接触程度；③在我们调查样本中，农民工所在县外出打工者在占所有成年劳动力的比例，反映农民工在外地工作所具有的社会网络。

二 对基本模型的回归结果及稳健性检验

（一）对农民工生活成本的回归结果

表 3-2 给出了对式（3.3）至式（3.6）表示的基本计量模型进行回归的结果。由表 3-2 回归 1 可知，在不加控制变量的情况下，房价与生活成本是具有统计显著性的，这与散点图的描述是一致的。回归 2 和回归 3 中，房价 ha_1 和 ha_2 以及城市规模 lnpop 对农民工的生活成本均没有显著的影响。考虑到在本省份和本县打工者的生活成本可能比较低，给回归结果带来不良影响，我们仅采用省份外打工的农民工样本，重复了回归 2 和回归 3 的操作，结果发现，城市房价和城市规模对农民工生活成本仍然没有显著影响（表 3-2 仅报告了用房价回归的结果）。另外，考虑到一个人的个人潜能也可能影响到他的生活支出，我们在回归模型中加入月工资对数加以控制，城市房价和城市规模对农民工生活

成本支出均没有显著性影响。此外，考虑到我们的样本数据中有 77 位属于自雇型就业，这可能会影响到回归结果，因此，将此样本剔除之后发现，我们的结果仍旧成立。这一实证结果说明，城市房价等聚集不经济没有影响农民工的生活成本，农民工的生活成本与城市规模无关，在中国聚集不经济的传导机制发生了严重的失灵。

表 3 - 2　　　　　　　　　对农民工生活成本的回归结果

解释变量	被解释变量 lncost						
	回归 1	回归 2	回归 3	回归 4	回归 5	回归 6	回归 7
	全样本	全样本	全样本	省外样本	全样本	省外样本	雇员样本
ha_1	0.239 ***	0.048		0.054		0.004	0.063
	(3.86)	(0.71)		(0.83)		(0.06)	(0.91)
ha_2	0.140 **	0.015		0.006		-0.018	0.042
	(2.17)	(0.24)		(0.10)		(-0.30)	(0.61)
lnpop			0.017		0.016		
			(0.91)		(0.99)		
lnwage					0.718 ***	0.621 ***	
					(13.28)	(9.08)	
dhc		-0.506 ***	-0.502 ***	-0.517	-0.472 ***	-0.495 ***	-0.486
		(-9.99)	(-9.78)	(-8.34)	(-10.19)	(-8.61)	(-9.27)
prov		0.017	-0.006		-0.174 **		0.016
		(0.24)	(-0.07)		(-2.21)		(0.21)
county		-0.228 ***	-0.273 ***		-0.377 ***		-0.274 ***
		(-3.00)	(-3.08)		(-4.69)		(-3.39)
age		0.049 ***	0.053 ***	0.051 **	0.017	0.016	0.046 ***
		(2.89)	(3.10)	(2.50)	(1.06)	(0.84)	(2.64)
age^2		-0.001 ***	-0.001 ***	-0.001 ***	-0.000	-0.000	-0.001 ***
		(-3.11)	(-3.30)	(-2.72)	(-1.25)	(-0.97)	(-2.69)
time		0.279 ***	0.281 ***	0.453 ***	0.210 ***	0.366 ***	0.308 ***
		(4.57)	(4.48)	(5.93)	(3.71)	(5.11)	(4.94)
$time^2$		-0.009 **	-0.009	-0.019	-0.005	-0.014 ***	-0.010
		(-2.35)	(-2.30)	(-4.15)	(-1.33)	(-3.24)	(-2.78)

续表

解释变量	被解释变量 lncost						
	回归1	回归2	回归3	回归4	回归5	回归6	回归7
	全样本	全样本	全样本	省外样本	全样本	省外样本	雇员样本
gender		-0.008	-0.017	-0.028	-0.085**	-0.062	-0.005
		(-0.18)	(-0.36)	(-0.55)	(-2.01)	(-1.28)	(-0.11)
married		-0.256***	-0.256***	-0.408***	-0.295***	-0.407***	-0.290***
		(-3.22)	(-3.22)	(-4.14)	(-4.10)	(-4.45)	(-3.54)
together		0.067	0.066	0.104	0.095	0.120	0.089
		(0.98)	(0.96)	(1.19)	(1.53)	(1.48)	(1.25)
lnrain		0.045	0.083	-0.094	0.203**	0.042	0.092
		(0.42)	(0.74)	(-0.78)	(2.01)	(0.37)	(0.82)
lntemperature		0.124	0.092	0.216	-0.092	0.066	0.048
		(0.63)	(0.46)	(1.05)	(-0.51)	(0.34)	(0.23)
party	否	是	是	是	是	是	是
health	否	是	是	是	是	是	是
文化程度	否	是	是	是	是	是	是
职业	否	是	是	是	是	是	是
样本量	861	806	791	532	791	532	741
调整的 R^2	0.016	0.405	0.409	0.453	0.520	0.530	0.417

注：（1）括号内为 t 值；（2）*、** 和 *** 分别表示在 10%、5% 和 1% 的显著性水平下显著；（3）回归中都包含有固定项，为了节省篇幅，表格中没有报告其结果。

表 3-2 所有回归中的控制变量与理论预测也基本一致。在外省份打工的农民工生活成本和工资收入相对在省份内打工者都要高一些。年龄和从业时间对生活成本呈倒 "U" 形曲线变化，年龄对名义工资呈倒 "U" 形曲线变化。城市降雨量和温度对农民工的生活成本都没有显著影响，这可能是因为，农民工基本上已经适应在不同环境情况下的工作环境，长期的外出务工使他们能够更加自如地应对不同的自然环境。和配偶在一起打工者生活成本没有显著的变化，可能由于农民工的生活已经足够节俭，基本的生活需求无法缩减。已婚者生活成本要低一些，这是因为已婚者会考虑养家糊口的需要变得更加节省。

（二）对农民工名义工资的回归结果

根据表 3 - 3 回归 1 和回归 2 可知，房价以及城市规模对农民工的名义工资没有显著影响，这一结果是对表 3 - 2 对农民工生活成本归回结果的进一步印证，既然房价和城市规模没有影响农民工的生活成本，聚集不经济传导机制发生了失灵，那么城市规模就不会影响农民工的名义工资。

随着城市规模的扩大，学习效应、身份效应、公共服务效应等聚集经济因素是否对农民工的工资产生了负的影响？这种影响是否抵消或部分地抵消了房价等聚集不经济对农民工工资可能存在的正的影响？为了回答这两个问题，也为了进一步验证聚集不经济传导机制的失灵，我们分别在控制房价等聚集不经济的条件下，用人口密度和城市规模做聚集经济的代理变量进行了回归。如表 3 - 3 回归 3 到回归 6 所示，无论是采用全部样本，还是采用省份外打工者样本，城市规模 lnpop 与城市房价 ha_1 和 ha_2 均不显著，这说明所谓学习效应、身份效应、公共服务效应等聚集经济因素对农民工工资并没有显著影响。唯一例外的是，当我们使用省份外雇员样本时，房价位于一万元以上的城市对工资是有正向影响的，鉴于此类城市中存在的来自外省份的高技能农民工较多，我们仅使用工业企业工人样本进行回归，发现我们的结果依旧是显著的。[①]

这一结果不仅表明中国的农民工是讲求实际，不图虚名的，而且也说明大城市的公共服务对农民工也没有影响。这与中国的现实是相符的，因为农民工基本被排除在大城市的公共服务之外。这些回归结果也进一步印证了农民工"城市打工挣钱、农村盖房消费"的行为模式，以及这种模式下大城市房价等聚集不经济传导机制的失灵。

（三）稳健性检验

为了验证上述回归结果的可靠性，我们进行了多种稳健性检验。例如，在表 3 - 2 中回归 2 到回归 7 中以及表 3 - 3 中回归 1 至回归 6 中删除降雨量 lnrain 和温度 lntemperature 或仅使用年龄 age 及从业时间 time 的一次项，或仅采用制造业工人的样本，或者考虑到温州杭州的特殊性，把温州的农民工样本从 ha_1 组中移入 ha_2 组中（此时 ha_1 组中仅包

---

①　其他控制变量的回归结果也基本与预期相一致，由于篇幅问题，这里就不详细汇报，读者如有兴趣，可以向本书作者索取。

括北京、上海、广州、深圳四大城市的样本，而 ha₂ 组中多了温州杭州的农民工样本），所有这些回归的结果都是一致的。

表3－3　　　　　　　　　对农民工名义工资的回归结果

解释变量	被解释变量 lnwage					
	回归1	回归2	回归3	回归4	回归5	回归6
	全样本	全样本	全样本	省外样本	省外雇员样本	省外工业企业工人样本
ha₁	0.043 (1.04)		0.092 (1.62)	0.102 (1.48)	0.132 * (1.89)	0.050 (0.33)
ha₂	0.019 (0.47)		0.038 (0.85)	0.024 (0.50)	0.063 (1.26)	0.051 (0.45)
lnpop		−0.005 (−0.44)	−0.022 (−1.43)	−0.032 (−1.50)	−0.035 (−1.63)	−0.040 (−0.93)
样本量	883	868	868	568	530	136
调整的 R^2	0.315	0.313	0.296	0.290	0.327	0.108

注：（1）括号内为 t 值；（2）*、** 和 *** 分别表示在 10%、5% 和 1% 的显著性水平下显著；（3）回归中所包含的控制变量与表 3－2 相一致，为了节省篇幅，表格中没有汇报其结果。

　　由于农民工中自雇型就业者往往有一定的投资，其收入中可能有一些资本收益。作为稳健性检验，以上所有回归重新采用雇员样本回归结果也是稳健的。

三　采用处理效应模型的回归结果

　　表 3－4 给出了采用处理效应模型的回归结果，其中，回归 1 的分界点是人口规模为 1000 万，λ 估计值为负数且在的 5% 水平上显著，表明流入 1000 万以上巨型城市的农民工在能力上存在逆向选择，对式（3.8）所表示模型的 OLS 回归结果可能存在低估，通过处理效应模型处理后，城市规模虚拟变量 dum_c1 的系数估计值为 0.215，表明大城市确实存在工资升水的可能，但是，人口超过 1000 万的城市绝大部分是外来人口，因此，我们使用省份外人口变量进行稳健性检验，回归结果发现，其工资不存在升水的可能。此外，分别以省份外样本、以人口规模 300 万或 100 万为分界点定义城市规模虚拟变量，回归结果如

表3-4回归2到回归4所示,回归结果发现,当城市规模大于100万时,其名义工资要高出17.4%。

表3-4　　　　采用处理效应对农民工工资的回归结果

（被解释变量：lnwage）

扩展的收入模型	回归1	回归2	回归3	回归4	回归5	回归6	回归7
	全样本	省外样本	全样本	全样本	全样本	省外样本	省外样本
dum_ c1	0.215*** (2.92)	-0.036 (-0.41)			0.101 (1.25)	-0.041 (-0.44)	
dum_ c2			0.061 (0.65)				-0.062 (-0.58)
dum_ c3				0.174** (2.02)			
ha_1					0.131*** (-1.31)	0.008 (0.16)	0.012 (0.24)
ha_2					0.124*** (3.20)	0.002 (0.05)	0.004 (0.09)
h	-0.194** (-2.41)	0.059 (0.62)	-0.020 (-0.23)	-0.037 (-0.44)	-0.107 (-1.28)	0.061 (0.64)	0.001 (0.02)
样本量	745	476	745	745	745	476	476

注:(1)括号内为 t 值;(2)**和***分别表示在5%和1%的显著性水平下显著;(3)表中省略了工资模型控制变量（age、age^2、time、$time^2$、gender、party、health、married、together、prov、county、lnrain 和 lntemperature）和选择模型估计结果。

为了进一步明确上述处理效应模型中城市规模对工资没有显著影响,是因为房价等聚集不经济传导机制失灵,还是因为大城市的学习效应、公共服务效应等聚集经济对工资的负影响抵消了房价等聚集不经济的正影响。我们以房价 ha_1 和 ha_2 作为聚集不经济的代理变量加入处理效应模型,如前所述,在房价等聚集不经济得到控制的条件下,城市规模可以只作为聚集经济的代理变量。回归结果如表3-4中回归5至回归7所示,采用全部样本时发现人口规模超过1000万时,房价对于工资的提升是显著的,但是,我们采用省份外打工者样本,以及采用不同的城市规模为分界点,城市规模虚拟变量 ha_1 和城市房价虚拟变量 ha_2

均不显著，这说明，在考虑选择偏差问题和大城市可能存在的学习效应、公共服务效应及身份效应条件下，房价等聚集不经济对工资仍然没有显著的影响。总之，处理效应模型也支持本章关于在中国，房价等聚集不经济传导机制失灵的结论。

本章小结

本章的重要发现是，房价和城市规模对中国农民工的生活成本及名义工资均没有显著影响。这表明，在大城市工作的中国农民工，不能向大城市厂商索要更高的名义工资，以要求厂商根据大城市更高的房价对其名义工资进行补偿，聚集不经济的传导机制发生了严重的失灵，其结果是房价等聚集不经济阻止资本和人口向巨型城市过度聚集的市场功能严重失灵，大、中、小城市难以协调发展。

上述市场失灵的深层原因是当前市场环境下中国农民工理性的行为模式："城市打工挣钱、农村盖房消费"。在这种行为模式下，农民工在打工的城市一般选择居住在简陋集体宿舍或"贫民窟"内，以便积攒更多的钱回家乡盖房消费，所以，尽管中国大、中、小城市之间的房价相差巨大，但是，大城市的房价对于选择居住在贫民窟或简陋集体宿舍的农民工的生活成本并没有显著影响，进而使房价和城市规模对农民工的工资也没有产生显著影响。

由于具有高度跨区域流动性的农民工对城市户籍人口中普通素质劳动力的名义工资具有重要拉平效应，从理论上讲，农民工将降低城市户籍人口中普通素质劳动力的工资谈判能力，这将加剧聚集不经济传导机制和市场功能的失灵。

综上，中国大、中、小城市发展不协调的主要原因是，促使大城市扩张的聚集经济可以有效发挥作用，但是，阻止大城市过度膨胀的聚集不经济的市场功能却严重失灵。本章的政策含义是，仅靠聚集不经济这一市场机制难以阻止资本和人口向巨型城市的过度聚集，要促进大、中、小城市协调发展，政府必须限制在巨型城市投资，鼓励在中小城市投资，以弥补聚集不经济的市场失灵。

第四章　非均等财政支出、大城市扩张与居民福利

第一节　研究背景及相关文献

长期以来，中国实施了非均等财政支出政策。以 2010 年为例，中国一线城市人均财政支出为 12265 元，是二线城市的 2.2 倍、三线城市的 3 倍。[①] 这种非均等财政支出是否具有经济效率？它如何影响中国城镇化及人口和生产分布的空间格局？中国是否应该继续实施这种非均等财政支出政策？随着中国城镇化的快速推进和中国巨型城市规模的持续膨胀，对这些问题进行深入的理论研究显得十分重要和迫切。

除中国以外，世界上还有不少其他国家也对大城市和小城市实施了非均等财政支出政策，例如，在西班牙、德国、奥地利和美国等国家，人口密度高的地区往往从上层级政府获得更多的财政资助金。以美国为例，2001 年美国人口规模超过 30 万的地区或城市的一般性人均财政支出是人口规模 20 万—30 万的地区的 1.8 倍（Buettne and Holm – Hadulla, 2013）。

但是，专门研究非均等财政支出政策福利效应的文献并不多。芬吉和梅尔（Fenge and Meier, 2002）考察了一个存在地方政府和中央政府的两地区模型，假设生产函数存在聚集外部性，居民消费一种私人物品和一种公共品，且公共品的边际生产成本随着人口规模的增加而上升，

---

① 这里所指的一线城市包括北京、上海、广州、深圳和天津，二线城市包括武汉、南京、杭州、成都、哈尔滨、西安、济南、青岛和长沙，三线城市包括黄石、宜昌、襄阳、汕头、佛山、惠州、嘉兴、湖州、绍兴、南通、连云港和扬州。

其研究发现，中央政府对大城市的非均等财政支出会降低居民福利。布特纳和霍尔姆－哈杜拉（Buettne and Holm－Hadulla，2013）认为，芬吉和梅尔（2002）关于公共品的边际成本随着人口规模增加而上升的假设是令人质疑的。因为许多文献认为，由于公共品的非竞争性，公共品的边际成本随着人口规模上升是下降的（McMillan et al.，1981；Bruecker，1982；Craig，1987）。布特纳和霍尔姆－哈杜拉（2013）假设大城市具有公共品生产的成本优势，研究发现，非均等财政支出可以提高整体的居民福利。

　　然而，布特纳和霍尔姆－哈杜拉（2013）模型的一个关键假设是城市公共品数量变化不会引起人口的空间流动，也不影响城市人口规模。但根据城市经济学文献，公共品既影响居民的效用，也影响人口的空间流动（Stiglitz，1977；Wildasin，1987）。在鲁斯（Roos，2004）模型中，城市公共品对人口是一种重要的吸引力，不仅会引起人口的空间流动，还可能导致人口在一个城市的完全聚集。在类似中国这样的发展中国家，公共品在大城市和小城市的分布十分不均衡。优质的教育、医疗等公共服务全部集中在大城市，追求更好的教育和医疗等公共服务是人们向大城市流动的重要动力（Zheng et al.，2008；Albouy，2012）。

　　本书的主要贡献是，同时放松了芬吉和梅尔（2002）模型假设以及布特纳和霍尔姆－哈杜拉（2013）模型假设，既假设大城市具有公共品生产的成本优势，又假设公共品可以引起人口的空间流动，在新经济地理学文献基础上，构建一般均衡模型研究发现，非均等财政支出不仅会降低居民的整体福利，还会引起大城市规模的持续膨胀，拉大大城市和小城市居民之间的名义收入差距，尽管其实际效用没有差别。

　　与本书模型比较接近的是鲁斯（2004）的研究。鲁斯（2004）假设居民需要消费住房、差异性制造品和公共品三类物品，其研究表明，地方政府之间的策略性税收政策，有可能导致某一地区公共品的过度供给并降低了整体居民福利。但是，鲁斯（2004）模型与本书的模型有着三个重要差别：

　　第一，研究的主题不同。鲁斯（2004）研究了地方政府独立做出的策略性财政政策对人口空间分布的影响，以及这种策略性财政政策的福利效应，并没有研究包含中央政府（或上一层级政府）在内的政府非均等财政支出的福利效应及其对人口空间分布的影响，而这正是本书的研究主题。

第二，模型假设的土地所有者不同。目前，新经济地理学模型关于土地所有权的处理方式有四种不同的假设：第一类模型假设土地归整个经济体的全体居民所有并且平均分配土地租金收入（Helpman，1998）；第二类模型假设每个地区的土地为该地区内的全体居民所有并且平均分配该地区的土地租金收入（Ottaviano et al.，2002）；第三类模型假设土地归经济体之外的无名地主所有（Tabuchi，1998；Pflüger and Südekum，2010）；第四类模型假设土地归地区的一些地主所有，地主不从事劳动，凭借土地租金生活，地方政府对其租金收入征税（Roos，2004）。这四类假设均不符合中国土地市场的现实。在中国，城市土地归地方政府所有，地方政府是城市土地的唯一所有者，因此，本书提出第五种处理方式，假设土地归地方政府所有，卖地收入作为地方政府收入的一部分，本书对于土地所有权的假设更加符合中国的现实情况。

第三，本书的模型考虑了多种因素对人口聚集的影响，包括城市规模经济、产品多样性、公共品等，而鲁斯（2004）只考虑了公共品对人口聚集的影响，这有可能扩大公共品的影响，也不符合经济现实。

第二节　城市规模与居民福利模型

一　基本假设

本书的理论模型沿用克鲁格曼（1991）和赫尔普曼（1998）的分析框架，同时与鲁斯（2004）、Riou（2006）、Wang 和 Zeng（2013）等含有公共服务的新经济地理学模型相结合，建立包含两个城市三个部门两种要素的理论模型。经济体的三个部门：第一，差异性制造品部门，该部门产品可以在城市之间贸易称为可贸易品，但要花费一定的运输成本；第二，住房服务部门，住房服务不可以在城市之间贸易称为不可贸易品，并且其供给量由城市内土地数量决定；第三，公共品部门，公共品在城市间不可贸易且由各个城市地方政府提供。

差异性可贸易品市场为垄断竞争市场，其生产需要投入一种生产要素，即劳动力，而且劳动力可以在城市之间无成本地流动。生产住房服务只需要投入另一种生产要素土地，地方政府拥有土地所有权，并且每个城市的土地数量一定即住房供给量一定，进一步假设两个城市土地数量相等，也即住房服务的供给量相等。

在住房服务部门，每个城市所有居民的住房服务支出总额等于该地区土地收入，归该地区地方政府。假设经济体内有 N 个劳动工人（每个劳动工人具有相同的消费偏好和技术水平），每个劳动工人无弹性地供给 1 单位劳动力，并获得 1 份劳动工资，中央政府对经济体内所有劳动工人征收劳动工资税，并且采取统一税率，因此，劳动工资税收收入即整个经济体的税收收入，地方政府根据中央政府的财政分配政策得到一定比例的税收收入。由此可知，地方政府总收入等于该地区的土地收入加上由中央政府分配给地方政府的税收收入（本书也称之为财政收入，这里说的财政收入仅指税收收入，不含地方政府的土地收入），本章假设地方政府将其所有收入（土地收入和中央政府分配给其的税收收入）投入生产本地区的公共品。

从广义上讲，中央政府和地方政府之间的分税制，可以看成中央政府在中央政府和地方政府之间分配财政资金的征收权及支配权，也就是中央政府把财政资金的处置权在中央和各个地方政府之间进行分配，所以，本章假设中央政府具有税收的征收权并把税收分配给地方政府支配从更深层的逻辑上并不违反中国现行的分税制财政体制。从这个含义上讲，地方政府非均等的财政支出可以看成是中央政府的"偏向性财政政策"的一种结果。

定义城市 1 从中央政府获得的人均财政收入和城市 2 从中央政府获得的人均财政收入之比为 λ，称 λ 为城市间人均财政支出之比，本书将研究非均等的财政支出政策对居民福利的影响。在现实中，λ 的大小可能是中央政府与各个地方政府之间政治博弈的结果，也可能是中央政府的决策结果。

二 消费者行为

经济体内所有居民具有相同的效用函数，h 表示每个居民住房服务消费量，d 表示每个居民差异性制造品组合消费量，s 表示每个居民公共品消费量。参数 γ 和 ω（$0 < \gamma < 1$，$\omega > 0$）分别表示居民对住房和公共服务的消费偏好，γ 越大表明住房服务在居民消费中越重要，ω 越大表明公共品在居民消费中越重要。所有居民的效用函数为：

$$u = h^{\gamma} d^{1-\gamma} s^{\omega} \tag{4.1}$$

差异性制造品组合 d 用迪克西特和斯蒂格利茨（Dixit and Stiglitz, 1977）所定义的对称性固定替代弹性（CES）函数表示：

$$d = \left[\int_0^n x_i^{(\varepsilon-1)/z} \mathrm{d}i \right]^{\varepsilon/(\varepsilon-1)} \tag{4.2}$$

式中，x_i 表示每个居民所消费的第 i［其中 $i \in (0, n)$］类差异性制造品的数量，参数 $\varepsilon(\varepsilon > 1)$ 表示任意两种差异性制造品的替代弹性，ε 越大表明差异性制造品之间越容易相互替代。

根据效用最大化原则求得，任意城市内所有居民对第 i 类差异性制造品的需求量为：

$$c_i = p_{ci}^{-z} E^p / P_d^{1-\varepsilon} \tag{4.3}$$

式中，p_{ci} 表示第 i 类差异性制造品在该城市市场的销售价格，E^p 表示该城市对差异性制造品组合的消费支出总量，P_d 表示该城市差异性制造品组合的价格指数。该城市差异性制造品组合的需求量和价格指数分别表示为：

$$d = E^p / P_d \tag{4.4}$$

$$P_d = \left[\int_0^n p_{ci}^{1-\varepsilon} \mathrm{d}i \right]^{1/(1-\varepsilon)} \tag{4.5}$$

三　差异性制造品生产者行为

经济体内两个城市用 k 表示，k 等于 1 表示城市 1，k 等于 2 表示城市 2。每一类差异性制造品的生产技术相同，其生产成本包括固定成本和可变成本，都用劳动力投入量的形式表示。将第 i 类差异性制造品的生产成本 L_i 表示为：

$$L_i = \alpha + \beta y_i \tag{4.6}$$

式（4.6）表明，生产代表性差异制造产品，投入 α 单位劳动作为固定成本，同时每生产一单位产品的边际成本为 β 单位劳动，那么生产 y_i 单位制造品的可变成本为 βy_i 单位劳动，固定成本为 α 单位劳动。差异性制造品市场为垄断竞争，根据式（4.3）可知差异性制造品的市场需求弹性为 $-\varepsilon$，依据生产者利润最大化原则，边际成本等于边际收益，可以求得第 i 类差异性制造品的出厂价格为：

$$p_{ki} = \varepsilon \beta W_k / (\varepsilon - 1) \quad (k = 1, 2) \tag{4.7}$$

式中，W_k 表示城市 k 劳动工人供给每单位劳动的工资。垄断竞争市场第 i 类差异性制造品生产者实现利润最大化时，生产者的经济利润为零，即 $y_i p_{ki} - L_i W_k = 0$，由此求得第 i 类差异性制造品生产者利润最大化的生产量（也即供给量）为：

$$y_i = \alpha(\varepsilon - 1)/\beta \qquad (4.8)$$

式（4.8）中第 i 类差异性制造品的生产量为一个参数组合，由此可知，两个城市内所有差异性制造品厂商实现利润最大化的生产量相同，根据厂商生产成本式（4.6），此时所有差异性制造品厂商雇用的劳动工人数量也相等，并且等于 $\alpha\varepsilon$。如果用 n_k 表示城市 k 差异性制造品厂商数量（也即城市 k 差异性制造品种类数量），那么城市 k 所有厂商雇用劳动工人的总数量（也即居民总人数）为：

$$N_k = \alpha\varepsilon n_k \qquad (4.9)$$

四 地方政府行为分析

根据基本假设，地方政府根据当地人口规模得到来自劳动税的财政收入。下面将分析地方政府的行为，具体包括地方政府总收入和公共品供给。地方政府总收入由分配所得财政收入和土地收入两部分构成，并且地方政府将其所有收入投入生产本地区的公共服务。

（一）地方政府总收入

两个城市内所有劳动工人的劳动收入总和分别为 $W_k N_k$（$k = 1$，2），劳动税税率为 τ，由此可知，经济体总的财政收入等于 $\tau(W_1 N_1 + W_2 N_2)$。根据基本假设，如果城市 1 人均财政收入是城市 2 人均财政收入的 λ 倍，那么城市 1 和城市 2 的人均财政收入分别等于 $\tau(W_1 N_1 + W_2 N_2)/(\lambda N_1 + N_2)$ 和 $\lambda \tau(W_1 N_1 + W_2 N_2)/(\lambda N_1 + N_2)$。劳动工人即城市内居民，根据效用函数 (4.1) 将其税后收入（可支配收入）用于消费差异性制造品组合和住房服务。根据效用最大化原则，可求得每个城市内所有居民对差异性制造品的支出总额为 $(1 - \gamma)(1 - \tau) W_k N_k$，对住房服务支出总额为 $\gamma(1 - \tau) W_k N_k$。住房部门中住房收入即每个城市地方政府土地收入等于各个城市所有居民对住房服务的支出总额，因此，每个城市地方政府的土地收入为 $\gamma(1 - \tau) W_k N_k$。

综上可知，地方政府总收入 I_{gk} 等于分配所得财政收入加土地收入为：

$$I_{g1} = \gamma(1 - \tau) W_1 N_1 + \lambda \tau(W_1 N_1 + W_2 N_2) N_1/(\lambda N_1 + N_2)$$
$$I_{g2} = \gamma(1 - \tau) W_2 N_2 + \tau(W_1 N_1 + W_2 N_2) N_2/(\lambda N_1 + N_2) \qquad (4.10)$$

（二）地方政府的公共品供给

公共品生产和使用都具有区域特性，也即地方公共品，一个地区所供给的公共品具有非排他性和一定程度的非竞争性。沿用安德森和福斯利德（Andersson and Forslid, 2003）、Riou（2006）的处理方法，地方政府公共品的生产以平均消费篮子的形式表示，并且投入 1 单位差异性制造品组合可以生产 1 单位地方公共品，由此可知，1 单位地方公共品的生产成本为 P_{dk}[①]，从而求得两个地方政府公共品供给总量为 I_{gk}/P_{dk}（$k = 1$、2）。

用参数 ξ（$0 \leqslant \xi \leqslant 1$）表示公共品消费的非竞争性程度，$\xi$ 越小，表明公共品消费的非竞争性程度越高。当 $\xi = 0$ 时，非竞争性程度最高，公共品为纯公共品，每个城市居民公共品消费量等于该城市内地方政府公共品供给总量；当 $\xi = 1$ 时，非竞争性程度最低，公共品消费具有完全竞争性，相当于公共供给的私人品，每个城市地方政府公共品供给总量在该城市内所在居民平均分配（Albouy, 2012）。城市 1 和城市 2 每个居民公共品消费量分别为：

$$s_1 = \left[\gamma(1 - \tau) W_1 N_1 + \lambda \tau(W_1 N_1 + W_2 N_2) N_1/(\lambda N_1 + N_2) \right] P_{d1}^{-1} N_1^{-\xi}$$

$$s_2 = \left[\gamma(1 - \tau) W_2 N_2 + \tau(W_1 N_1 + W_2 N_2) N_2/(\lambda N_1 + N_2) \right] P_{d2}^{-1} N_2^{-\xi}$$

$$(4.11)$$

五 差异性制造品支出总额

一个城市对差异性制造品的总需求来源于两部分：其一为劳动工人的直接消费需求 $(1 - \gamma)(1 - \tau) W_k N_k$；其二为地方政府公共品生产投入的间接需求 I_{gk}。结合式（4.10）可以求得，每个城市在差异性制造品上的支出总额分别为：

$$E_1^p = (1 - \tau) W_1 N_1 + \lambda \tau(W_1 N_1 + W_2 N_2) N_1/(\lambda N_1 + N_2)$$

$$E_2^p = (1 - \tau) W_2 N_2 + \tau(W_1 N_1 + W_2 N_2) N_2/(\lambda N_1 + N_2) \qquad (4.12)$$

第三节 模型的均衡分析

一 差异性制造品市场的供需均衡

式（4.8）表明，两个城市内所有差异性制造品厂商在利润最大化

---

① 此假设表明每单位公共物品的人均成本随着城市人口规模的扩大而下降，读者若对具体证明有兴趣，可向笔者索取。

时的生产量相同，即差异性制造品厂商在城市间具有对称性，不失一般性，以城市 1 差异性制造品厂商为分析对象。由式（4.8）可知，任意一类（将省略表示种类的下角标 i）差异性制造品的供给量为 $\alpha(\varepsilon-1)/\beta$，其市场需求可以根据需求来源城市分为两部分：其一为本地市场需求总和 C_{11}；其二为对外地即城市 2 的贸易需求总和 C_{12}。差异性制造品在城市间贸易存在运输成本，用"冰山成本"的形式表示，到达销售地区城市 2 的 1 单位差异性制造品需要生产地即城市 1 运出 t 单位同样的差异性制造品，其中，t > 1，t − 1 单位差异性制造品在运输过程中消耗即其所支付的运输成本，t 越大表明，城市间差异性制造品的运输成本越高。城市 1 的差异性制造品直接在本地消费，其市场销售价格等于出厂价格 p_1，如果运输到城市 2 出售，根据"冰山成本"的含义，那么其市场的销售价格 tp_1，由式（4.3）可求得：

$$C_{11} = p_1^{-\varepsilon} E_1^p / P_{d1}^{1-\varepsilon}, \quad C_{12} = (tp_1)^{-\varepsilon} E_2^p / P_{d2}^{1-\varepsilon} \tag{4.13}$$

根据式（4.5），两个城市差异性制造品组合的价格指数可以表示为：

$$P_{d1} = \left[n_1 p_1^{1-\varepsilon} + n_2 (tp_2)^{1-\varepsilon} \right]^{1/(1-\varepsilon)}, \quad P_{d2} = \left[n_1 (tp_1)^{1-\varepsilon} + n_2 p_2^{1-\varepsilon} \right]^{1/(1-\varepsilon)}$$

$$\tag{4.14}$$

任意一类差异性制造品市场达到均衡时，其厂商的供给量等于市场需求量，由此建立如下等式：

$$p_1^{-\varepsilon} E_1^p / P_{d1}^{1-\varepsilon} + t(tp_1)^{-\varepsilon} E_2^p / P_{d2}^{1-\varepsilon} = \alpha(\varepsilon-1)/\beta \tag{4.15}$$

将式（4.7）、式（4.9）、式（4.12）和式（4.12）代入式（4.14）整理得：

$$K_1 K_3 + K_2 K_4 = 1 \tag{4.16}$$

式中，$K_1 = q^{-\varepsilon} / \left[fq^{1-\varepsilon} + (1-f) t^{1-\varepsilon} \right]$，$K_2 = t(tq)^{-\varepsilon} / \left[f(tq)^{1-\varepsilon} + 1-f \right]$，$K_3 = qf(1-\tau) + \lambda \tau f(qf + 1 - f)/(\lambda f + 1 - f)$，$K_4 = (1-f)(1-\tau) + \tau(1-f)(qf + 1 - f)/(\lambda f + 1 - f)$。

其中，$q = W_1/W_2$ 表示两个城市每单位劳动的工资水平之比，q 表示两个城市差异性制造品出厂价格之比，$q = p_1/p_2$。f 表示在整个经济体内城市 1 人口规模（或差异性制造品厂商数量）的占比即 $N_1 = fN$，因此，f 度量了整个经济体人口和生产的空间集中度。

二　人口流动的空间均衡

根据基本假设，两个城市住房服务供给总量一定并且相等，城市 1

和城市 2 的住房服务总供给量都用 H 表示。每个城市内的居民即劳动工人具有同质性（其收入和偏好相同），可知每个城市内居民的住房消费量相等，求得城市 1 和城市 2 每个居民住房消费量 h_1 和 h_2 分别为 $h_1 = H/N_1$ 和 $h_2 = H/N_2$。城市 1 和城市 2 每个居民差异性制造品组合的支出总额分别为 $(1-\gamma)(1-\tau)W_1$ 和 $(1-\gamma)(1-\tau)W_2$，代入式（4.4），求得城市 1 和城市 2 每个居民差异性制造品组合消费量 d_1 和 d_2 分别为：

$$d_1 = (1-\tau)(1-\gamma)W_1/P_{d1}, \quad d_2 = (1-\tau)(1-\gamma)W_2/P_{d2} \qquad (4.17)$$

将式（4.11）、式（4.14）和式（4.17）代入式（4.1），可求得城市 1 和城市 2 劳动工人的效用水平分别为：

$$u_1 = K_u \cdot \frac{q^{1-\gamma}f^{\omega(1-\xi)-\gamma}[q\gamma(1-\tau)(\lambda f+1-f)+\lambda\tau(qf+1-f)]^{\omega}}{[fq^{1-\varepsilon}+(1-f)t^{1-\varepsilon}]^{(\omega+1-\gamma)/(1-\varepsilon)}(\lambda f+1-f)^{\omega}}$$

$$u_2 = K_u \cdot \frac{(1-f)^{\omega(1-\xi)-\gamma}[\gamma(1-\tau)(\lambda f+1-f)+\tau(qf+1-f)]^{\omega}}{[f(tq)^{1-\varepsilon}+1-f]^{(\omega+1-\gamma)/(1-\varepsilon)}(\lambda f+1-f)^{\omega}}$$

$$(4.18)$$

式中，$K_u = [(\varepsilon-1)/\beta\varepsilon(\alpha\varepsilon)^{1/(\varepsilon-1)}]^{\omega+1-\gamma}[(1-\tau)(1-\gamma)]^{1-\gamma}H^{\gamma}N^{\omega(1-\xi)-\gamma-(\omega+1-\gamma)/(1-\varepsilon)}$。

当两个城市都存在人口和生产时，劳动工人即居民在两个城市之间流动达到均衡，两个城市居民效用水平相等即 $u_1 = u_2$；当生产和人口完全集中于中心城市时，劳动工人即居民在两个城市之间流动达到均衡即 $u_1 > u_2$。城市 1 与城市 2 居民效用水平之比 $v = u_1/u_2$ 为：

$$v = K_{v1} \cdot K_{v2} \cdot K_{v3} \qquad (4.19)$$

式中，$K_{v1} = q^{1-\gamma}\left(\dfrac{f}{1-f}\right)^{\omega(1-\xi)-\gamma}$，$K_{v2} = \left[\dfrac{f(tq)^{1-\varepsilon}+1-f}{fq^{1-\varepsilon}+(1-f)t^{1-\varepsilon}}\right]^{(\omega+1-\gamma)/(1-\varepsilon)}$，

$$K_{v3} = \left[\frac{q\gamma(1-\tau)(\lambda f+1-f)+\lambda\tau(qf+1-f)}{\gamma(1-\tau)(\lambda f+1-f)+\tau(qf+1-f)}\right]^{\omega}$$。

人口流动达到均衡条件为：

$$v=1,\ 0.5\leqslant f<1 \text{ 或者 } v>1,\ f=1 \qquad (4.20)$$

当人口和生产完全聚集于一个城市时，财政收入也集中于一个城市，不存在非均等财政支出问题，因此，下文的分析将集中于 $v=1$，$0.5\leqslant f<1$ 的情形。由式（4.16）可知，在 $0.5\leqslant f<1$ 区间内，每个人口和生产的空间集中度 f 求得唯一的城市间劳动工人工资水平之比 q，再将其代入式（4.20），求出对应的两个城市居民效用水平之比 v。依

据人口流动达到均衡条件式（4.20），判断整个经济系统达到均衡时人口和生产的空间集中度 f。

第四节 城市规模与居民福利数值分析结果

两个城市具有对称性（每个城市的劳动工人具有相同的消费偏好和技术水平、住房服务数量相等），假设城市 1 为受偏好城市，即在财政支出上，中央政府偏向于城市 1。λ 等于 1 表明不存在偏向性财政政策，λ 大于 1 表明存在偏向性财政政策，并且 λ 越大，偏向程度越高。

一 参数设定

式（4.16）和式（4.20）包含如下参数：税率 τ，差异性制造品替代弹性 ε，差异性制造品运输成本 t，公共品消费非竞争性程度 ξ，住房支出份额 γ（住房消费偏好系数），公共品消费偏好系数 ω。

（1）根据《新中国 60 年统计资料汇编》，1978—2008 年，财政收入占国内生产总值比重的变化范围为 0.103—0.311，将税率 τ 设定为 0.2，用 0.1 和 0.3 进行敏感性分析。

（2）差异性制造品替代弹性 ε。发达国家一般为 4—8，发展水平较低的中国可能为 9（Song and Thisse，2012），将差异性制造品替代弹性 ε 设定为 9，用 4 和 12 进行敏感性分析。

（3）差异性制造品运输成本 t。1992—1997 年中国跨省交通运输成本的取值范围为 1.3—1.8（Poncet，2005），本书的城市可指省份内的两个城市，将运输成本 t 设定为 1.2，用 1.05 和 1.8 进行敏感性分析。

（4）公共品消费非竞争性程度 ξ。Albouy（2012）将 ξ 设定为 1 进行模拟，而布特纳和霍尔姆 – 哈杜拉（2013）认为，现有估计值存在过高估计问题，鉴于此，本书将其设定为 0.95，用 0.9 和 1 进行敏感性分析。

（5）住房支出份额 γ。博斯克等（Bosker et al.，2012）认为，中国的住房支出份额取 0.25 具有国际可比性，而住房支出份额是本书的研究重点之一，因此将细致考察，其数值设定为三种情况：第一，较低住房支出份额，γ = 0.2；第二，中等住房支出份额，γ = 0.25；第三，较高住房支出份额，$\gamma = 0.3$。

（6）公共品消费偏好系数 ε。安德森和福斯利德（2003）、鲁斯（2004）和 Riou（2006）的分析将其设定为 1；Wang 和 Zeng（2013）认为，ε 小于 1；Lee 和 Choe（2012）认为，ε 的取值应该参照住房支出份额 γ，分为 $\varepsilon > \gamma$、$\varepsilon = \gamma$ 和 $\varepsilon < \gamma$ 三种情况。因此，下面将分析公共品消费偏好对本书结论的影响，公共品消费偏好系数分别取 0.1、0.2（或者 0.25、0.3）、0.5 和 1。

二　非均等财政支出对经济活动空间分布的影响

假定经济体总人口以及土地供给量一定，并且经济活动没有完全聚集（常见的空间分布情况），此时经济活动分布于两个城市，人口流动的空间均衡条件式（4.20）表示为：

$$K_{v1} \cdot K_{v2} \cdot K_{v3} = 1 \tag{4.21}$$

联立式（4.16）和式（4.21）求得均衡状态下，不同程度的偏向性财政政策所对应的人口和生产的空间集中度 f。

如图 4 - 1（b）所示，当 $\gamma = 0.25$ 时，如果两个城市人均财政支出相等，那么人口和生产的空间集中度 f = 0.5，即人口和生产在城市间均匀分布；如果采取非均等财政支出政策，那么人口和生产的空间集中度 f 大于 0.5，人口和生产向城市 1 聚集，并且财政支出的偏向程度越高，城市 1 扩张程度越大。比较不同公共品消费偏好系数的模拟结果发现，公共品消费偏好系数越大，城市 1 扩张程度越大。

这是因为，当公共品在城市间均匀分布时，经济体的聚集经济和聚集不经济处于均衡状态，人口和生产均匀分布是一种稳定均衡，然而，非均等财政支出将使公共品在城市间非均匀分布，增强城市 1 的聚集经济。财政支出的非均等程度越高，表明公共品的空间分布越不均匀，如果公共品消费偏好系数越大，即公共品对居民越重要，那么非均等财政支出对城市 1 的聚集经济有更大的增强作用，人口和生产越集中于城市 1。

如图 4 - 1（a）和（c）所示，当 $\gamma = 0.2$ 或者 $\gamma = 0.3$ 时，上述结论仍然成立。比较不同住房支出份额的模拟结果，我们还发现，如果住房支出份额越小，那么非均等财政支出对经济活动空间分布的影响越大。

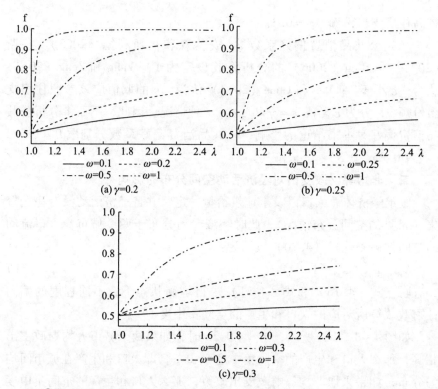

注：①横坐标为非均等财政支出的偏向程度 λ，纵坐标为人口和生产的空间集中度 f。λ 越大财政支出的偏向程度越高，f 越大人口和生产的空间集中度越高。②其他参数取值为 $\tau = 0.2$，$\varepsilon = 9$，$t = 1.2$，$\xi = 0.95$。

图 4 - 1　非均等财政支出的偏向程度 λ 与人口和生产的空间集中度 f 的关系

根据上述分析，可以得出如下结论：

结论 1：非均等财政支出使人口和生产在城市间非均匀分布，财政支出的非均等化越高，人口和生产的空间集中度越高，受偏好城市的扩张程度就越大。而且，随着对公共品消费偏好系数的增大，非均等财政支出对受偏好城市规模扩张效应越显著。

三　非均等财政支出对城市间名义工资差距的影响

由式（4.16）可知，城市间劳动工人名义工资水平之比为 q，当城市之间人口和生产的分布达到均衡时，城市间的名义工资之比也随之确定。由图 4 - 2 可知，财政政策越偏向于城市 1，城市间的名义工资差距越大。并且该结论在不同的公共品偏好程度和住房支出份额的情况下都成立。

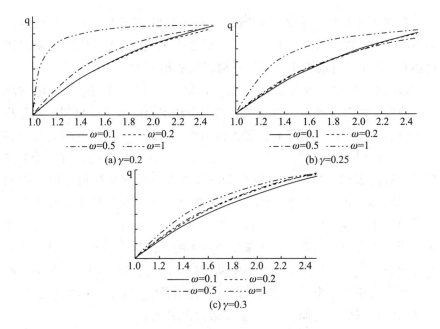

(a) $\gamma=0.2$　　　　(b) $\gamma=0.25$

(c) $\gamma=0.3$

注：①横坐标为非均等财政支出偏向程度 λ，纵坐标为城市间名义工资比 q。②λ 越大，财政支出的偏向程度越高，图中曲线是表示城市间名义工资之比 q 的变化趋势。③参数 ω 和 γ 取不同值的名义工资比不具可比性。④其他参数取值为 $\tau=0.2$，$\varepsilon=9$，$t=1.2$，$\xi=0.95$。

图 4 - 2　非均等财政支出偏向程度 λ 与城市间名义工资比 q 的关系

由结论 1 可知，非均等财政支出使人口和生产向城市 1 集中。城市 1 的进一步扩张使聚集不经济效应更加显著，住房支出需求的加大导致城市生活成本上升，需要更高的名义收入以保证城市间的效用相等，在均衡状态下，城市 1 的名义工资会更高。

根据上述分析，可以得出如下结论：

结论 2：非均等财政支出拉大了城市间的名义工资差距，非均等化程度越高，城市间的名义收入差距就越大。

四　非均等财政支出对居民福利的影响

下面进行福利分析，可以令 $K_u=1$，K_u 包含参数 γ 和 ω，因此，这些参数取不同数值时的居民福利水平不具可比性。根据式（4.19）可求得，均衡状态下居民福利水平 u 为：

$$u = \frac{q^{1-\gamma} f^{\omega(1-\xi)-\gamma} \left[q\gamma(1-\tau)(\lambda f+1-f) + \lambda\tau(qf+1-f) \right]^{\omega}}{\left[fq^{1-\varepsilon} + (1-f)t^{1-\varepsilon} \right]^{(\omega+1-\gamma)/(1-\varepsilon)} (\lambda f+1-f)^{\omega}} \quad (4.22)$$

　　联立式（4.16）和式（4.21）求得均衡状态下人口和生产的空间集中度 f 以及城市间劳动工人工资水平之比 q，代入式（4.2），求得居民福利水平 u（此时两个城市居民福利水平相等）。

　　如图 4-3（b）所示，当 $\gamma = \omega = 0.25$ 时，居民福利水平 u 随财政支出的偏向程度 λ 递减，这说明非均等财政支出降低居民福利，并且非均等财政支出偏向程度越高，居民福利水平就越低。当公共品消费偏好系数小于住房支出份额时，例如 $\gamma = 0.25$，$\omega = 0.1$，偏向性财政政策仍然降低居民福利；当公共品消费偏好系数大于住房支出份额时，例如 $\gamma = 0.25$，$\omega = 0.5$，非均等财政支出降低居民福利的结论仍然成立。这是因为，非均等财政支出使人口和生产聚集，城市 1 每个居民住房消费量下降所产生的负面效应大于聚集所产生的正面效应。财政支出的偏向程度越高，人口和生产的空间集中度越高，因此，居民福利随非均等财政支出程度递减。为了突出公共品对居民消费的重要性，公共品消费偏好系数取极端值，例如 $\omega = 1$，上述结论仍然成立。

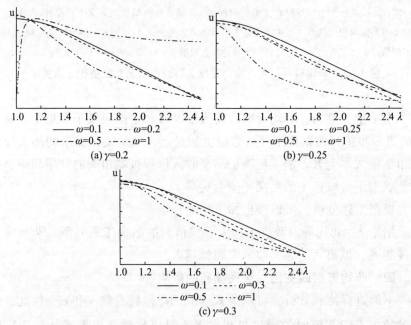

(a) $\gamma = 0.2$
(b) $\gamma = 0.25$
(c) $\gamma = 0.3$

注：①横坐标为非均等财政支出的偏向程度 λ，纵坐标为居民福利 u。②λ 越大，财政支出的偏向性程度越大，图中曲线是表示居民福利水平 u 的变化趋势。③参数 ω 和 γ 取不同值的居民福利不具可比性。④其他参数取值为 $\tau = 0.2$，$\varepsilon = 9$，$t = 1.2$，$\xi = 0.95$。

图 4-3　非均等财政支出偏向程度 λ 与居民福利 u 的关系

另外，住房支出份额取不同数值，以考虑居民对住房拥挤的重视程度，也可理解为居民对聚集不经济的重视程度对结论的影响。当住房支出份额取更高值，例如 $\gamma = 0.3$，如图 4-3（c）所示，上述结论仍然成立。当住房支出份额取更低值，例如 $\gamma = 0.2$，如图 4-3（a）所示，大部分情况下上述结论仍然成立，只有公共品消费偏好系数取极端值，例如 $\omega = 1$，结论才有所不同。

当 $\gamma = 0.2$、$\omega = 1$ 时，居民福利水平的变化趋势为先上升后下降，也就是说，对城市 1 有较小程度的非均等财政支出可以提高居民福利，但是，过高程度的非均等财政支出却会降低居民福利。这是因为，对城市 1 有较小程度的偏向性，其扩张程度有限，城市 1 每个居民住房消费量下降较少，并且城市 1 能提供更多对居民消费非常重要的公共品，总体来看，住房拥挤产生的负面效应小于聚集经济产生的正面效应。但是，如果非均等化程度进一步增大，那么城市 1 出现过度扩张，住房拥挤产生的负面效应大于聚集经济产生的正面效应，居民福利水平下降。

根据上述分析，可以得出如下结论：

结论 3：一般来说，非均等财政支出降低了居民福利（仅当人们对住房偏好很小且对公共品偏好又很大时，较低程度的非均等财政支出是有效率的），由此可知，在通常情况下该政策是无效率的。

五　敏感性分析

劳动工资税税率 τ 决定政府可分配资源的大小，而政府可分配资源在不同年份和区域有所不同，为此，τ 取 0.1 和 0.3 进行敏感性分析。差异性制造品替代弹性 ε 表示垄断竞争厂商的市场力量，ε 越小，厂商的市场力量越大，厂商的规模经济就越大。中国不同地区处于不同的发展阶段，厂商的市场竞争力存在差异，为此，ε 取 4 和 12 进行敏感性分析。每个地区的运输成本都与地貌和交通建设状况有关，地势平坦、交通网络发达的地区，运输成本很低，t 可取 1.05；反之，交通建设状况很差的山区，t 取 1.8。不同类型公共品的非竞争性程度不同，ξ 取 0.9 和 1 分别进行敏感性分析。[1] 敏感性分析结果表明，结论 1、结论 2 和结论

---

[1]　我们也考察了地方公共品为纯公共品即等于 0 的情形。如果公共品偏好系数比较大，取值为 0.2（0.25 或者 0.3）、0.5 和 1，那么将出现完全聚集的经济空间结构，只有当公共品偏好系数很小取值为 0.1 时，两个城市才会同时存在人口和生产，在此情况下，本书所得出的结论仍然成立。

3 仍然成立。

本章小结

本章有三个主要结论：

第一，大城市生产公共品具有一定的成本优势。当居民住房偏好较低时，较低程度的偏向大城市的财政政策是可以提高居民福利的。但是，在大多数情形下，当居民住房偏好较高或者偏向大城市的财政政策的力度较大时，偏向大城市的财政政策就会降低居民福利，也就是说，大多数情形下，偏向大城市的财政政策，扭曲资源在大、小城市间配置，是无效率的。

第二，偏向大城市的财政政策提高了大城市工人的名义收入，造成了大城市工人收入高于小城市工人收入的假象，但这种偏向大城市的财政政策并未提高大城市居民的福利水平。

第三，偏向大城市的财政政策导致人口向大城市的聚集，且聚集程度随着政策力度的增加而提高。当偏向性财政政策的力度足够大时，大城市人口规模会持续扩张而形成巨型城市，在造成巨型城市居民收入很高的假象的同时，极大地降低了居民福利。

本章的政策建议是很明确的，即在一国的经济发展初期、城市居民生活水平尚未达到温饱水平、对住房的消费偏好很低时，实施较低程度的偏向大城市财政政策可以提高居民福利。但是，当居民住房消费偏好提高以后，正如当前的中国经济现实，就不应采取偏向大城市的财政政策。

第五章 拥挤成本与我国对外开放的空间布局

第一节 拥挤成本与 FDI 在中国的空间布局

本节从空间经济理论中的拥挤成本角度出发，研究其对 FDI 空间协调发展的作用机制，以及这种机制的失灵和反向扭曲对中国 FDI 空间分布所造成的影响，并运用 1999—2012 年中国 287 个地级以上城市的面板数据证实，由于中国劳动力市场的特殊性和土地市场的垄断性，拥挤成本调节 FDI 空间分布存在反向扭曲现象。并对此提出相关的政策建议，以促进沿海与内地 FDI 的协调发展。

一 中国 FDI 的区域分布及其现有理论解释

FDI 是开放经济的重要衡量指标之一。1979 年以前，我国几乎没有 FDI。改革开放以后，特别是加入世界贸易组织后，进入中国的 FDI 不断增加。2012 年，中国实际利用外资 1117.16 亿美元，已取代美国，成为全球利用 FDI 最多的国家。尽管在华 FDI 的总量较大，但 FDI 的地区分布极不平衡。改革开放初期，FDI 主要进入中国东部地区。虽然近年来国家采取西部大开发和中部崛起战略以及多方面措施鼓励外商投向中西部地区，但 FDI 总体上仍然高度集中在中国东部地区。2000—2005 年，我国东部地区每年吸引的 FDI 占全国比重都在 80% 以上。2012 年，我国东部、中部和西部地区实际利用 FDI 分别为 925.1 亿美元、92.9 亿美元和 99.2 亿美元，占全国实际利用 FDI 总额的比重分别为 82.8%、8.3% 和 8.9%。可见，我国 FDI 的区域分布是十分不均衡的，如果这种趋势得不到扭转，对于我国内陆地区的开放非常不利，沿海和内陆地区投资的协调发展将难以形成。

关于 FDI 空间分布的理论，主要有垄断优势理论、产品生命周期理论、边际产业扩张理论和国际生产折中理论。但上述理论只阐述了 FDI 在国与国之间的分布，并没有说明 FDI 在一国之内不同地区间的分布，即地区间的差异。那么有没有促进 FDI 在中国区域间协调发展的市场机制？众多的文献研究 FDI 在一国内的空间分布时，只强调了聚集经济对 FDI 区位选择的集中效应（Wei et al.，1999；He，2002；Suna et al.，2002），但忽视了拥挤成本对 FDI 区位选择的分散效应，因此，这类研究并不能全面揭示 FDI 在一国内的空间分布规律。

二 外资厂商的区位选择与 FDI 的空间分布

20 世纪 90 年代以后，众多学者认为，聚集经济对吸引 FDI 有着非常重要的作用。从中国的城市角度出发，聚集经济可分为产业聚集经济、中心—外围模型产生的聚集经济和城市化聚集经济三个层次（L. F. Ng and C. Tuan，2004）。

产业聚集经济，最早是由英国经济学家马歇尔提出，他认为，聚集在一起的企业，由于行业内部而非厂商内部的规模经济效应，可以获取专业化的劳动力市场共享、完善的中间投入品市场，以及知识外溢等好处，因而比单个孤立的厂商更有效率。

克鲁格曼（1991）等新经济地理学家在以规模报酬递增、不完全竞争和产品差别等假设前提的中心—外围模型中，认为如果不考虑土地和住房成本，所有的厂商都将聚集在中心区，并最终形成中心—外围的非均衡空间经济结构。赫尔普曼（1998）在克鲁格曼（1991）模型中增加住房部门，得到了与克鲁格曼（1991）相反的结论：随着住房成本的上升，厂商将离开中心区，而向外围地区扩散，中心—外围的非均衡空间经济结构将被打破，而均衡发展的空间经济结构将得以产生。

城市化聚集经济是指在一个城市内私人投资、公共投资，以及劳动部门、资本部门、金融部门、法律部门和公共服务部门等多部门的集中，由此形成的个体厂商和产业外部的规模经济，为个体厂商提供了公共产品、交通运输、基础设施以及专业化服务等方面的利益。

与一般企业一样，外资企业具有上述与相同产业的企业聚集、聚集于在中心区、聚集于某一城市等特点。此外，外资企业的区位选择还具有"自我强化效应"，即外资企业倾向于选择外资企业较为集中的地区进行投资（陈泉、臧新，2006）。

一国内 FDI 的空间分布是外资企业在空间上的分布，即外资企业在不同地区或城市的区位选择。假设一个经济体由沿海城市 A 与内陆城市 B 所组成，把沿海城市 A 视为中心区，把内陆城市 B 视为外围区，那么在不考虑土地和住房成本的条件下，按照城市化聚集经济和"中心—外围"型聚集经济的理论，以及政府长期以来实施对沿海城市的外资优惠政策，外资企业将会选择城市 A 进行生产经营。

但事实上，聚集经济在有利于降低外资企业的信息搜寻成本、生产与交易成本、运输成本，以及相关的零售成本、提高生产效率的同时，城市 A 居民和工人却需承受着过高房价①、过长通勤时间、高噪声与环境污染等拥挤成本所带来的损害，其生活成本大大增加（Krugman，1991），城市 A 中外资企业的工人为了保持自己的生活质量不变，将会把这些高生活成本以名义工资的形式转嫁给外资厂商，进而提高了外资企业的投资成本，当这种成本超过投资收益时，外资企业将会离开中心区——城市 A，而选择外围区——城市 B 进行生产经营。

可见，聚集经济是促进外资企业向一个城市集中的市场力量，而拥挤成本是阻止外资企业向一个城市集中的市场力量。聚集经济和拥挤成本这两种市场调节机制能有效发挥作用，将有利于一国 FDI 的空间合理分布和对外开放的区域协调发展。

三 聚集不经济传导机制失灵与 FDI 空间上的非均衡分布

第三章阐述了中国农民工劳动力市场的特殊性，导致聚集不经济传导机制失灵。本章将进一步阐述中国土地市场的特殊性，土地市场的特殊性，不仅会导致以拥挤成本为主的聚集不经济调节 FDI 空间分布的机制失灵，并且产生反向扭曲作用，导致 FDI 主要集中于东部地区，难以形成东部、中部、西部地区 FDI 协调发展的格局。

（一）房价是拥挤成本的主要衡量指标

拥挤成本的主要表现是生产和人口的集中导致更高的房价、更长的通勤时间、噪声与环境污染等现象。莫尔顿（Moulton，1995）认为，住房成本是地区间生活成本差异的最重要因素。美国人口普查局 FMR 指数的基础是假设地区间生活成本的差异仅由住房成本引起（Jolliffe，2006），因为非贸易品价格与住房成本有很大的相关性，而可贸易品的价格各地区相差不大。另外，由于通勤时间、噪声或环境污染的相关数

---

① 除特殊说明外，本节的房价均指商品房平均销售价格。

据缺乏，我们只以房价作为拥挤成本的衡量指标。

（二）中国城市土地市场的特殊性

政府对土地处于垄断地位。为了政绩的需要，政府往往以土地向银行抵押贷款，修建城市基础设施，招商引资，将工业用地以极低的协议价格转让给厂商；同时，将商业用地以高价售给房地产开发商，人为地地抬高了商品房的建设成本和销售价格。但商品房价格上涨所带来的土地财富（土地的垄断利润），最终基本落入地方政府手里。[①] 实际上，政府是以高商品房价的收益来弥补低工业用地的损失，间接地补贴了外资企业，甚至用土地财政收入直接补贴企业，进行招商引资。因此，商品房价格不但没有对外商投资产生抑制作用，反而促进了外商投资的发展，形成一种反向扭曲。

总之，由于中国劳动力市场和土地市场的特殊性，拥挤成本调节中国 FDI 空间分布的机制不但失灵，并且对 FDI 产生了反向扭曲。其结果是中国 FDI 主要集中于东部沿海地区，不利于扩大内陆沿边开放，以及东部、中部、西部地区外商投资协调发展格局的形成。

四 拥挤成本与 FDI 的空间布局的实证研究

（一）模型的设定

借鉴 Wei 等（1999）、He（2002）、Suna 等（2002）研究，计量模型设定为：

$$\ln FDI_{it} = \beta_0 + \beta_1 \ln popsm_{it} + \beta_2 \ln hp_{it} + \beta_3 X_{it} + \eta_i + \lambda_t + \mu_{it} \qquad (5.1)$$

式中，i、t 分别表示城市与年份；β_0 为常数项；β_1、β_2、β_3 为待估系数；η_i、λ_t 分别用于控制时间效应和地区效应；μ_{it} 表示随机扰动项。对于模型中变量的详细说明如下：

被解释变量 lnFDI，是实际利用外资金额（FDI）的自然对数。FDI以当年汇率折算为人民币，然后用全国固定资产投资价格指数折算成以 2002 年为基期的实际值，单位为万元。

lnpopsm 是人口密度的自然对数，作为聚集经济的代理变量（Wei et al.，1999；He，2002；Suna et al.，2002）。GDP 密度也是重要的聚集经济的衡量指标（Suna et al.，2002）。我们先以人口密度的自然对数（lnpopsm）作为聚集经济的代理变量进行回归，而以 GDP 密度的自

---

① 参见章剑锋《谁是中国最大的炒房者?》，《中国经济时报》2006 年 3 月 17 日。

然对数（lngdpsm）作为聚集经济的代理变量进行稳健性检验。人口密度用各城市人口除以各自土地面积而得，单位为万人/平方千米；GDP密度用各城市以 2002 年为基期的实际 GDP 除以各自土地面积而得，单位为万元/平方千米。

lnhp 是房价的自然对数，作为拥挤成本的代理变量。根据前文的理论分析，由于拥挤成本调节 FDI 空间分布的机制失灵与拥挤成本对 FDI 的反向扭曲作用，β_2 的系数为正。各城市房价用全国城市居民消费价格指数折算成 2002 年不变价格，单位为元/平方米。

η_i 表示一个城市不随时间变化的固定因素，包括地理位置、历史文化等，根据国际生产折中理论，区位优势决定 FDI 是否进入一个国家或地区的重要因素。我们选择地理位置优势来度量区位优势。将东部地区的城市设为虚拟变量 D，中西部地区的城市设为虚拟变量 ZX，主要考察地理位置是否显著地影响了 FDI 的流向。根据省份所属区域的划分来决定各城市的区域归属，其中，东部地区包括北京、天津、河北、辽宁、上海、江苏、浙江、福建、山东、广东和海南 11 个省份；中部、西部地区包括山西、吉林、黑龙江、安徽、江西、河南、湖北、湖南、四川、重庆、贵州、云南、西藏、陕西、甘肃、青海、宁夏、新疆、广西、内蒙古 20 个省份。

λ_t 表示一个城市的时间效应。不同时期，政府政策和宏观经济形势对 FDI 的进入有着重要的影响。FDI 在中国的区位分布是与中国政府长期以来一贯实行的外资优惠政策分不开的。另外，2008—2009 年的国际金融危机对 FDI 进入中国造成了不利的影响。在估计中，加入年度虚拟变量把 2001 年、2008 年和 2009 年设为 1，其他年份设为 0，以控制政府政策和金融危机等对所有城市 FDI 的共同影响。

X 表示一组控制变量，其构成及其指标的处理如下：

trade 为进出口总额。进出口总额往往被用来衡量一个国家的开放程度。频繁的贸易行为使贸易各方能相互了解其他地区的经济、文化、政治和社会环境，使信息传播得以加快，投资机会增多（Wei et al.，1999）。进出口总额以当年汇率折算为人民币后，用全国商品零售价格指数把名义值折算成以 2002 年为基期的实际值，单位为亿元。

wage 为相对劳动工资，表示劳动力成本高低，是转移的主要动力。跨国公司到发展中国家投资的主要目的是寻求低廉的劳动力成本来降低生产成本，也就是说，劳动力成本与 FDI 存在反向关系。由于中国东部地区的绝对劳动力工资水平比中西部要高出很多，为了避免错误的结论，不用绝对劳动力成本（劳动力工资）来计算劳动力成本，而采用相对劳动工资，即用各城市职工人均工资除以人均工业产值，来表示劳动力成本（Wei et al. ，1999）。

rjedu 为人均受教育程度，表示人力资本水平。在其他条件相同的情况下，一个国家或地区的人力资本水平越高，就越有利于吸引 FDI（孙俊，2002）。按照国际通常的计算方法，平均受教育年限 = $\sum$（某种文化程度人数占 6 岁及以上总人口数的比重 × 对应的受教育年限）。根据中国近年来各级教育学制的调整，把小学、初中、高中、中专和高等教育的受教育年限分别取 6 年、9 年、12 年、12 年和 16 年。

gdpg 是经济增长率，表示市场规模。工业区位理论的市场学派认为，市场容量是影响厂商地理分布的重要原因。一个国家或地区经济发展速度越快，市场规模越大，就越有利于市场导向型 FDI 的进入。我们借鉴 Wei 等（1999）的做法，以各城市 2002 年为基期（用全国国内生产总值指数折算）的实际 GDP 增长率作为市场规模的代理变量，单位为%。

posweb 是邮政电信业务量，代表基础设施。良好的基础设施有助于吸引 FDI。我们借鉴 Wei 等（1999）的做法，以邮政电信业务量来表示基础设施，为了消除通货膨胀的影响，用全国 CPI 指数把名义值折算成以 2002 年为基期的实际值，单位为万元。

fdigbz 是外资企业工业产值占全部工业总产值的比重，代表 FDI 聚集程度。外资企业偏向于进入外资企业聚集区。众多文献用 FDI 存量来表示 FDI 聚集程度（Cheng and Kwan，2000），但因难以得到各城市的 FDI 初始年份的存量数据，并且由于汇率的波动性和折旧率设定的主观性，FDI 存量较难准确计算。因此，我们借鉴赵祥（2009）的做法，用一个城市外资企业工业产值占全国工业总产值的比重来衡量 FDI 聚集程度，以反映一个地区已有 FDI 的聚集水平。

lnmarket 是非公有制的从业人员占全部从业人员的比重，以衡量市场化程度。在其他条件相同的情况下，FDI 倾向于流向市场比较成熟的地区，以减少信息获取成本和政府干预。采用冯涛等（2008）的做法，选用一个城市非公有制的从业人员占全部从业人员的比重作为刻画市场化程度的代理变量。

dh 是沿海开放城市或经济特区的虚拟变量，以表示优惠政策。发展中国家主要依靠在税收、土地使用等方面给予外国投资者相对多的优惠政策来吸引 FDI（Cheng and Kwan，2000）。中国改革开放以来，对东部沿海地区实施更为优惠的政策，在很大程度上造成了 FDI 地区分布的不平衡（孙俊，2002）。我们把沿海开放城市或经济特区赋值为 1，其他城市赋值为 0。

需要特别强调的是，以上控制变量除 dh 外，都采用自然对数的形式进入回归方程，以便在有效地消除时间序列经济数据的剧烈波动性和可能存在异方差的同时，保持时间序列变量之间长期稳定的均衡关系。

（二）数据来源

鉴于数据的可得性，我们确定选择 1999—2012 年中国 287 个地级及以上城市的面板数据作为计量样本，其中，东部地区、中部地区和西部地区的城市数量分别为 101 个、101 个和 85 个。各城市的进出口金额数据来源于其国民经济和社会发展统计公报或其统计年鉴（2000—2003）、《中国区域经济统计年鉴》（2005—2013）；商品房销售价格的相关数据来自各城市的国民经济和社会发展统计公报或其统计年鉴（2000—2005）和《中国区域经济统计年鉴》（2006—2013）。各种价格指数、名义汇率来源于《中国统计年鉴》（2000—2013）；其余变量的原始数据均来自《中国城市统计年鉴》（2000—2013）。表 5 – 1 是各变量的描述统计。

五　计量结果分析及稳健性检验

（一）计量结果分析

表 5 – 2 中的回归 1 至回归 6，分别列明了对式（5.1）进行静态面板回归、工具变量法回归、两步系统 GMM 回归的结果，这样做的目的是检验聚集经济与拥挤成本影响 FDI 空间分布的稳健性。所有模型联合显著性检验（F/Wald 检验）的结果表明模型整体有效。

从表 5 – 2 可以看出，核心解释变量 lnpopsm 或 lngdpsm 的系数为正，这说明聚集经济促进了 FDI 的进入。外资企业与其他外资企业、中国内资企业聚集在一起，通过劳动力、交通基础设施、相关专业服务的共享机制，大大降低了信息搜寻成本、生产和交易成本，提高生产效率，促进了 FDI 的流入。

表 5 - 1　　　　　　　　　　　变量描述统计

变量类型	变量名称	变量形式	观测值	均值	标准差	最大值	最小值
被解释变量	实际利用外资金额	ln FDI	3044	10.421	2.051	2.407	15.758
解释变量	人口密度	ln popsm	3896	0.408	0.532	-4.651	2.749
	GDP 密度	lngdpsm	3891	10.013	0.570	5.113	12.862
	商品房平均售价	lnhp	3690	7.516	0.572	5.083	10.503
	东部地区与房价交互项	D × lnhp	3690	2.763	3.748	0	9.724
	中西部地区与房价交互项	ZX × lnhp	3690	4.753	3.543	0	10.503
控制变量	进出口总额	lntrade	3572	10.696	2.302	0.648	17.434
	真实边际成本	lnwage	3874	-0.200	0.992	-3.351	4.976
	人均受教育程度	lnrjedu	3893	2.119	0.349	0.364	3.957
	GDP 增长率	lngdpg	3005	-2.987	1.065	-16.160	1.455
	基础设施	lnposweb	3397	11.824	1.067	8.275	16.028
	FDI 聚集程度	lnfdigbz	3355	-8.735	2.092	-18.634	-2.711
	市场化程度	lnmarket	3856	-0.742	0.776	-4.354	2.913
	外商优惠政策	dh	4018	0.185	0.388	0	1
	东部地区虚拟变量	D	4018	0.352	0.478	0	1
	中西部地区虚拟变量	ZX	4018	0.648	0.478	0	1

表 5 - 2　1999—2012 年 287 个地级以上城市 FDI 空间分布的回归结果

解释变量	回归1 FE	回归2 FE	回归3 RE - IV	回归4 RE - IV	回归5 SYS - GMM	回归6 SYS - GMM	回归7 SYS - GMM	回归8 SYS - GMM
lnFDI(- 1)			0.242 *		0.326 ***	0.343 ***	0.339 ***	0.326 ***
			(0.072)		(0.000)	(0.000)	(0.000)	(0.000)
lnpopsm	0.201 **		0.209 *		0.239 ***		0.162 ***	
	(0.018)		(0.066)		(0.000)		(0.000)	
lngdpsm		0.286 ***		0.754 ***	0.205 ***	0.189 ***		0.145 ***
		(0.000)		(0.000)	(0.000)	(0.001)		(0.000)
lnhp	0.143 **	0.153 **		0.163		0.219 ***		
	(0.022)	(0.014)		(0.130)		(0.000)		
D × lnhp							0.502 ***	0.475 ***
							(0.000)	(0.000)
ZX × lnhp							0.181 ***	0.175 ***
							(0.000)	(0.000)

续表

解释变量	回归1	回归2	回归3	回归4	回归5	回归6	回归7	回归8
	FE	FE	RE – IV	RE – IV	SYS – GMM	SYS – GMM	SYS – GMM	SYS – GMM
lntrade	0.269 ***	0.283 ***	0.353 ***	0.333 ***	0.142 ***	0.068 ***	0.153 ***	0.160 ***
	(0.000)	(0.000)	(0.000)	(0.000)	(0.000)	(0.008)	(0.000)	(0.000)
lnwage	− 0.209 ***	− 0.095	− 0.316 ***	− 0.143 **	− 0.303 ***	− 0.238 ***	− 0.289 ***	− 0.137 ***
	(0.002)	(0.150)	(0.000)	(0.016)	(0.000)	(0.000)	(0.000)	(0.000)
lnrjedu	0.372 ***	0.377 ***	0.239 **	0.291 ***	0.490 ***	0.334 ***	0.305 ***	0.253 ***
	(0.001)	(0.001)	(0.037)	(0.008)	(0.000)	(0.000)	(0.000)	(0.000)
lngdpg	0.026	0.025	0.018	0.014	0.026 ***	0.023 **	0.034 ***	0.034 ***
	(0.142)	(0.158)	(0.361)	(0.473)	(0.002)	(0.019)	(0.000)	(0.000)
lnposweb	0.006	0.019	0.194 ***	0.152 ***	0.008	0.044 **	0.037 *	0.017
	(0.903)	(0.710)	(0.000)	(0.004)	(0.768)	(0.042)	(0.069)	(0.207)
lnfdigbz	0.175 ***	0.103 ***	0.164 ***	0.149 ***	0.052 *	0.154 ***	0.052 ***	0.164 ***
	(0.000)	(0.001)	(0.000)	(0.000)	(0.062)	(0.000)	(0.005)	(0.003)
lnmarket	0.124 ***	0.107 ***	0.107 **	0.098 **	0.091 ***	0.105 ***	0.082 ***	0.087 ***
	(0.002)	(0.007)	(0.013)	(0.020)	(0.000)	(0.000)	(0.000)	(0.000)
dh	否	否	0.089	− 0.028	0.171	− 0.104	− 0.141	− 0.078
			(0.592)	(0.867)	(0.598)	(0.725)	(0.344)	(0.534)
η_i	否	否	是	是	是	是	是	是
λ_t	是	是	是	是	是	是	是	是
R^2	0.686	0.723	0.746	0.767				
样本量	2137	2249	1984	1974	1846	1922	1846	1838

注：***、**和*分别表示在1%、5%和10%的显著性水平下显著；括号内数值为估计系数或相应检验统计量的p值；弱工具变量检验的统计量为最小特征值统计量；所有回归豪斯曼（FE VS RE）检验的p值若大于0.1，则报告随机效应的结果，反之报告固定效应的结果。所有回归包含常数项，为节省篇幅此处未列出，如有需要向课题组索要。

核心解释变量 lnhp，其系数都在5%和10%的显著性水平下显著为正（除回归4外）。这一结果支持本节第三部分的理论假设，即由于中国劳动力市场和土地市场的特殊性，拥挤成本调节中国 FDI 空间分布机制的失灵，并对 FDI 流入产生反向扭曲作用。由于中国劳动力市场存在大量的农民工，这些农民工也是外资企业工人的重要构成，他们的技能相对低下，所得到的工资相对于城市房价明显过低。但是，中国农民工基本是"城市打工、农村消费"，很少奢望在打工所在城市买房，对房价的高低并不敏感。这样造成工人的工资与房价之间严重脱节，工人的生活成本无法转嫁为外资厂商的投资成本，这将导致拥挤成本调节 FDI

空间分布的机制失灵，FDI 聚集在中国东部沿海城市的现象得不到抑制；政府为了引进外资，利用对土地的垄断性等特权，人为地使工业用地的价格远远低于商业用地的价格，以商业用地的收益来弥补工业用地的损失，其实是以房价的收益来对外资厂商进行补贴、奖励，造成了房价对 FDI 产生反向扭曲作用，即拥挤成本不但没有抑制住 FDI 聚集于东部沿海城市的现象，反而加剧了这种现象。

（二）稳健性检验

为了进一步地考察拥挤成本调节中国 FDI 空间分布机制失灵的地区间差异性，设置了 D×lnhp 和 ZX×lnhp 两个区位虚拟变量与房价的交互项，采用两步系统 GMM 估计，结果如表 5 - 2 的回归 7、回归 8 所示，D×lnhp 和 ZX×lnhp 的系数都为正，但 D×lnhp 的系数值和显著性均高于 ZX×lnhp，说明对于东部地区的城市而言，拥挤成本调节 FDI 空间分布机制失灵的表现更为突出，政府人为地以商品房用地的收益来弥补工业用地的损失来吸引 FDI 的做法更为典型。这也是东部地区的城市的 FDI 远远高于中西部地区城市的重要原因之一。

六　本节结论与建议

一国的 FDI 空间分布在微观上表现为外资厂商的空间分布。作为生产和人口集中的城市，既有聚集经济也有拥挤成本。其中，聚集经济促进外资企业向该城市集中的市场力量，而拥挤成本是分散外资企业向该城市集中的市场力量。因此，聚集经济与拥挤成本两者作用机制正常发挥，有利于一国 FDI 在区域间分布的协调发展。

但是，由于中国劳动力市场和中国城市土地市场的特殊性，拥挤成本对中国 FDI 空间分布的调节机制不仅失灵，而且对 FDI 产生反向扭曲作用，这是导致中国 FDI 主要集中于东部地区的重要原因之一，也是区域经济差距悬殊的重要原因。为此，以中国 287 个城市 1999—2012 年的面板数据进行了实证检验。在实证过程中，分别以人口密度的自然对数（lnpopsm）和 GDP 密度的自然对数（lngdpsm）作为聚集经济的代理变量，而由于相关数据的缺乏，仅以房价的自然对数（lnhp）作为拥挤成本的代理变量，在控制了影响 FDI 进入的其他主要因素后，结果表明，无论是运用静态面板模型、工具变量法，还是运用两步系统 GMM 方法进行估计，lnhp（拥挤成本）都对 FDI 产生显著的促进作用。

为了促进东部、中部、西部地区 FDI 的合理分布和开放的协调发展，必须通过制定最低工资政策，加强农村劳动力的培训以提高农民工素质、技能水平和工资谈判能力，将拥挤成本产生的工人的高生活成本转嫁给外资企业，并减少东部沿海地区外资的优惠政策，以纠正拥挤成本调节 FDI 空间分布失灵的机制，促使外资向中西部地区转移。同时，应该削弱城市土地的垄断性，完善工业用地的市场机制，防止房价等拥挤成本对 FDI 进入的反向扭曲。这对中国扩大内陆沿边开放，解决区域发展不平衡问题、促进经济结构合理调整的确有着重大的意义。

第二节　拥挤成本与中国出口贸易的空间布局

由上一节研究可知，拥挤成本对 FDI 的空间布局有显著影响，但拥挤成本不仅限于影响 FDI 的空间布局，其对出口贸易的空间分布也影响重大。本节运用 1999—2012 年中国 287 个地级及以上城市的面板数据进行实证分析，证实由于中国劳动力市场的特殊性和土地市场的垄断性，拥挤成本调节出口贸易的空间分布机制失灵及反向扭曲的存在，并就此提出相关的政策建议。

经过改革开放 30 多年的发展，特别是加入世界贸易组织，中国的出口贸易得到了迅速发展，1978—2012 年，中国货物出口总额年均增长超过 17.0%。2012 年，中国货物出口总额已经达到 20487.1 亿美元，占全世界出口总额的 11.2%，位居世界第一。

如果我们仔细审视，中国各地区的出口贸易也存在明显的不平衡特征。中国的出口行为存在高度聚集现象。中国的出口企业分布主要集中于长江三角洲、珠江三角洲、福建沿海地区、山东和辽宁半岛，以及京津地区的城市。在全国 35 个大中城市中，2002 年、2009 年和 2012 年东南沿海城市出口占全国出口的比重分别为 49%、46% 和 43%，而 2012 年所占比重居前 5 位的城市是深圳、上海、广州、宁波、天津；居后 5 位的是西宁、银川、呼和浩特、兰州等西部地区的城市。

一　出口贸易的影响因素分析

对于出口的影响因素的研究，最早应该追溯到亚当·斯密的绝对比较优势理论，该理论认为，一国应该生产和出口那些具有绝对优势的产品。大卫·李嘉图的相对比较优势理论则认为，即使一个国家在所有产品的生产上都不具有绝对优势，但仍可以按照"两利相权取其重，两害相权取其轻"的原则，选择产品的生产和出口。绝对比较优势理论与相对比较优势理论实质上都是强调生产率对一个国家、地区出口贸易的影响，之后，一些学者对此结论进行了引申，认为出口最终是由企业来完成，那些生产率绝对高或相对较高的企业，其出口就占有优势（Harrison，1994；Aw，Chung and Roberts，2000；Melitz，2003）。

赫克歇尔—俄林定理的资源禀赋论认为，在技术不变和各国生产函数相同的情况下，各国可以按照自然资源、劳动力的丰裕程度，来决定生产、出口产品的类型。后来，经济学家又把资源禀赋扩展到物质资本、技术、人力资本等生产要素，如贝克尔等认为，人力资本存量越多的国家，其出口竞争优势将会越大。

迪克西特、斯蒂格利茨、赫尔普曼和克鲁格曼等新贸易理论经济学家指出，要素禀赋并不是出口的决定性因素，规模经济可以决定一国出口贸易的竞争力。钟昌标（2007）、杨汝岱（2008）指出，规模经济对地区或行业出口的重要性。加布贝塔斯和格雷顿（Gabbitas and Gretton，2003）认为，具备规模优势的企业可以通过规模经济的作用降低产品生产成本，提高产品的竞争力，从而扩大企业的出口。

另一些经济学家，如格罗斯曼和赫尔普曼（1995）认为，一国即使没有资源禀赋和规模经济这两方面的优势，但只要其在技术方面具有较强的创新能力，该国仍可以拥有特定行业的出口优势。关于技术创新能力的获取，新经济增长理论认为，一个国家的 R&D 投入越多，就越有利于其参与国际市场竞争，从而促进出口贸易的发展（Gruber，1967）。"干中学"理论认为，落后的国家或行业可以通过边干边学获取先进技术，这种技术进步大部分是从技术外溢中获得的，而 FDI 是"技术外溢"的主要源泉（Lucas，1988）。

还有一些经济学家强调政府干预对出口贸易影响的重要性。美国贸易保护主义始祖汉密尔顿强调要用保护关税政策来促进美国幼稚产业的发展。德国的李斯特主张一个国家应在原始未开化时期、畜牧时期、农业时期、农工业时期和农工商业时期五个不同的发展阶段征收不同的税收，来对幼稚产业给予关税保护，以增强自身的生产力，获得出口优势。贸易保护主义的理论为国家通过政治力量、经济政策等措施干预出口贸易的发展提供了基础。格罗斯曼和赫尔普曼（1994）通过研究对外贸易决策中政治因素对贸易的影响，先后分别提出"竞选贡献"模型和"政治贡献"模型，肯定了政治力量对进出口贸易的影响。另外，政府补贴（Eckaus，2006）、出口退税（Chen et al.，2006；童锦治等，2012）等贸易政策的实施也会影响出口贸易的发展。

还有学者认为，良好的通信基础设施将有助于企业降低出口活动中的信息成本、固定成本和可变成本，从而有助于企业进入国外市场（盛丹等，2011）。

除上述影响出口的国内环境因素外，一些国际环境因素也会影响出口。林德尔（1961）提出了相似需求假设，强调了国际市场需求对出口影响的重要性，该假设认为，如果国家之间人均收入越近似，那么国家之间需求结构就越近似，则潜在的贸易可能性就越大。汇率对出口贸易有着不确定的影响，一些研究证实了汇率风险对出口贸易出现负的汇率风险效果（Weliwita et al.，1999；岳昌君，2003），但另一些研究证实了汇率风险显著正向影响出口贸易（Asseery et al.，1991；Kroner and Lastraps，1993）。另外，生产要素的国际流动也会影响对外贸易，蒙代尔（Mundell，1957）认为，如果各国的生产函数相同，国家间的生产要素流动（如FDI）会产生替代贸易的效果，对生产要素的限制会促进对外贸易的发展，但如果FDI流向那些本地企业处于相对劣势的行业，FDI则对贸易有互补效应（Kojima，1978）。

综观现有国际贸易理论和有关文献，我们会发现以往有关出口贸易的理论，包括亚当·斯密的绝对比较优势理论、大卫·李嘉图的相对比较优势理论、赫克歇尔—俄林的资源禀赋论、李斯特的幼稚产业保护论、克鲁格曼等的新贸易理论，只是阐述了出口贸易在国与国之间的分布，并没有说明出口贸易在一国内的地区间的分布，即地区间的差异。众多的文献在研究一国出口贸易的空间分布时，只强调了聚集经济对出口贸易的集中效应（White，1974；Kim and Marion，1997；Hellman，2001；Yilmazkuday，2011），但忽视了拥挤成本对出口贸易的分散效应，因此，这类研究并不能完全揭示出口贸易在一国内的空间分布规律。

二　拥挤成本与出口贸易的空间分布的实证研究

（一）模型设定

借鉴哈斯纳特（Hasnat，2002）、洛勒斯（Lawless，2010）、黄玖

立等（2012）的研究，计量模型设定为：

$$\ln ex_{it} = \beta_0 + \beta_1 \ln popsm_{it} + \beta_2 \ln hp_{it} + \beta_3 X_{it} + \eta_i + \lambda_t + \mu_{it} \qquad (5.2)$$

式中，i、t 分别表示城市与年份；β_0 为常数项；β_1、β_2、β_3 为待估系数；η_i、λ_t 分别用于控制时间效应和地区效应；μ_{it} 表示随机扰动项。对于模型中变量的详细说明如下：

被解释变量 $\ln ex_{it}$，是出口贸易额的自然对数。出口贸易额以当年汇率折算为人民币后，用全国商品零售价格指数把名义值折算成以 2002 年为基期的实际值，单位为万元。

$\ln popsm_{it}$ 是人口密度的自然对数，作为聚集经济的代理变量。在一个城市中，既有地方化经济，也有城市化经济。相同产业聚集于城市，由于城市有着较好的交通和通信设施，这将吸引不同的产业集中于这一城市。中间产品生产与最终产品生产过程之间的交易，以及它们之间知识和信息的交流，在进一步强化这些城市地方化优势的同时，也会产生由于产业的多样性和它们之间的相互影响所带来的集聚经济，通常被称为城市化经济（Jacobs，1969）。我们把一个城市中由于地方化经济与城市化经济共同作用产生的聚集经济称为城市聚集经济。但对于中国城市而言，城市化经济是聚集经济的最广泛形式。人口密度是城市聚集经济的衡量指标之一（Wei et al.，1999；He，2002）。尽管生产和人口的集中会产生聚集经济和拥挤成本，但是，如果我们在模型中用房价控制了拥挤成本因素，那么，在模型中，人口的集中度就只反映了聚集经济的影响。因此，在控制房价的条件下，人口密度就可以作为聚集经济的一个很好的代理变量。另外，GDP 密度和道路密度也是重要的聚集经济的衡量指标（Sun et al.，2002）。我们先以人口密度的自然对数（$\ln popsm_{it}$）作为聚集经济的代理变量进行回归，而以 GDP 密度的自然对数（$\ln gdpsm_{it}$）和道路密度的自然对数（$\ln dlsm$）作为聚集经济的代理变量进行稳健性检验。人口密度用各城市人口除以各自土地面积而得，单位为万人/平方千米；GDP 密度用各城市以 2002 年为基期的实际 GDP 除以各自土地面积而得，单位为万元/平方千米；道路密度用各城市年末实有铺装道路面积除以各自土地面积而得，单位为万平方米/平方千米。

$\ln hp$ 是房价的自然对数，作为拥挤成本的代理变量。拥挤成本主要表现为高房价、交通拥挤、过长的通勤时间、高噪声与环境污染等城市环境恶化问题。但是，房价是城市拥挤成本一个非常理想的代理变量（Moulton，1995；Jolliffe，2006）。根据前文的理论分析，由于拥挤成本调节出口贸易空间分布的机制失灵与拥挤成本对出口贸易的反向扭曲作用，β_2 的系数为正。各期城市房价用城市居民消费价格指数折算成 2002 年不变价格，单位为元/平方米。

η_i 表示一个城市不随时间变化的固定因素，包括地理位置、历史文化等。一些学者认为，东部沿海城市的运输优势导致的贸易成本降低有助于更多的企业进入国际市场，使出口扩张（Lawless，2010；黄玖立等，2012）。但由于难以对各城市与其贸易伙伴的平均距离进行测度，我们结合中国区域贸易发展的实际，设置区位虚拟变量来衡量距离的远近与运输成本的大小对出口贸易的影响，以控制地区效应 η_i。设置区位虚拟变量时，我们以中西部地区（EX）为参照，东部地区（D）取值1，其他地区取值0。其中，东部地区包括北京、天津、河北、辽宁、上海、江苏、浙江、福建、山东、广东和海南11个省份；中西部地区包括山西、吉林、黑龙江，安徽、江西、河南、湖北、湖南、四川、重庆、贵州、云南、西藏、陕西、甘肃、青海、宁夏、新疆、广西、内蒙古20个省份，我们根据省份所属区域的划分来决定各城市的区域归属。

λ_t 表示一个城市的时间效应。为了克服截面相依性对估计结果的影响，需要在估计中加入年度虚拟变量。我们参照刘生龙和胡鞍钢（2010）短面板估计的做法，把2008年、2009年设为1，其他年份为0，以控制金融危机等宏观经济环境、技术变化等对所有城市出口贸易的共同影响。

X 表示一组控制变量，其构成及其指标的处理如下：

output 是人均工业产值，表示工业企业生产率水平。梅利茨（Melitz，2003）认为，出口最终是由企业来完成，那些企业生产率相对较高的城市，其出口就占有优势。人均工业产值，用全部工业总产值/工业企业年平均从业人员数而得，其中，全部工业总产值用全国工业价格指数折算成2002年不变价格，单位为元/人。

wage 为职工人均工资，表示劳动力成本高低（人力资本的多少），成本越低就越有利于出口，但人均工资较高也可能说明人力资本水平较高，而人力资本是一种内生要素，人力资本存量越多的国家，其出口竞争优势将会越大，因而有利于出口（Narayan and Smyth，2004）。这表明职工人均工资对出口的影响并不确定。职工人均工资用城市居民消费价格指数折算成以 2002 年为基期的实际值，单位为元。

rd 为科学事业费支出，表示研发投资 R&D。格罗斯曼和赫尔普曼认为，一国即使没有资源禀赋和规模经济这两方面的优势，但只要其在技术方面具有较强的创新能力，该国仍可以拥有特定行业的出口优势。新经济增长理论认为，R&D 是提高技术创新能力的重要途径，加大R&D 投入，不断开发出知识密集型产品，提升产业结构，增强企业竞争力，进而可以推动出口贸易的发展（Gruber，1967）。因此，R&D 投入的高低，将直接影响到创新和技术进步，以及出口产品的品质，从而间接地促进出口。科学事业费支出（rd）用全国商品零售价格指数折算成以 2002 年为基期的实际值，单位为万元。

govs 为地方财政预算内收入/地区生产总值，表示地方政府干预或经济体制变革程度，由于地方政府税负的减免会直接影响到企业的出口成本，因此，我们地方财政预算内收入/地区生产总值来衡量经济体制变革的程度，单位为%。贸易保护主义认为，政治力量、经济政策、经济体制对于一国出口的影响不可忽视（Gene M. Grossma and Elhanan Helpman，1994；黄玖立、徐旻鸿，2012）。理论上说，经济体制变革将会直接或间接影响企业的出口行为。

rjtels 为人均本地固定电话装机户数，表示通信基础设施，单位为户/人。良好的通信基础设施有利于降低出口企业的运输成本、信息成本，增强国际竞争力，促进出口的增长（盛丹等，2011；黄玖立、徐旻鸿，2012）。

qtgdp 为世界其他国家国内生产总值，表示国际市场需求。相似需求假设强调了国际市场需求对出口影响的重要性。该假设认为，尽管不同地域之间要素禀赋条件及生产函数相同，只要在两个国家需求结构相近的同时存在需求偏好的差异，两国就存在潜在的贸易机会。世界其他国家国内生产总值的计算，我们以整个世界国内生产总值减去中国国内生产总值后，用全国国内生产总值指数折算成以 2002 年为基期的实际值，单位为亿元。

e 表示汇率水平，由于世界上大多数国家的外贸商品都以美元计价，所以，我们统一采用美元与人民币之间的兑换比例来表示。Pozo

（1992）证实了汇率风险对出口贸易呈现负的效果，但 Asseery 等（1991）的研究显示正的效果。国内学者戴祖祥（1997）认为，人民币汇率贬值可以改善中国的贸易收支；戴永良（1999）则证实了中国"J曲线效应"的存在。因此，汇率水平对出口的影响不确定，有待实证分析结果。

FDI 为实用利用外资金额。按照赫克歇尔—俄林模型，如果各国的生产函数相同，国家间的资本（FDI）流向那些本地企业处于相对劣势的行业，FDI 对贸易有互补效应（Kojima，1978）。我们把固定资产投资投入分为国内投资和实际利用外资两部分，其中，实际利用外资（FDI）以当年汇率折算为人民币，然后用全国固定资产投资价格指数折算成以 2002 年为基期的实际值，单位为万元。

dh 是沿海开放城市或经济特区的虚拟变量，以表示外贸优惠政策。沿海开放城市或经济特区通过关税等各种优惠政策，减少了投资企业的生产费用和各类支出，降低了经济特区商品的生产成本，提高了产品出口竞争力，促进了出口贸易的发展。另外，沿海开放城市或经济特区的优惠政策也有利于吸引外资，发展出口工业（Cheng and Kwan，2000）。我们把沿海开放城市或经济特区赋值为 1，其余城市赋值为 0。

特别强调的是，以上控制变量除 dh 外，都采用自然对数 ln 的形式进入回归方程，以期在有效地消除时间序列经济数据的剧烈波动性和可能存在异方差的同时，保持时间序列变量之间长期稳定的均衡关系。

（二）数据来源与描述性统计

鉴于数据的可得性，我们选择 1999—2012 年中国 287 个地级及以上城市的面板数据作为计量样本，其中，东部地区、中部地区和西部地区的城市数量分别 101 个、101 个和 85 个。各城市的进出口金额数据来源于其国民经济和社会发展统计公报或其统计年鉴（2000—2003）、《中国区域经济统计年鉴》（2005—2013）；商品房销售价格的相关数据来自各城市的国民经济和社会发展统计公报或其统计年鉴（2000—2005）、《中国区域经济统计年鉴》（2006—2013）。各种价格指数、名义汇率来源于《中国统计年鉴》（2000—2013）；其余变量的原始数据均来自《中国城市统计年鉴》（2000—2013）。表 5-3 是出口贸易空间分布回归的各变量的描述统计。

表 5 - 3   出口贸易空间分布回归的变量的描述统计

变量类型	变量名称	变量形式	观测值	均值	标准差	最小值	最大值
被解释变量	出口总额	lnex	3862	12.147	2.274	1.755	18.734
	人口密度	lnpopsm	3896	0.408	0.532	-4.651	2.749
	GDP 密度	lngdpsm	3891	10.013	0.570	5.113	12.862
	道路密度	lndlsm	3619	-0.751	1.299	-8.452	2.969
解释变量	商品房平均售价	lnhp	3690	7.516	0.572	5.083	10.503
	东部地区与房价交互项	$D \times lnh_1$	3690	2.763	3.748	0	9.724
	中西部地区与房价交互项	$ZX \times lnh_1$	3690	4.753	3.543	0	10.503
	人均工业产值	lnoutput	3894	9.920	1.248	4.868	13.231
	人均工资	lnwage	3879	9.718	0.511	7.528	11.859
	研发投入	lnrd	3885	6.742	1.888	-0.299	13.851
	地方政府干预	lngovs	3086	-2.162	0.473	-4.658	0.585
控制变量	通信基础设施	lnrjtels	3569	-1.241	0.612	-5.156	4.038
	世界其他国家国内生产总值	lnqtgdp	4018	14.638	0.234	14.211	14.959
	名义汇率	lne	4018	2.026	0.102	1.843	2.114
	实际利用外资金额	lnFDI	3044	10.421	2.051	2.407	15.758
	外贸优惠政策	dh	4018	0.185	0.388	0	1
	东部地区虚拟变量	D	4018	0.352	0.478	0	1
	中西部地区虚拟变量	ZX	4018	0.648	0.478	0	1

注：表中的观测值若为 4018，是由于数据缺失所致。

三 计量分析结果

（一）计量方法

我们利用 Statal1 软件对式（5.2）进行计量回归，回归方法包括静态面板回归、工具变量法回归和两步系统 GMM 回归，这样做的目的是检验聚集经济与拥挤成本影响出口贸易的稳健性。

表 5 - 4 和表 5 - 5 列明了聚集经济、拥挤成本对出口贸易影响的回归结果，所有模型的联合显著性检验（Wald 检验）结果表明，模型整体有效。在使用静态面板估计和工具变量法估计时，我们根据豪斯曼检

验所伴随的 p 值，来进行 FE 效应模型和 RE 效应模型的选择。我们可以确定回归 1 至回归 6 都宜采用 FE 效应模型。

表 5 - 4 出口贸易空间分布的回归结果（回归 1 至回归 5）

解释变量	回归 1	回归 2	回归 3	回归 4	回归 5
	FE	FE	FE	FE – IV	FE – IV
lnex（-1）					
lnpopsm	0.178 ***			0.142 **	
	(0.000)			(0.034)	
lngdpsm		0.086			0.065
		(0.163)			(0.331)
lndlsm			0.019		
			(0.650)		
lnhp	0.329 ***	0.328 ***	0.329 ***	0.868	0.781
	(0.000)	(0.000)	(0.000)	(0.206)	(0.256)
lnoutput	0.352 ***	0.322 ***	0.331 ***	0.295 ***	0.279 ***
	(0.000)	(0.000)	(0.000)	(0.001)	(0.001)
lnwage	0.337 ***	0.343 ***	0.346 ***	0.293 ***	0.316 **
	(0.001)	(0.000)	(0.001)	(0.055)	(0.037)
lnrd	-0.024	-0.028	-0.028	-0.024	-0.026
	(0.234)	(0.166)	(0.172)	(0.271)	(0.230)
lngovs	0.169 ***	0.186 ***	0.166 ***	0.134 *	0.149 **
	(0.006)	(0.003)	(0.008)	(0.065)	(0.046)
lnrjtels	0.136 ***	0.124 **	0.119 **	0.076	0.072
	(0.000)	(0.015)	(0.021)	(0.315)	(0.340)
lnqtgdp	2.273 ***	2.272 ***	2.287 ***	2.791 ***	2.711 ***
	(0.000)	(0.000)	(0.000)	(0.000)	(0.000)
lne	-4.886 ***	-4.816 ***	-4.800 ***	-4.569 ***	-4.530 ***
	(0.000)	(0.000)	(0.000)	(0.000)	(0.000)

续表

解释变量	回归1	回归2	回归3	回归4	回归5
	FE	FE	FE	FE – IV	FE – IV
lnFDI	0.030 **	0.032 **	0.033 **	0.032 *	0.033 *
	(0.049)	(0.042)	(0.034)	(0.056)	(0.056)
dh	否	否	否	否	否
η_i	否	否	否	是	是
λ_t	是	是	是	是	是
R^2	0.623	0.609	0.605	0.652	0.641
样本量	2217	2217	2211	2183	2183

注：***、**和*分别表示在1%、5%和10%的显著性水平下显著；括号内数值为估计系数或相应检验统计量的p值；弱工具变量检验的统计量为最小特征值统计量；所有回归豪斯曼（FE VS RE）检验的p值若大于0.1，报告随机效应的结果；反之则报告固定效应的结果。所有回归包含常数项，为节省篇幅此处省略，如有需要向课题组索要。

表5－5　　出口贸易空间分布的回归结果（回归6至回归9）

解释变量	回归6	回归7	回归8	回归9
	FE – IV	SYS – GMM	SYS – GMM	SYS – GMM
lnex（–1）		0.387 ***	0.387 ***	0.384 ***
		(0.000)	(0.000)	(0.000)
lnpopsm		0.083 ***		
		(0.004)		
lngdpsm			0.103 ***	
			(0.000)	
lndlsm	0.048			0.063 ***
	(0.289)			(0.001)
lnhp	0.820	0.301 ***	0.305 ***	0.294 ***
	(0.239)	(0.000)	(0.000)	(0.000)
lnoutput	0.280 ***	0.151 ***	0.128 ***	0.167 ***
	(0.001)	(0.000)	(0.000)	(0.000)
lnwage	0.313 **	0.385 ***	0.386 ***	0.395 ***
	(0.041)	(0.000)	(0.000)	(0.000)

续表

解释变量	回归 6	回归 7	回归 8	回归 9
	FE – IV	SYS – GMM	SYS – GMM	SYS – GMM
lnrd	– 0.026	– 0.040 ***	– 0.042 ***	– 0.039 ***
	(0.223)	(0.000)	(0.000)	(0.000)
lngovs	0.126 *	0.039	0.055 **	0.035
	(0.087)	(0.133)	(0.039)	(0.187)
lnrjtels	0.060	0.061 ***	0.057 ***	0.043 ***
	(0.430)	(0.000)	(0.000)	(0.006)
lnqtgdp	2.763 ***	1.768 ***	1.754 ***	1.771 ***
	(0.000)	(0.000)	(0.000)	(0.000)
lne	– 4.478 ***	– 1.936 ***	– 1.952 ***	– 1.925 ***
	(0.000)	(0.000)	(0.000)	(0.000)
lnFDI	0.034 **	0.027 ***	0.026 ***	0.031 ***
	(0.045)	(0.000)	(0.000)	(0.000)
dh	否	1.064 ***	0.989 ***	0.991 **
		(0.006)	(0.010)	(0.018)
η_i	是	是	是	是
λ_t	是	是	是	是
R^2	0.649			
样本量	2177	2442	2442	2435

注：*** 、** 和 * 分别表示在 1% 、5% 和 10% 的显著性水平下显著；括号内数值为估计系数或相应检验统计量的 p 值；弱工具变量检验的统计量为最小特征值统计量；所有回归豪斯曼（FE VS RE）检验的 p 值若大于 0.1，报告随机效应的结果；反之则报告固定效应的结果。所有回归包含常数项，此处为节省篇幅省略，如有需要向课题组索要。

在进行静态面板估计时，一些解释变量可能由于存在逆向因果关系而导致内生性问题，具体有：①企业由于生产与人口的集中形成的聚集经济有利于提升其出口能力；相反，出口所带来销售市场规模的扩大也可能促进企业进一步聚集，以获得规模经济的收益。②拥挤成本调节出口产业空间分布的机制失灵和政府对房地产市场的垄断性，使房价越高，越有利于生产企业的生产和出口。但也有可能存在反向因果关系，即推动房价至目前高位的一个重要因素是出口贸易增长和贸易顺差导致的流动性过剩和因之产生的出口部门相关人群的高支付能力，这种支付能力与房价上升的预期一起构成了房价波动的基础。换言之，回归 1 至回归 3 可能存在内生性问题。

我们运用豪斯曼内生性检验考察了回归 1 至回归 3 中的内生性问题，该统计量检验的原假设为：相应的模型设定不存在内生性问题，结果表明在 1% 的显著性水平下拒绝了不存在内生性问题的原假设。严重的内生性将导致 OLS 估计结果有偏或非一致，我们采用工具变量法（IV）来重新估计，即回归 4 至回归 6 以变量 lnpopsm（lngdpsm 或 lndlsm）和 lnhp 各自的一阶、二阶和三阶滞后项作为其工具变量，其他变量的工具变量为其自身，分别对式（5.2）重新进行估计，以控制内生性问题。回归 4 至回归 6 的萨根检验的相伴随概率都大于 10%，即不能在 10% 的显著性水平下拒绝工具变量是外生的零假设；弱工具变量检验的最小特征值统计量都大于 10，拒绝了 "弱工具变量" 的零假设。可见，我们选择的工具变量是有效的。

虽然工具变量法能在一定程度上克服解释变量与被解释变量之间相互影响所导致的内生性问题。但无法反映被解释变量（lnex）具有受上一期 [lnex（-1）] 出口影响的 "惯性" 与时序特征。因此，我们把上一期出口 [lnex（-1）] 加入解释变量当中重新对式（5.2）进行回归，即采用动态面板 GMM 模型做进一步的估计。

动态面板 GMM 估计分为差分 GMM 与系统 GMM 两种。其中，差分 GMM 估计量采用水平值的滞后项作为差分变量的工具变量，较易受弱工具变量和小样本偏误的影响。而系统 GMM 是差分 GMM 和水平 GMM 的结合，即估计过程中同时使用水平方程和差分方程，其估计量进一步采用差分变量的滞后项作为水平值的工具变量，相当于进一步增加了可用的工具变量，工具变量有效性一般情况下会更强。因而系统 GMM 可以有效地克服回归方程的内生性问题。更进一步地，为了克服有限样本条件下的误差项自相关性和异方差性，我们使用两步系统 GMM 估计。为保证系统 GMM 估计的一致性，需检验误差项的自相关性和工具变量的可靠性。因为是动态面板数据，一般而言，扰动项的差分会存在一阶自相关，但若不存在二阶自相关或更高阶的自相关，则接受原假设 "扰动项无自相关"。为此，我们采用二阶序列相关 [AR（2）] 检验和萨根（Sargan）过渡识别检验，其原假设分别是模型的残差序列不存在二阶序列相关和模型估计选用的工具变量是合适的。如果 AR（2）统计量的 p 值大于 0.05，表示在 5% 的显著性水平下残差序列不存在二阶序列相关；如果萨根统计量的 p 值大于 0.05，表示在 5% 的显著性水平下显著。工具变量的选择是合理的。表 5 - 5 中回归 7 至回归 9 的检验结果显示，AR(2) 检验统计量的 p 值大于 0.05，接受模型的随机误差项不存在序列相关的零假设；萨根检验的相伴随概率都大于 0.05，所选取的工具变量是合理的。可见，我们的两步系统 GMM 模型整体上是有效的。

（二）结果分析

从表 5 - 4 和表 5 - 5 可以看出，核心解释变量 lnpopsm、lngdpsm 或 lndlsm 的系数为正，说明聚集经济促进了出口贸易的发展。出口企业与其他出口企业、非出口企业聚集在一起，形成生产与人口的集中，通过劳动力、交通基础设施、出口相关专业服务的共享机制，以及出口专业知识溢出效应和信息溢出效应的获取，大大降低了生产和交易成本，提高了出口竞争力，促进了出口贸易的发展（He，2002）。

核心解释变量 lnhp，无论是采用 FE 效应模型、FE - IV 模型还是采用两步系统 GMM 进行估计，其系数都为正。这一结果支持本节第二部分的理论假设，即由于中国劳动力市场的特殊性和土地市场的垄断性，拥挤成本调节中国出口贸易空间分布机制的失灵，并对出口贸易产生负向扭曲作用。中国出口企业主要聚集在东部沿海城市，企业过度聚集导致了高房价、过长通勤时间、高噪声与环境污染等拥挤成本的现象，提高了工人的生活成本。但由于中国劳动力市场存在大量农村剩余劳动力等特殊性，工人和厂商进行工资谈判的筹码低，工人工资相对于拥挤成本所造成的高房价等生活成本显得过低。而中国农民工基本是"城市打工、农村消费"，很少奢望在打工所在城市买房，对房价的高低并不敏感。这样，造成工人的工资与房价之间严重脱节，致使工人的生活成本无法转嫁为厂商的投资成本，这将导致拥挤成本调节出口产业过度聚集的机制失灵，出口厂商在东部沿海城市过度聚集的现象得不到抑制；而由于土地市场的垄断性，政府人为地使工业用地的价格远远低于商业用地的价格，以商业用地的收益来弥补工业用地的损失，其实是以房价的收益来对出口厂商进行补贴、奖励，造成了拥挤成本对出口贸易产生负向扭曲作用，即拥挤成本不但没有抑制出口贸易的发展，反而促进了出口贸易的发展。

在控制变量中，在影响出口的国内环境中，人均工业产值（lnout-put）对中国出口也产生了显著的正面影响，说明生产率的提高有利于出口的绝对或相对优势的形成，这符合国际贸易的绝对和相对优势理论。lnwage 变量的系数为正，可能原因是工资高代表人力资本水平较高，从而有利于企业出口（Narayan，2005）。工资对出口具有"双重"效应：一方面，高工资可能会提高出口产品的成本，从而对出口产生负面效应；另一方面，高工资可以促使非熟练劳动力加强自身的培训，或吸引熟练劳动力与高素质人才，从而提高出口产品的技术含量和竞争力，促进出口。研发投入（lnrd）对出口具有负面影响但多数模型不显著，这与中国出口商品的劳动密集型特征是一致的，也支持国际贸易相对优势理论。地方政府干预（lngovs）、通信基础设施（lnrjtels）和外贸优惠政策（dh）的系数为正，这说明经济体制改革、通信设施的建设和优惠政策对出口有正向促进作用。

在影响出口的国际环境中，lnqtgdp 的系数在 1% 的显著性水平下显著为正，说明国际市场需求的增加，将会导致出口的增加，符合强调国际市场需求重要性的相似需求假设。lne 的系数为负，说明美元与人民币之间的汇率水平，不利于中国的出口，这主要是因为加入世界贸易组织后，特别是 2005 年人民币汇率改革后，汇率形成的市场化机制增强，人民币相对于美元不断升值所造成的。另外，lnqtgdp 和 lne 的出口弹性系数大于 1，说明中国出口贸易对国际市场依存度过高，应予以重视。lnFDI 变量的系数为正值，且在 1%、5% 和 10% 的显著性水平下显著，这一结果支持 FDI 与出口贸易具有互补效应的理论（Kojima，1978）。外资企业主要集聚于中国东部沿海城市，充分地享受聚集经济所带来的收益，并凭借其所有权优势与出口导向性在中国出口贸易中占有非常重要的地位。

另外，表 5-4 中的回归 7 至回归 9，出口贸易额的滞后项 lnexr（-1）的系数在 1% 的显著性水平下显著，说明出口具有显著的依赖效应和正反馈交易行为：出口前期出口越多，当期出口也越多。

四 拥挤成本与中国出口贸易空间分布的进一步检验

为了进一步地考察拥挤成本调节中国出口贸易空间分布机制失灵的

地区间差异性，我们借鉴史密斯（Smith，1999）、马斯库斯和佩努巴蒂（Maskus and Penubarti，1995）、刘生龙和胡鞍钢（2010）等的做法，设置每个区位虚拟变量与房价的交互项：DD × lnhp、DE × lnhp。估计模型设为：

$$\ln ex_{it} = \beta_0 + \beta_1 \ln popsm_{it} + (\partial_1 \times D + \partial_2 \times ZX) \ln hp_{it} + \beta_2 X_{it} +$$
$$\eta_i + \lambda_t + \mu_{it} \tag{5.3}$$

式中，D、ZX 分别为东部地区和中西部地区的虚拟变量，当 D 为 1 时，ZX 为 0；反之亦然。其他变量的定义和式（5.1）相同。

与表 5-4 和表 5-5 估计方法相同，表 5-6 和表 5-7 列出了静态面板模型、工具变量法、系统 GMM 估计的结果。在静态面板回归中，我们仍然根据豪斯曼检验来判断固定效应模型还是随机效应模型的选择，结果显示，回归 1 至回归 6 使用固定效应模型更为有效。在工具变量回归中，萨根检验的相伴随概率都大于 0.05；弱工具变量检验的最小特征值统计量都大于 10，我们选择的工具变量是有效的。在两步系统 GMM 估计中，二阶序列相关［AR(2)］检验和萨根过渡识别检验的统计量的 p 值都大于 0.05，系统 GMM 模型的随机误差项不存在序列相关、工具变量的选择是有效的。所有模型的联合显著性检验（F/Wald）表明模型整体有效。

表 5-6　　出口贸易空间分布地区性差异的回归结果（回归 1 至回归 5）

解释变量	回归 1	回归 2	回归 3	回归 4	回归 5
	FE	FE	FE	FE - IV	FE - IV
lnex (-1)					
lnpopsm	0.188 ***			0.158 **	
	(0.003)			(0.016)	
lngdpsm		0.098			0.092
		(0.110)			(0.163)
lndlsm			0.024		
			(0.569)		
D × lnhp	0.531 ***	0.526 ***	0.525 ***	0.505	0.463
	(0.000)	(0.000)	(0.000)	(0.365)	(0.413)

续表

解释变量	回归 1	回归 2	回归 3	回归 4	回归 5
	FE	FE	FE	FE – IV	FE – IV
ZX × lnhp	0.304***	0.303***	0.306***	0.315	0.272
	(0.000)	(0.000)	(0.000)	(0.607)	(0.661)
lnoutput	0.367***	0.333***	0.344***	0.362***	0.337***
	(0.000)	(0.000)	(0.000)	(0.000)	(0.000)
lnwage	0.359***	0.364***	0.367***	0.393***	0.408***
	(0.001)	(0.001)	(0.001)	(0.007)	(0.005)
lnrd	-0.028	-0.032	-0.032	-0.023	-0.026
	(0.160)	(0.109)	(0.113)	(0.261)	(0.215)
lngovs	0.192***	0.209***	0.186***	0.178**	0.196***
	(0.002)	(0.001)	(0.003)	(0.014)	(0.009)
lnrjtels	0.124**	0.112**	0.106**	0.108	0.101
	(0.016)	(0.028)	(0.040)	(0.112)	(0.142)
lnqtgdp	2.357***	2.352***	2.369***	2.367***	2.325***
	(0.000)	(0.000)	(0.000)	(0.000)	(0.000)
lne	-4.703***	-4.632***	-4.616***	-4.640***	-4.577***
	(0.000)	(0.000)	(0.000)	(0.000)	(0.000)
lnFDI	0.037**	0.037**	0.039**	0.034**	0.034**
	(0.017)	(0.015)	(0.011)	(0.037)	(0.037)
dh	否	否	否	否	否
η_i	否	否	否	是	是
λ_t	是	是	是	是	是
R^2	0.619	0.625	0.626	0.629	0.630
样本量	2217	2217	2211	2183	2183

注：***和**分别表示在 1% 和 5% 的显著性水平下显著；括号内数值为估计系数或相应检验统计量的 p 值；弱工具变量检验的统计量为最小特征值统计量；所有回归豪斯曼（FE VS RE）检验的 p 值若大于 0.1，报告随机效应的结果；反之则报告固定效应的结果。所有回归包含了常数项，此处为节省篇幅省略，如有需要向课题组索要。

表 5 - 7　　　　　出口贸易空间分布地区性差异的回归结果
（回归 6 至回归 9）

解释变量	回归 6	回归 7	回归 8	回归 9
	FE - IV	SYS - GMM	SYS - GMM	SYS - GMM
lnexr（-1）		0.267 *** (0.000)	0.321 *** (0.000)	0.373 *** (0.000)
lnpopsm		0.005 (0.872)		
lngdpsm			0.232 *** (0.000)	
lndlsm	0.043 (0.326)			-0.099 *** (0.000)
D × lnhp	0.518 (0.357)	1.007 *** (0.000)	0.696 *** (0.000)	1.037 *** (0.000)
ZX × lnhp	0.334 (0.586)	0.559 *** (0.000)	0.474 *** (0.000)	0.305 *** (0.000)
lnoutput	0.339 *** (0.000)	0.121 *** (0.000)	0.206 *** (0.000)	0.118 *** (0.000)
lnwage	0.402 *** (0.006)	0.480 *** (0.000)	0.368 *** (0.000)	0.399 *** (0.000)
lnrd	-0.026 (0.209)	-0.004 (0.654)	-0.015 *** (0.000)	-0.018 *** (0.000)
lngovs	0.166 ** (0.023)	0.053 ** (0.045)	0.029 ** (0.024)	0.094 *** (0.000)
lnrjtels	0.088 (0.203)	0.095 *** (0.000)	0.045 *** (0.000)	0.051 *** (0.000)
lnqtgdp	2.396 *** (0.000)	2.225 *** (0.000)	1.891 *** (0.000)	2.256 *** (0.000)
lne	-4.521 *** (0.000)	-2.793 *** (0.000)	-1.208 *** (0.000)	-1.752 *** (0.000)

续表

解释变量	回归6	回归7	回归8	回归9
	FE - IV	SYS - GMM	SYS - GMM	SYS - GMM
lnFDI	0.035 **	0.007	0.038 ***	0.031 ***
	(0.027)	(0.325)	(0.000)	(0.000)
dh	否	2.022 ***	1.085 ***	1.920 ***
		(0.000)	(0.000)	(0.000)
η_i	是	是	是	是
λ_t	是	是	是	是
R^2	0.639			
样本量	2177	2168	2408	2180

注：*** 和 ** 分别表示在 1% 和 5% 的显著性水平下显著；括号内数值为估计系数或相应检验统计量的 p 值；弱工具变量检验的统计量为最小特征值统计量；所有回归豪斯曼（FE VS RE）检验的 p 值若大于 0.1，报告随机效应的结果；反之则报告固定效应的结果。所有回归包含了常数项，此处为节省篇幅省略，如有需要向课题组索要。

由表 5 - 6 和表 5 - 7 可见，D × lnhp 的系数值均高于 ZX × lnhp，说明东部沿海城市的房价调节出口产业集聚的机制失灵的表现更为突出；说明对于东部地区的城市而言，拥挤成本调节出口贸易空间分布机制失灵的表现更为突出，政府人为地以商品房用地的收益来弥补工业用地的损失以促进当地出口贸易的做法更为典型。这也是东部地区城市的出口贸易额在全国出口贸易额所占比例远高于中西部地区城市的重要原因之一。出口贸易额的滞后项 lnexr（ -1 ）的系数仍然在 1% 的显著性水平下显著，说明出口具有显著的依赖效应：出口前期出口越多，当期出口也越多。在控制变量中，对中国出口贸易有促进作用的是人均工业产值（lnoutput）、人均工资（lnwage）、地方政府干预（lngovs）、通信基础设施（lnrjtels）、国际市场需求（lnqtgdp）和实际利用外资金额（lnFDI），有负面效应的是研发投资（lnrd）和汇率水平（lne），这与表 5 - 4 和表 5 - 5 的回归结论基本一致，不再赘述。

五　本节小结

一国的出口贸易空间分布在微观上表现为出口厂商的空间分布。一个城市既有聚集经济也有拥挤成本。其中，聚集经济是促进出口厂商选择该城市进行生产经营的市场力量，而拥挤成本是阻止出口厂商选择该城市进行生产经营的市场力量。因此，聚集经济与拥挤成本决定了出口厂商在不同城市的区位选择，是决定一国出口贸易空间分布的市场机制。如果两者正常发挥作用，可以促进一国出口贸易在区域间的协调发展。如果拥挤成本调节出口贸易的机制失灵，区域间的出口贸易差距将会越来越大。

由于中国劳动力市场和中国城市土地市场的特殊性，拥挤成本对中国出口贸易空间分布的调节机制不仅失灵，而且对出口贸易产生反向扭曲作用，这是导致中国出口贸易主要集中于东部地区的重要原因之一，也是区域间出口贸易差距悬殊的重要原因。为此，我们以中国 287 个城市 1999—2012 年的面板数据进行了实证检验。在实证过程中，我们分别以人口密度的自然对数（lnpopsm）、GDP 密度的自然对数（lngdpsm）和道路密度的自然对数（lndlsm）作为聚集经济的代理变量，而由于相关数据的缺乏，仅以房价的自然对数（lnhp）作为拥挤成本的代理变量，在控制了影响出口的其他主要因素后，结果表明，无论是运用静态面板模型、工具变量法，还是运用两步系统 GMM 方法进行估计，lnhp（拥挤成本）都对出口贸易产生显著的促进作用。

为了促进东部、中部、西部地区出口贸易的协调发展，我们必须通过制定最低工资将拥挤成本加到投资者身上、减少沿海城市的资本流向的倾斜政策，规避拥挤成本调节出口贸易空间分布的机制失灵，以使出口厂商向中西部地区转移。同时，应该改善工业用地的机制，让市场机制充分发挥作用，防止房价等拥挤成本对出口贸易的反向扭曲。这对中国加快形成沿海与内陆优势互补、区域均衡协调的开放格局有着重大的意义。

第三节　拥挤成本与中国进口贸易的空间布局

与出口贸易类似，改革开放 30 多年来，中国的进口贸易得到了迅速发展。1978 年，中国货物进口贸易仅有 108.90 亿美元，2012 年达 18184.05 亿美元，比 1978 年增长了 165 倍，年均增长超过 4 倍。2012 年，中国货物贸易进口总额占世界货物进口的比重提高到 10% 左右，并且已经连续 4 年成为世界货物贸易第二进口大国。但是，中国各地区的进口贸易也存在明显的不平衡特征，中国的进口也主要集中在东南沿海城市。如 2012 年在 287 个地级及以上城市中，中国东部地区城市的进口额占全国进口总额的 88.84%，中部地区城市和西部地区城市分别为 6.34% 和 4.82%。2012 年，进口贸易额位居于前 5 位的北京、上海、深圳、苏州和天津都是东部地区的城市，其进口贸易额分别达3484.75 亿美元、2298.57 亿美元、1954.47 亿美元、1310.03 亿美元和 673.22 亿美元，所占全国进口贸易额的比重分别为 19.16%、12.64%、10.75%、7.20% 和 3.70%；同年，进口贸易额位居于后 5 位的云南丽江市、甘肃平凉市、云南昭通市、黑龙江鹤岗市和甘肃陇南市都是西部地区的城市，其进口贸易额分别仅为 12 万美元、17.9 万美元、44 万美元、63 万美元和 64.9 万美元，其占全国进口贸易额的比重微乎其微。

一　进口贸易的影响因素分析

随着国际贸易的发展，国内外学者就影响一国出口的因素进行了大量的研究，由于进口是出口的反面，专门研究影响进口因素的文献相对较少。

林德尔（1961）的相似需求理论认为，是否进口某种商品取决于本国市场对该商品是否具有有效需求，一国（地区）居民消费支出的增长与进口贸易的变动呈现同向变动关系。菲恩斯特拉和马库森等（Feenstrae and Markusen et al.，2001）强调国内市场对进口的影响。

孙灵燕等（2011）基于 1995—2007 年的贸易面板数据，探讨了影响中国贸易地区结构变化的主要因素，并以亚洲、欧洲和北美洲为例，从出口和进口贸易地区结构两个层面进行了实证检验，通过比较分析发现，亚洲地区的经济和贸易发展与中国存在密切的联系，其需求结构的变化对中国的贸易结构变化有一定的影响。同时，FDI 的增加使中国来自欧洲、北美洲的进口产品比重减少。

许和连等（2002）运用偏最小二乘回归方法，分析了影响中国进口贸易的因素及其作用程度，结果发现，关税税率与进口贸易之间表现出一种负向关系，汇率与进口贸易之间均表现出正向关系。

国际直接投资理论认为，FDI 对东道国而言实质是资本的进口，外资企业在进口贸易主体中发挥着关键作用，是开展进料加工和来料加工贸易的主要载体。中国丰裕的劳动要素与 FDI 的快速增长及其所带来的先进技术，极大地促进了中国出口加工贸易的发展，实际上带动了进口需求不断增加（陈玉明，2013）。

Santos 和 Paulino（2002）以 22 个发展中国家为研究对象，应用动态面板数据模型方法，发现贸易激励政策是影响进口增长的显著因素。Hoque 和 Yusop（2010）对孟加拉国的时间序列数据进行实证分析，研究发现，贸易自由化政策在短期内有利于增加进口，但从长期来看并不显著。

汤学兵等（2011）选取 2000—2010 年中国进出口的月度数据，分析国际金融危机对中国进出口贸易的影响，结果表明，国际金融危机极大地减少了中国进口贸易。

同样，以往有关国际贸易的理论，如比较优势论、资源禀赋论、幼稚产业保护论和新贸易理论，只揭示了进口贸易在国与国之间的分布，并没有说明进口贸易在一国内地区间的分布，即地区间的差异。在买方市场的需求约束下，存在诸多影响中国进口贸易的因素，且进口贸易在时间变化和区域上具有发展不均衡的特点。如何扩大进口，转变贸易发展方式，成为中国经济发展的重点之一。本节运用 1999—2012 年中国 287 个地级及以上城市的面板数据，来实证分析聚集经济与拥挤成本对进口贸易在一国内的空间分布的影响，并证实由于中国劳动力市场的特殊性和土地市场的垄断性，拥挤成本调节进口贸易的空间分布机制失灵及反向扭曲的存在。

二　模型的设定

借鉴上一节出口贸易空间分布的研究模型，将进口贸易空间分布的计量模型设定为：

$$\ln im_{it} = \beta_0 + \beta_1 \ln popsm_{it} + \beta_2 \ln hp_{it} + \beta_3 X_{it} + \eta_i + \lambda_t + \mu_{it} \qquad (5.4)$$

式中，i、t 分别表示城市与年份；β_0 为常数项；β_1、β_2、β_3 为待估系数；η_i、λ_t 分别用于控制时间效应和地区效应；μ_{it} 表示随机扰动项。

模型中被解释变量 $\ln im$，是进口贸易额的自然对数。进口贸易额以当年汇率折算为人民币后，用全国商品零售价格指数把名义值折算成以 2002 年为基期的实际值，单位为万元。

$\ln popsm$ 是人口密度的自然对数，作为聚集经济的代理变量。进口企业相互聚集在一起，可以带来劳动力共享、海外市场信息搜寻成本降低等好处，进口企业与物流、银行、进出口咨询等企业聚集在一起，可以共享与进口相关的专业服务，降低进口企业的成本。也就是说，城市聚集经济可以促进进口企业业务的发展。参照上节的模型，我们仍旧分别以人口密度的自然对数（lnpopsm）、以 GDP 密度的自然对数（lngdpsm）和道路密度的自然对数（lndlsm）作为聚集经济的代理变量进行回归或稳健性检验。人口密度、GDP 密度和道路密度分别用各城市人口除以各自土地面积、各城市以 2002 年为基期的实际 GDP 除以各自土地面积、各城市年末实有铺装道路面积除以各自土地面积而得，单位分别为万人/平方千米、万元/平方千米、万平方米/平方千米。

lnhp 是房价的自然对数，作为拥挤成本的代理变量。由于拥挤成本调节进口贸易空间分布的机制失灵与拥挤成本对进口贸易的反向扭曲作用，β_2 的系数为正。各期城市房价用城市居民消费价格指数折算成 2002 年不变价格，单位为元/平方米。

η_i 表示一个城市不随时间变化的固定因素，包括地理位置、历史文化等，我们结合中国区域贸易发展的实际，设置区位虚拟变量来衡量距离的远近与运输成本的大小对进口贸易的影响，以控制地区效应 η_i。设置区位虚拟变量时，我们以中西部地区（ZX）为参照，东部地区（D）取值 1，其他地区取值 0。

λ_t 表示一个城市的时间效应。我们把 2008 年、2009 年设为 1，其他年份设为 0，以控制金融危机等宏观经济环境对所有城市进口贸易的共同影响。

X 表示一组控制变量，其中，lnrjshcfs（人均社会消费品零售额的自然对数）代表消费水平，以考察国内市场对进口的影响。社会消费品零售额用城市居民消费价格指数折算成以 2002 年为基期的实际值，单位为元/人。其余的控制变量包括 output（人均工业产值）、wage（职工人均工资）、rd（为科学事业费支出）、qtgdp（世界其他国家国内生产总值）、e（汇率水平）、FDI（实际利用外资金额）和 dh（沿海开放城市或经济特区的虚拟变量），其含义与处理方式，均与上一节出口贸易空间分布计量模型中相应的变量相同。

三　数据来源与描述性统计

鉴于数据的可得性，我们确定选择 1999—2012 年中国 287 个地级及以上城市的面板数据作为计量样本，其中，东部地区、中部地区和西部地区的城市数量分别为 101 个、101 个和 85 个。各城市的进口金额数据来自其国民经济和社会发展统计公报或其统计年鉴（2000—2003）、《中国区域经济统计年鉴》（2005—2013）。商品房销售价格的相关数据来自各城市的国民经济和社会发展统计公报或其统计年鉴（2000—2005）、《中国区域经济统计年鉴》（2006—2013）。各种价格指数、名义汇率来自《中国统计年鉴》（2000—2013）；其余变量的原始数据均来自《中国城市统计年鉴》（2000—2013）。表 5 - 8 是进口贸易空间分布回归的变量的描述统计。

表 5 - 8　　　　　　进口贸易空间分布回归的变量的描述统计

变量类型	变量名称	变量形式	观测值	均值	标准差	最小值	最大值
被解释变量	进口总额	lnim	3506	11.485	2.636	0.910	18.984
	人口密度	lnpopsm	3896	0.408	0.532	- 4.651	2.749
	GDP 密度	lngdpsm	3891	10.013	0.570	5.113	12.862
	道路密度	lndlsm	3619	- 0.751	1.299	- 8.452	2.969
解释变量	商品房平均售价	lnhp	3690	7.516	0.572	5.083	10.503
	东部地区与房价交互项	D × lnhp	3690	2.763	3.748	0	9.724
	中西部地区与房价交互项	ZX × lnhp	3690	4.753	3.543	0	10.503
	人均社会消费品零售额	lnrjshcfs	3632	7.606	1.153	4.198	11.574
	人均工业产值	lnoutput	3894	9.920	1.248	4.868	13.231
	人均工资	lnwage	3879	9.718	0.511	7.528	11.859
控制变量	研发投资	lnrd	3885	6.742	1.888	- 0.299	13.851
	世界其他国家国内生产总值	lnqtdgp	4018	14.638	0.234	14.211	14.959
	名义汇率	lne	4018	2.026	0.102	1.843	2.114
	实际利用外资金额	lnFDI	3044	10.421	2.051	2.407	15.758
	外贸优惠政策	dh	4018	0.185	0.388	0	1
	东部地区虚拟变量	D	4018	0.352	0.478	0	1
	中西部地区虚拟变量	ZX	4018	0.648	0.478	0	1

注：表中的观测值若为4018，是由于数据缺失所致。

四 计量分析结果

(一) 计量方法

我们利用 Stata 11 软件对式 (5.4) 进行计量回归, 回归方法包括静态面板回归、工具变量法回归和两步系统 GMM 回归, 表 5 - 9 和表 5 - 10 列明了聚集经济、拥挤成本对进口贸易影响的回归结果, 所有模型的联合显著性检验 (F/Wald 检验) 结果表明模型整体有效。

在使用静态面板估计和工具变量法估计时, 我们根据豪斯曼检验所伴随的 p 值, 来进行 FE 效应模型和 RE 效应模型的选择。

在进行静态面板估计时, 一些解释变量可能由于存在逆向因果关系而导致内生性问题, 具体有: ①企业由于生产和人口的集中形成的聚集经济有利于提升其进口能力; 相反, 进口的扩大也可能促进企业进一步聚集, 以获得规模经济的收益。②拥挤成本调节进口产业空间分布的机制失灵和政府对土地市场的垄断性, 使房价越高, 越有利于厂商的进口。但也有可能存在反向因果关系, 即进口也会影响国内相关人群的支付能力从而造成了房价的波动。换言之, 表 5 - 9 中回归 1 至回归 3 可能存在内生性问题。

我们运用豪斯曼内生性检验的结果表明, 在 10% 的显著性水平下拒绝了表 5 - 9 中回归 1 至回归 3 中不存在内生性问题的原假设。严重的内生性将导致 OLS 估计结果有偏或非一致, 我们采用工具变量法 (IV) 来重新估计, 即表 5 - 9 中回归 4 至回归 5 以变量 lnpopsm (lngdpsm 或 lndlsm) 和 lnhp 各自的一阶、二阶和三阶滞后项作为其工具变量, 其他变量的工具变量为其自身, 分别对式 (5.4) 重新进行估计, 以控制内生性问题。表 5 - 9 中回归 4 至回归 5 的萨根检验的相伴随概率都大于 10%, 即不能在 10% 的显著性水平下拒绝工具变量是外生的 "零假设"; 弱工具变量检验的最小特征值统计量都大于 10, 拒绝了 "弱工具变量" 的 "零假设"。可见, 我们选择的工具变量是有效的。

虽然工具变量法能在一定程度上克服解释变量与被解释变量之间相互影响所导致的内生性问题。但无法反映被解释变量 (lnim) 具有受上一期 [lnim (-1)] 进口影响的 "惯性" 与时序特征。我们运用两步系统 GMM 对式 (1) 进行重新估计。表 5 - 10 中回归 7 至回归 9 的检验结果显示: AR (2) 检验统计量的 p 值大于 0.05, 接受模型的随机误差项不存在序列相关的 "零假设"; 萨根检验 (过度识别检验) 的相伴随概率都大于 0.05，可见，我们的两步系统 GMM 模型整体上是有效的。

表 5-9　　　进口贸易空间分布的回归结果（回归 1 至回归 5）

解释变量	回归 1	回归 2	回归 3	回归 4	回归 5
	FE	FE	FE	FE - IV	FE - IV
lnex（-1）					
lnpopsm	0.094			0.041	
	(0.171)			(0.773)	
lngdpsm		0.038			0.029
		(0.564)			(0.817)
lndlsm			0.226 ***		
			(0.001)		
lnhp	0.013	0.126 **	1.727 **	1.338 ***	1.466 ***
	(0.834)	(0.050)	(0.028)	(0.007)	(0.002)
lnrjshcfs	0.049	0.224 ***	0.115	0.133 *	0.142 *
	(0.357)	(0.000)	(0.240)	(0.073)	(0.055)
lnoutput	0.498 ***	0.493 ***	0.294 ***	0.389 ***	0.367 ***
	(0.000)	(0.000)	(0.000)	(0.000)	(0.000)
lnwage	0.543 ***	0.466 ***	0.022	0.280 ***	0.195
	(0.000)	(0.000)	(0.925)	(0.069)	(0.216)
lnrd	0.010	0.089 ***	0.017	0.031	0.037
	(0.645)	(0.000)	(0.612)	(0.270)	(0.182)
lnqtdgp	2.020 ***	1.824 ***	2.984 ***	2.798 ***	2.857 ***
	(0.000)	(0.000)	(0.000)	(0.000)	(0.000)
lne	-4.128 ***	-1.659 ***	-2.086 *	-1.988 ***	-1.838 *
	(0.000)	(0.000)	(0.066)	(0.057)	(0.087)
lnFDI	0.038 **	0.123 ***	0.103 ***	0.093 **	0.119 ***
	(0.024)	(0.000)	(0.000)	(0.037)	(0.000)

续表

解释变量	回归 1	回归 2	回归 3	回归 4	回归 5
	FE	FE	FE	FE – IV	FE – IV
dh	否	0.971 *** (0.000)	0.738 *** (0.010)	0.785 *** (0.002)	0.758 *** (0.002)
η_i	否	是	是	是	是
λ_t	是	是	是	是	是
R^2	0.580	0.675	0.672	0.646	0.670
样本量	2789	2958	2530	2576	2717

注：*** 和 ** 分别表示在 1% 和 5% 的显著性水平下显著；括号内数值为估计系数或相应检验统计量的 p 值；弱工具变量检验的统计量为最小特征值统计量；所有回归豪斯曼（FE VS RE）检验的 p 值若大于 0.1，报告随机效应的结果；反之则报告固定效应的结果。所有回归包含了常数项，此处为节省篇幅省略，如有需要向课题组索要。

表 5 – 10　进口贸易空间分布的回归结果（回归 6 至回归 9）

解释变量	回归 6	回归 7	回归 8	回归 9
	FE – IV	SYS – GMM	SYS – GMM	SYS – GMM
lnim (−1)		0.435 *** (0.000)	0.394 *** (0.000)	0.405 *** (0.000)
lnpopsm		0.068 (0.103)		
lngdpsm			0.503 *** (0.000)	
lndlsm	0.226 *** (0.001)			− 0.213 *** (0.002)
lnhp	1.727 ** (0.028)	0.135 *** (0.000)	0.055 ** (0.044)	0.159 *** (0.002)
lnrjshcfs	0.115 (0.240)	1.02×10^{-6} (0.436)	1.21×10^{-6} (0.324)	2.44×10^{-6} (0.114)
lnoutput	0.294 *** (0.000)	0.144 *** (0.000)	0.117 *** (0.000)	0.009 (0.173)
lnwage	0.022 (0.925)	0.351 *** (0.000)	0.177 *** (0.001)	0.005 (0.916)

续表

解释变量	回归6 FE‑IV	回归7 SYS‑GMM	回归8 SYS‑GMM	回归9 SYS‑GMM
lnrd	0.017 (0.612)	0.058 *** (0.000)	0.084 *** (0.000)	0.105 *** (0.000)
lnqtdgp	2.984 *** (0.000)	1.490 *** (0.000)	1.041 *** (0.000)	1.234 *** (0.000)
lne	-2.086 * (0.066)	-3.111 *** (0.000)	-2.212 *** (0.000)	-2.379 *** (0.000)
lnFDI	0.103 *** (0.000)	0.011 (0.121)	0.064 *** (0.000)	0.076 *** (0.000)
dh	0.738 *** (0.010)	0.710 *** (0.000)	1.685 *** (0.000)	1.732 *** (0.000)
η_i	是	是	是	是
λ_t	是	是	是	是
R^2	0.672			
样本量	2530	2649	2491	2125

注：*** 和 ** 分别表示在 1% 和 5% 的显著性水平下显著；括号内数值为估计系数或相应检验统计量的 p 值；弱工具变量检验的统计量为最小特征值统计量；所有回归豪斯曼（FE VS RE）检验的 p 值若大于 0.1，报告随机效应的结果；反之则报告固定效应的结果。所有回归包含了常数项，此处为节省篇幅省略，如有需要向课题组索要。

(二) 结果分析

从表 5‑9 和表 5‑10 可以看出，核心解释变量 lnpopsm、lngdpsm 或 lndlsm 的系数为正，这说明聚集经济促进了进口贸易的发展。进口企业与其他进口企业、非进口企业聚集在一起，通过劳动力、交通基础设施，以及进出口咨询、银行和进出口信用保险等相关专业服务的共享机制，大大降低了交易成本，促进了进口业务的发展。

核心解释变量 lnhp，无论是采用 FE 效应模型、FE‑IV 模型还是采用两步系统 GMM 进行估计，其系数都为正，并且除回归 1 外都在 5% 或 1% 的显著性水平下通过检验。这一结果支持理论假设，即由于中国劳动力市场的特殊性和土地市场的垄断性，拥挤成本调节中国进口贸易空间分布机制的失灵，并对进口贸易产生负向扭曲作用。中国进口企业主要聚集在东部沿海城市，导致了这些城市的高房价、过长通勤时间、高噪声与环境污染等拥挤成本现象的产生，工人的生活成本因此而提高。但由于中国劳动力市场存在大量农村剩余劳动力，以及"城市打工、农村消费"的方式和对城市的高房价并不敏感，造成了工人的工资与房价之间严重脱节，致使工人的生活成本无法转嫁为厂商的投资成本，这将导致拥挤成本调节进口产业过度聚集的机制失灵，进口厂商在东部沿海城市过度聚集的现象得不到抑制；而由于土地市场的垄断性，政府人为地以商业用地的收益来弥补工业用地的损失，造成了拥挤成本对进口贸易产生反向扭曲作用，即拥挤成本不但没有抑制进口贸易的发展，反而促进了进口贸易的发展。

在控制变量中，人均社会消费品零售额（lnrjshcfs）的系数为正，说明中国居民的收入在增加，消费水平也在提升，对应的进口商品的需求也在增加。人均工业产值（lnoutput）对中国进口也产生了显著的正面影响，说明企业生产率的提高有利于进口商的业务发展和利润的提高，刺激其进口的积极性。lnwage 变量的系数为正，可能的原因是高工资可以促使非熟练劳动力加强自身的培训，或吸引熟练劳动力与高素质人才，从而促进进口贸易的发展。研发投入（lnrd）对进口贸易起着促进作用，说明中国的研发水平还有所欠缺，企业所购买的设备或中间产品等通常来自国外。lnqtgdp 的系数为在 1% 的显著性水平下显著为正，说明其他国家经济增长，产品供给的增加，有利于中国进口贸易的发展。lne 的系数为负，说明美元与人民币之间的汇率水平，不利于中国的进口，这主要是因为中国相当部分的贸易属于加工贸易，进料加工和来料加工最终是为了再出口，而美元是对外贸易的主要计价货币，因此，美元不断贬值将对中国进口贸易也产生负面影响。lnFDI 变量的系数显著为正（除表 5 - 10 中回归 7 外），FDI 对中国进口贸易产生了较明显的促进作用，这主要是因为外资企业是中国进口贸易的关键性主体，也是开展进料加工和来料加工贸易的主要载体，随着中国 FDI 的快速发展，必然会带动进口需求不断增加。

另外，表 5 - 10 中的回归 7 至回归 9，进口贸易的一阶滞后项［lnim（-1）］通过显著性检验，且解释力较强，意味着上一年度的进口具有一定的惯性，使下一年的进口需求持续增加。

五　拥挤成本与中国进口贸易空间分布的进一步检验

为了进一步考察拥挤成本调节中国进口贸易空间分布机制失灵的地区间差异性，我们仍旧设置每个区位虚拟变量与房价的交互项：$D \times \ln hp$、$ZX \times \ln hp$。估计模型设为：

$$\ln im_{it} = \beta_0 + \beta_1 \ln popsm_{it} + (\partial_1 \times D + \partial_2 \times ZX) \ln hp_{it} + \beta_2 X_{it} + \eta_i + \lambda_t + \mu_{it} \tag{5.5}$$

式中，D、ZX 分别为东部地区和中西部地区的虚拟变量，当 D 为 1 时，ZX 为 0；反之亦然。其他变量的定义和式（5.3）相同。

与表 5 - 9 和表 5 - 10 估计方法相同，表 5 - 11 和表 5 - 12 列出了静态面板模型、工具变量法和系统 GMM 估计的结果。在静态面板回归中，我们仍然根据豪斯曼检验来判断固定效应模型或随机效应模型的选择。在工具变量回归中，萨根检验的相伴随概率都大于 0.05；弱工具变量检验的最小特征值统计量都大于 10，我们选择的工具变量是有效的。在两步系统 GMM 估计中，二阶序列相关 ［AR（2）］检验和萨根过渡识别检验的统计量的 p 值都大于 0.05，系统 GMM 模型的随机误差项不存在序列相关、工具变量的选择是有效的。所有模型的联合显著性检验（F/Wald）表明模型整体有效。

表 5 - 11　　　　　进口贸易空间分布地区性差异的回归结果
（回归 1 至回归 5）

解释变量	回归 1	回归 2	回归 3	回归 4	回归 5
	FE	FE	FE	FE - IV	FE - IV
常数项	-21.760***	-27.355***	-20.169***	-44.586***	-45.109***
	(0.000)	(0.000)	(0.000)	(0.000)	(0.000)
lnpopsm	0.098			0.014	
	(0.152)			(0.923)	
lngdpsm		0.039			0.024
		(0.547)			(0.847)
lndlsm			0.076*		
			(0.073)		

续表

解释变量	回归 1	回归 2	回归 3	回归 4	回归 5
	FE	FE	FE	FE – IV	FE – IV
ZX × lnhp	-0.010	0.082	0.031	1.298 **	1.328 ***
	(0.865)	(0.213)	(0.628)	(0.012)	(0.010)
lnrjshcfs	0.039	0.202 ***	0.071	0.147 **	0.143 **
	(0.459)	(0.000)	(0.207)	(0.040)	(0.047)
lnoutput	0.507 ***	0.505 ***	0.417 ***	0.391 ***	0.384 ***
	(0.000)	(0.000)	(0.000)	(0.000)	(0.000)
lnwage	0.561 ***	0.488 ***	0.524 ***	0.240	0.230
	(0.000)	(0.000)	(0.000)	(0.143)	(0.163)
lnrd	0.008	0.083 ***	0.014	0.038	0.038
	(0.722)	(0.000)	(0.542)	(0.161)	(0.168)
lnqtdgp	2.038 ***	1.846 ***	1.973 ***	2.763 ***	2.782 ***
	(0.000)	(0.000)	(0.000)	(0.000)	(0.000)
lne	-3.992 ***	-1.517	-3.909 ***	-1.749 *	-1.761 *
	(0.000)	(0.129)	(0.000)	(0.096)	(0.098)
lnFDI	0.043 **	0.134 ***	0.035 *	0.122 ***	0.123 ***
	(0.012)	(0.000)	(0.097)	(0.000)	(0.000)
dh	否	0.919 ***	否	0.765 ***	0.754 ***
		(0.000)		(0.002)	(0.002)
η_i	否	是	是	是	是
λ_t	是	是	是	是	是
R^2	0.586	0.679	0.627	0.671	0.672
样本量	2789	2958	2951	2732	2717

注：*** 、** 和 * 分别表示在 1% 、5% 和 10% 的显著性水平下显著；括号内数值为估计系数或相应检验统计量的 p 值；弱工具变量检验的统计量为最小特征值统计量；所有回归豪斯曼（FE VS RE）检验的 p 值若大于 0.1，报告随机效应的结果；反之则报告固定效应的结果。

表 5 – 12　　　　进口贸易空间分布地区性差异的回归结果
（回归 6 至回归 9）

解释变量	回归 6	回归 7	回归 8	回归 9
	FE – IV	SYS – GMM	SYS – GMM	SYS – GMM
常数项	– 51. 133 *** (0. 000)	– 16. 426 *** (0. 000)	– 13. 503 *** (0. 000)	– 8. 994 *** (0. 000)
lnimr （ – 1）		0. 453 *** (0. 000)	0. 409 *** (0. 000)	0. 370 *** (0. 000)
lnpopsm		0. 039 *** (0. 000)		
lngdpsm			0. 534 *** (0. 000)	
lndlsm	0. 219 *** (0. 001)			0. 084 *** (0. 000)
Dlnhp	2. 024 *** (0. 000)	0. 654 *** (0. 000)	0. 399 *** (0. 000)	0. 224 *** (0. 000)
ZX × lnhp	1. 911 *** (0. 002)	0. 004 (0. 830)	– 0. 035 *** (0. 003)	– 0. 086 *** (0. 000)
lnrjshcfs	0. 085 (0. 294)	2.40×10^{-6} *** (0. 000)	1.10×10^{-6} ** (0. 036)	7.50×10^{-6} (0. 138)
lnoutput	0. 292 *** (0. 000)	0. 093 *** (0. 000)	0. 099 *** (0. 000)	0. 042 *** (0. 000)
lnwage	0. 006 (0. 977)	0. 328 *** (0. 000)	0. 217 *** (0. 000)	0. 289 *** (0. 000)
lnrd	0. 015 (0. 633)	0. 079 *** (0. 000)	0. 093 *** (0. 000)	0. 119 *** (0. 000)
lnqtdgp	3. 212 *** (0. 000)	1. 632 *** (0. 000)	1. 248 *** (0. 000)	1. 167 *** (0. 000)
lne	– 1. 983 * (0. 088)	– 3. 129 *** (0. 000)	– 2. 412 *** (0. 000)	– 2. 343 *** (0. 000)

续表

解释变量	回归6	回归7	回归8	回归9
	FE – IV	SYS – GMM	SYS – GMM	SYS – GMM
lnFDI	0. 121 ***	0. 029 ***	0. 067 ***	0. 069 ***
	(0. 000)	(0. 000)	(0. 000)	(0. 000)
dh	0. 668 **	0. 866 ***	1. 255 ***	1. 727 ***
	(0. 012)	(0. 000)	(0. 000)	(0. 000)
η_i	是	是	是	是
λ_t	是	是	是	是
R^2	0. 674			
样本量	2517	2649	2491	2316

注：*** 、** 和 * 分别表示在1% 、5% 和10% 的显著性水平下显著；括号内数值为估计系数或相应检验统计量的 p 值；弱工具变量检验的统计量为最小特征值统计量；所有回归豪斯曼（FE VS RE）检验的 p 值若大于 0.1，报告随机效应的结果；反之则报告固定效应的结果。

由表 5 – 11 和表 5 – 12 可见，D × lnhp 的系数和显著性均高于 ZX × lnhp，说明了对于东部地区的城市而言，拥挤成本调节进口贸易空间分布机制失灵的表现更为突出，政府人为地以商品房用地的收益来弥补工业用地的损失以促进当地进口贸易的做法更为典型。这也是东部地区城市的进口贸易额远高于中西部地区城市的重要原因之一。进口贸易额的滞后项 lnexr（ – 1）的系数仍然在 1% 的显著性水平下显著，说明进口具有显著的依赖效应：前期进口越多，当期进口也越多。在控制变量中，人均社会消费品零售额（lnrjshcfs）、人均工业产值（lnoutput）、人均工资（lnwage）、研发投资（lnrd）、其他国家国内生产总值（lnqtg-dp）、汇率水平（lne）和实际利用外资金额（lnFDI）等的符号与含义，均与表 5 – 10 和表 5 – 9 的回归结论基本一致，不再赘述。

六 本节小结

一国的进口贸易空间分布在微观上表现为进口厂商的空间分布。一个城市既有聚集经济也有拥挤成本，其中，聚集经济是促进进口厂商向该城市集中的市场力量，而拥挤成本是分散进口厂商向该城市集中的市场力量。因此，聚集经济与拥挤成本两者作用机制正常发挥，有利于一国进口贸易在区域间分布的协调发展。

　　但是，由于中国劳动力市场和中国城市土地市场的特殊性，拥挤成本对中国对进口贸易空间分布的调节机制不仅失灵，而且对进口贸易产生反向扭曲作用，这是导致中国进口贸易主要集中于东部地区的重要原因之一，也是区域经济差距悬殊的重要原因。为此，我们以中国 287 个地级及以上城市 1999—2012 年的面板数据进行了实证检验。在实证过程中，我们分别以人口密度的自然对数（lnpopsm）、GDP 密度的自然对数（lngdpsm）和道路密度的自然对数（lndlm）作为聚集经济的代理变量，而由于相关数据的缺乏仅以 lnhp 作为拥挤成本的代理变量，在控制了影响进口贸易进入的其他主要因素后，结果表明，无论是运用静态面板模型、工具变量法，还是运用两步系统 GMM 方法进行估计，lnhp（拥挤成本）都对进口贸易产生显著的促进作用。

　　为了促进东部、中部、西部地区进口贸易的合理分布和开放的协调发展，我们必须通过制定最低工资政策，加强农村劳动力的培训以提高农民工素质、技能水平和工资谈判能力。同时，应该削弱城市土地的垄断性，完善工业用地的市场机制，防止房价等拥挤成本调节进口贸易空间分布机制的失灵及其对进口贸易的反向扭曲。这对中国有效实施"加快发展内陆开放型经济，扩大内陆沿边开放，推动内陆贸易、投资、技术创新，促进沿海和内陆地区协调发展"的国家战略至关重要。

本章小结

　　本章在对改革开放以来尤其是 1999 年以来中国对外贸易/FDI 空间分布状况进行系统而全面的经验描述的基础上，采用理论研究和计量分析相结合的方法，对中国对外贸易/FDI 聚集于东部沿海城市的机制进行了研究，主要得到了如下基本研究结论：

　　第一，对外贸易/FDI 在中国呈现空间不均衡分布的状态，并且没有迹象表明这种不均衡分布状态趋向于缓和。

　　改革开放以来，特别是加入世界贸易组织以后，中国对外贸易发展迅速，利用 FDI 水平逐步不断提高。尽管如此，中国对外贸易/在华 FDI 的区域结构并不合理，对外贸易/FDI 的区域分布长期处于不均衡状态。

1978—2012 年，从东部、中部、西部地区的进出口总额在全国进出口总额中所占比重的变化趋势上看，东部、中部和西部地区的进出口额占至全国进出口总额的均值分别为 87.7%、7.18% 和 5.11%①，东部地区为中国对外贸易的绝对主体地区，中部、西部地区的进出口总额所占份额不足 13%。如果单从出口贸易额或进口贸易额占在全国出口总额或全国进口总额的比重来看，东部地区所占比重分别为 88.21% 和 91.28%，仍然占据主导地位。1983—2012 年，东部、中部、西部地区实际利用 FDI 所占比重分别为 81.10%、11.89% 和 7.01%。

城市对外贸易/FDI 分布也呈现出较强的聚集性。2012 年，出口贸易排名前 30 位的城市中有 27 个城市属于东部地区，进口贸易排名前 30 位的城市中有 24 个城市属于东部地区，实际利用 FDI 排名前 30 位的城市中，有 20 个城市属于东部地区。这些城市主要隶属于广东、江苏、浙江等少数几个省份，如 2012 年实际利用 FDI 排名前 30 位的城市中，广东省的城市有 5 个，江苏省的有 6 个。虽然近年来中央政府为了缩小东南沿海地区和中西部地区的差距，实施了西部大开发和中部崛起等区域协调发展的战略或政策，以及多方面措施鼓励外贸厂商/外资厂商进入中西部内陆地区，但是，对外贸易/FDI 总体上仍然高度集中在中国东部沿海城市。

第二，由于中国劳动力市场和城市土地市场的特殊性，拥挤成本不仅没有阻止对外贸易/FDI 向一个城市聚集，而且对对外贸易/FDI 空间分布产生反向扭曲作用，这是造成中国对外贸易/FDI 区域间分布不均衡的主要原因之一。

拥挤成本主要表现为高房价、交通拥挤、过长的通勤时间、高噪声与环境污染等城市环境恶化问题，但房价是拥挤成本最理想的变量。由于中国劳动力市场和中国城市土地市场的特殊性，拥挤成本对中国对外贸易/FDI 空间分布的调节机制不仅失灵，而且对对外贸易/FDI 产生反向扭曲作用，这是导致中国对外贸易/FDI 主要集中于东部地区的重要原因之一，也是区域经济差距悬殊的重要原因。

中国存在大量农村剩余劳动力，即农民工，2012 年，全国外出就

---

① 因为四舍五入，各分项百分比之和有时不等于 100%。下同。

业农民工达到 16336 万人，已经成为产业工人的重要组成部分，当然也是外贸产业或外资产业的重要组成部分。这些农民工大部分来自中西部地区，他们受教育水平普遍较低，受过专业技能培训的较少。为了得到更多的就业机会，他们主要倾向于在东部沿海城市就业。数量巨大、文化水平和技能低下的农民工，即使到东部沿海城市谋生，也只能从事最脏、最苦、最累、最危险而工资低的工作，低工资收入只能够农民工的基本生活用度，根本无法也无力在就业所在城市购房。况且，这些农民工并不奢望在就业城市所在地买房置业，更多的是选择在东部沿海城市工作而回老家盖房，对城市的高房价并不敏感。这样，农民工（包括外向型企业的农民工）的名义工资与房价存在严重的脱节现象，即拥挤成本所导致工人的住房等高生活成本，并不能畅通地以名义工资的形式传导并转嫁为外贸企业/外资企业的投资成本。外贸企业/外资企业享受着聚集经济带来的高效率，却不需要对拥挤成本所导致的工人的高生活成本进行完全补偿，其结果是拥挤成本调节 FDI 空间分布的机制失灵。中国劳动力市场和城市土地市场的特殊性，拥挤成本不仅没有阻止对外贸易/FDI 向一个城市聚集，而且对对外贸易/FDI 空间分布产生反向扭曲作用。

另外，中国政府对土地处于垄断地位。为了政绩利益的需要，政府往往将工业用地以极低的协议价格转让给厂商、将商业用地以高价售给房地产开发商。但商品房价格上涨所带来的土地财富，最终基本落入地方政府手里。实际上，政府是以高商品房价的收益来弥补低工业用地的损失，间接地补贴了外贸企业/外资企业。因此，商品房价格不但没有对外商投资产生抑制作用，反而促进了外贸企业/外资企业投资的发展，形成一种反向扭曲，这是中国对外贸易/FDI 主要集中于东部沿海地区的主要原因之一。中国劳动力市场和城市土地市场的特殊性，拥挤成本不仅没有阻止对外贸易/FDI 向一个城市聚集，而且对对外贸易/FDI 空间分布产生反向扭曲作用。

第三，工业企业生产率水平、劳动力成本、经济体制变革程度、通信基础设施、FDI 和外贸优惠政策与出口贸易正相关，而研发投入与出口贸易负相关；消费水平、工业企业生产率水平、劳动力成本、研发投入、FDI 和外贸优惠政策均促进了进口贸易的发展；不论是出口贸易还是进口贸易都受国际市场依存度过高的影响，应予以重视。

第四，开放程度、人力资本水平、市场规模、基础设施、FDI 聚集度、市场化程度均有利于 FDI 的进入；劳动力成本与 FDI 负相关，廉价劳动力仍是吸引外资的一项主要因素；而外商优惠政策并不是导致 FDI 地区分布失衡的原因。

总之，聚集经济是促使对外贸易/FDI 不断向一个城市集中的市场力量，而拥挤成本是阻止对外贸易/FDI 向一个城市集中的市场力量。聚集经济与拥挤成本两者作用机制正常发挥，有利于一国对外贸易/FDI 在空间分布的协调发展。拥挤成本调节对外开放空间分布的机制存在失灵和反向扭曲，是造成中国对外贸易/FDI 区域间分布不均衡的主要原因之一。为了加快发展内陆开放型经济，中国政府有必要采取措施提高工人工资，削弱土地市场的垄断性，以引导对外贸易/FDI 向内陆自然条件较好的城市转移。

第三篇

从多维视角分析城市适宜规模

第六章　大、中、小城市的真实收入比较

本章基于"一篮子"标准化商品价格和基于住房价格的两类城市生活成本计算方法，计算比较大、中、小城市经生活成本指数调整的真实收入。采用基于"一篮子"标准化商品价格的生活成本，通过对我国96个大、中、小城市的名义人均 GDP、城镇居民名义人均可支配收入和出租车司机这一代表性人群的名义收入进行了生活成本调整，发现北京、上海、广州等大型城市的真实收入低于许多中小城市。之所以选择出租车司机作为代表性群体，是因为这类群体的工作性质、工作环境和工作单位的性质及环境具有很强的可比性，而且，这一群体比较容易接受采访。其他群体如幼儿园教师，要寻找不同城市两个规模、质量相同的幼儿园，并对其教师进行采访具有很大的难度；再如中学老师，要寻找两个城市相同教学质量的中学老师并对其进行采访具有很大的困难。同样的问题也存在于餐厅厨师、服务员等其他行业的工作人员。基于住房价格的生活成本计算方法相对容易操作，根据数据可得性，我们计算比较了我国199个地级以上城市的生活成本指数和真实收入。

第一节　名义收入衡量城市间差距的缺陷

对于采用名义收入衡量城镇间的收入差距的缺陷，在第一章已经简要提及，本章将首先对这一问题进行更深入的分析。从表面上看，北京、上海、广州等巨型城市的名义人均 GDP、城镇居民的名义人均可支配收入远高于大多数中小城市，但是，此类巨型城市生活成本高昂。①

---

① 国外很早就有关于大城市生活成本的研究，鲁索（Rousseau，1995）发现，巴黎的生活成本比法国其他地区高 89%—94%；亨德森（Henderson，2002）研究指出，美国和拉美国家大城市的生活成本是小城市的两倍多。

忽略生活成本而简单地考虑名义收入可能存在很大的局限性，甚至导致颇有争议的政策建议。

首先，这种局限性体现在以名义 GDP 衡量的最优城市规模。城市经济学理论认为，城市的发展依赖于生产和人口聚集所产生的聚集经济效应及拥挤成本效应。聚集经济通过市场的规模效应提高厂商的生产效率，拥挤成本主要表现为生产和人口的过度集中，居住、交通成本的提高，生活环境的恶化等，这些都提高了居民的生活成本。城市有效规模反映了生产和人口集中所产生的更高生产效率及更高生活成本之间的一种平衡（Henderson，2002；Henderson，2003）。仅以名义人均 GDP 和居民名义收入计算中国最优城市规模（Au and Henderson，2006），忽视了城市有效规模的另一方面——拥挤成本。

其次，以名义收入为基础的研究容易得出误导性的政策建议。以名义人均 GDP 和单位土地生产率衡量，北京、上海等大型城市的人均劳动生产率和单位土地利用率最高。因此，有学者建议应该大力发展北京、上海等大型城市以充分利用大城市的聚集经济效应。但是，以生活成本调整后的大城市实际人均 GDP 和单位土地实际生产率衡量会得出截然相反的结论。比如，我们利用 ACCRA 的生活成本计算方法，发现经生活成本调整后北京、上海等大型城市的真实收入低于多数中小城市。

再次，考虑生活成本的真实收入有利于全面衡量我国不同地区居民的幸福感指数和生活质量满意度指数。《小康》杂志和清华大学媒介调查研究室联合发布的"2011—2012 中国幸福小康指数"显示，"提高工资水平"成为提升公众幸福感最有效的方式。但是，如果仅以名义收入衡量，北京市 2011 年名义人均 GDP 80394 元（按常住人口计算），按年平均汇率折合 12447 美元，已达到中上等富裕国家水平。据此可以认为，北京市民的幸福感指数应该处于高位。但是，调查报告显示，北京的幸福感指数低于全国平均水平[1]，高生活成本是拖累城市生活质量满意度的重要因素（张连城等，2012）。

---

[1]　中荷人寿联合北京大学社会调查研究中心共同发布了《中国 20 城市居民幸福感暨寿险需求研究报告》，报告显示，北京城市居民的幸福感受度低于全国平均水平，成为我国的"城市低谷"。

最后，不同城市的生活成本存在很大差异，考虑地区间生活成本差异有利于避免收入再分配政策的扭曲（Kaplow，1997；Curran et al.，2006）。在市场经济下，大城市拥挤成本带来的生活成本提高首先会影响大城市工人的名义收入，进而影响厂商的投资成本。但是，大城市居民中的劳动人口受到情感成本、信息成本、岗位转换成本、配偶工作等因素的制约，面临着很大的迁移成本。此外，发展中国家存在大量农村剩余劳动力，农村剩余劳动力涌入大城市对城市劳动人口的就业构成新的压力。当住房、交通等生活成本上升时，大城市劳动人口不得不选择忍受，很难向厂商要求更高的名义收入以转嫁生活成本的上升。这些因素使大城市厂商通常不用对住房和交通成本的上升付出补偿也能招到足够数量的工人。因此，与中小城市居民相比，大城市劳动人口承受了更高的住房、交通、环境污染等生活成本，决策者在制定不同城市的收入再分配政策（如税收、收入转移支付、贫困线）时应该充分考虑城市间生活成本差异，从而有效地避免低估大城市的贫困水平，高估中小城市的贫困水平。

第二节　衡量城市真实收入的方法和研究

针对中国居民实际收入问题，有少数学者曾做过研究。万广华（1998）用地区价格指数对 1984—1996 年全国各省份可支配纯收入数据进行调整，进而用基尼系数变化法分析农村居民收入差异的根源。陆铭、陈钊（2004）在省级面板数据的基础上对各地区人均收入进行价格指数调整，考察中国在城市化过程中实行具有城市倾向的经济政策对城乡收入差距的影响。他们的研究的缺陷在于仅考虑了通胀因素，没有考虑城市间生活成本的巨大差异。江小涓、李辉（2005）对 36 个城市的名义收入进行了价格调整，发现城市间真实生活水平差距远小于名义收入差距。但是，正如江小涓、李辉指出的，他们计算的价格指数仅仅是七类商品价格的简单平均，并没有考虑不同城市居民消费结构的差异。布兰特和霍尔兹（2006）以 1990 年居民的"一篮子"生活成本为基准并结合 1984—2004 年的 CPI，计算出该时间段内各省份的居民生活成本的绝对价格水平，进而对省份间生活成本差异做出比较。但是，他们的研究仅仅细分到省份，没有对城市间生活成本差异做出比较。

国外关于居民生活成本以及真实收入比较方面的研究相对较多。莫尔顿（1995）认为，住房成本是导致区域间生活成本差异最重要的因素。他在特征价格法的基础上采用贝叶斯分层模型和虚拟变量模型估计出住房成本的特征价格指数，进而对住房成本差异做出比较。库兰等（Curran et al.，2006）将美国城市生活成本指数分为两大类：基于住房价格的生活成本指数和基于"一篮子"商品价格的生活成本指数。库兰等（2006）分析了评估城市中等收入家庭生活成本的四种指标、美国住房与城市建设部（HUD）的 FRM 指标、美国经济政策协会（EPI）的家庭预算指标、布鲁金斯（Brookings）研究机构的城市价格指标和 ACCRA 的生活成本指数（COL）。其中，基于住房价格的生活成本指数假设住房是引起城市间生活成本差异的主要因素，可贸易品价格在城市间没有显著差异；而计算基于"一篮子"标准化商品价格的生活成本指数需要调查标准化"一篮子"商品在不同城市的价格。

阿尔马斯（Almas，2012）运用食品恩格尔曲线法对 PWT 收入（Penn World Table 中按购买力平价计算的各国收入）和 EX 收入（按各国名义汇率调整的收入）进行了调整，并将 PWT 收入的调整结果与原收入进行比较，得出按购买力平价方法计算的各国人均收入存在一定的偏差。该研究的优点在于考虑商品的可替代性，但是，这一假设并非完全合理，因为当我们比较一国不同规模城市居民的真实收入时，发现商品并不是完全可替代的。例如，住房作为生活必需品，对它的需求具有一定的刚性，为了达到一定的生活质量，必须要有一个最低的住房面积（如 90 平方米），如果低于这个标准，人们的生活质量将可能受到很大影响。

本章的主要创新点在于：第一，借鉴 ACCRA（Koo et al.，2000）生活成本指数计算方法对中国 96 个大中小城市基于"一篮子"商品的生活成本指数进行了计算，并比较了各城市出租车司机这一代表性群体的真实收入和名义收入。第二，考虑到采用"一篮子"商品计算生活成本需要到各个城市现场调查"一篮子"商品的价格，而这种调查需要花费大量的人力、物力，我们也只采集到 96 个城市"一篮子"商品的价格。为了更广泛地比较大中小城市的真实收入，我们借鉴美国布鲁金斯学会及贝鲁博和提法尼（Berube and Tiffany，2004）基于住房价格的生活成本计算方法，计算了我国 199 个地级以上城市的生活成本指数，并对其真实收入进行了比较（287 个地级以上城市中只有 199 个城市房价数据，所以，我们只计算了 199 个城市基于房价的生活成本指数）。

第三节 基于"一篮子"商品的城市生活成本指数及真实收入比较

一 生活成本指数的计算方法

生活成本指数是指一个地区为达到某一相同的效用水平，该地区需要支付的费用与基准地区支付费用的比值。例如，为达到某一效用水平 U^*，基准地区 A 的物价水平为 P^a，基准地区 A 需要支付费用为 $e(P^a,$ $U^*)$；B 地区的物价水平为 P^b，B 地区为达到 U^* 的效用水平所需支付的费用为 $e(P^b, U^*)$。相对于基准地区 A，B 地区的生活成本指数可以计算如下：

$$COL = \frac{e(P^b, U^*)}{e(P^a, U^*)} \tag{6.1}$$

由于无法得到效用水平 U^* 的确切数据，当利用式（6.1）计算生活成本指数时，人们一般假定标准化的"一篮子"商品给不同地区居民带来相同的效用水平，以此来比较购买标准的"一篮子"商品所需支出的费用。

住房是引起地区间生活成本差异最重要的因素（Moulton，1995）；美国住房和城市发展部的 FRM 指标假定，地区间生活成本差异仅由住房成本差异引起。因此，为着重考虑房价因素，我们将标准的"一篮子"商品分为住房和一般性商品或服务。

C_i 表示第 i 个城市的生活成本，N_H 表示购买的住房数量，N_{ij} 表示在城市 i 购买的标准化"一篮子"商品中除住房外其他商品组合中第 j 种商品的数量，其中，j = 1，…，n，P_{iH} 和 P_{ij} 分别是 i 城市住房价格和 j 商品的价格，城市 i 的生活成本可表示如下：

$$C_i = P_{iH}N_H + \sum_{j=1}^{n} P_{ij}N_{ij} \tag{6.2}$$

用 $\overline{C}$ 表示基准城市生活成本，$\overline{P}_H$ 表示基准城市住房价格，$\overline{P}_j$ 表示基准城市 j 商品的价格，N_j 表示基准城市标准化"一篮子"商品中 j 商品的数量。相对于基准城市，城市 i 的生活成本指数可表示如下：

$$COL_i = \frac{C_i}{\overline{C}} = \frac{P_{iH}N_H + \sum P_{ij}N_{ij}}{\overline{P}_H N_H + \sum \overline{P}_j N_j} \qquad (6.3)$$

用 α_H 表示住房支出占生活成本支出的比重，用 α_j 表示 j 商品支出占生活成本支出的比重，用公式表示如下：

$$\alpha_H = \frac{N_H \overline{P}_H}{N_H \overline{P}_H + \sum N_j \overline{P}_j} \qquad (6.4)$$

$$\alpha_j = \frac{N_j \overline{P}_j}{N_H \overline{P}_H + \sum N_j \overline{P}_j} \qquad (6.5)$$

公式（6.3）可做出如下改写：

$$COL_i = \alpha_H \frac{P_{iH}}{\overline{P}} + \sum_{j=1}^{n} \alpha_j \frac{P_{ij}}{\overline{P}_j} \qquad (6.6)$$

式（6.6）表明，城市 i 的生活成本指数等于城市 i 各类商品和服务价格与基准城市相应商品和服务价格比值的加权平均值，权数是各类商品和服务支出占总生活成本支出的比重。我们选取北京作为基准城市，计算所有调查城市相对于北京的生活成本指数。那么，$\overline{P}_H$ 和 $\overline{P}_j$ 代表北京的住房和商品的价格。

假定标准化"一篮子"商品在短期内不随时间变化，跨期可比的第 i 个城市第 t − 1 期生活成本指数可以表示如下（Brandt and Holz, 2006）：

$$COL_{it-1} = COL_{it} \times \frac{100}{CPI_{it}} \qquad (6.7)$$

式中，CPI_{it} 表示 i 城市 t 期相对于上年度的消费者物价指数。[①]

二 标准化"一篮子"商品和服务的选择及数据的采集

在标准化"一篮子"商品和服务的选择及数据的采集方面，我们主要依据各城市中等收入者的消费习惯，选取具有代表性的商品组成标

---

① 证明如下：$COL_{it-1} = \frac{C_{it-1}}{\overline{C}_t}$，$COL_{it} = \frac{C_{it}}{\overline{C}_t}$，$CPI_{it} = \frac{C_{it}}{C_{it-1}} \times 100$，式中，$\overline{C}_t$ 是基准城市 t 期的生活成本，合并前述三式，即可得式（6.7）。

准化的"一篮子"商品，其主要包括中等收入者的住房成本和其他商品或服务的支出两部分。在其他商品或服务的选择方面，我们主要参照《中国城市（镇）生活与价格年鉴》的分类方法，将居民消费支出分为食品、衣着、家庭设备用品及服务、医疗保健、交通通信、教育文化娱乐服务、居住、杂项商品与服务八类。每类选取具有代表性的消费品或服务为调查对象，进而生成总共 70 种具有代表性的商品或服务。在居住这一大类中将住房单独列出。住房成本数据主要来源于搜房网和赶集网，其他商品或服务的价格，通过本项目的调研人员在各城市进行实地调查和采集。

"一篮子"代表性的标准化商品或服务是指在所有城市质量相似的一组商品和服务。因此，我们在选择需要调查的商品或服务时限制了品牌、型号、质量等级等相关信息，做到"商品的标准化"。而且，这些商品主要是一个城市中等收入居民日常消费的。用"一篮子"代表性标准化商品或服务的价格，就可以比较在不同城市要达到同等程度的生活水平或生活质量需要花多少钱。这样，我们的调查就兼顾了"商品标准化"——"一篮子"商品和"人的标准化"——中等收入居民。

此外，在选择调查地点时，我们尽量限定在当地中心城区中等收入家庭和普通市民经常光顾的超市、商场、农贸市场或娱乐休闲场所等地方。选择中档的场所，而不能选当地最高档或最低档的场所。"调查地点的标准化"十分重要，因为同一城市，中心城区、远城区和郊区之间，同样质量的商品或服务，其销售价格也可能存在差异；不同档次的场所，其租金不同，销售价格也存在差异。因此，调查商品的价格来源都应是主要中心城区，而非郊区、远城区或一些人气不旺的新城区（开发区）。

我们的住房成本数据主要来源于搜房网和赶集网。具体操作如下：以搜房网为例，按照大城市中心城区新房且为毛坯房的条件选择楼盘，将符合条件的所有楼盘按价格进行排序，取中位价楼盘的均价作为该大城市的房价；小城市的楼盘和市区面积较小，我们将小城市的全部楼盘按价格进行排序，取中位价楼盘的均价作为该小城市的房价。如果符合条件的楼盘个数是偶数，就取中间两个楼盘的平均值作为该城市的房价。

关于住房成本的租金价格，按照大城市中心城区 80—90 平方米的出租房、整租且为精装修的条件选择房源，将符合条件的房源按价格进行排序，取中位价租金的均价作为该大城市的租金价格；小城市的房源和市区面积较小，我们将小城市 80—90 平方米的出租房按价格排序后，取中位价租金的均价作为该小城市的租金价格。

作为稳健性检验，我们分别采用城市的房价和房租作为"一篮子"标准化商品中住房支出成本，计算了两组基于"一篮子"标准化商品的城市生活成本，简称基于房价的商品篮子 COL 指数，一组是基于房租的商品篮子 COL 指数。

三 计算结果

（一）住房权重的确定

在计算生活成本指数之前，需要确定各类商品的权重，其中住房支出的权重是关键。根据《中国城市（镇）生活与价格年鉴（2012）》中的住房支出数据，住房支出权重只有 2.00%，而国外的生活成本指数计算中，该权重一般在 30%—40%，据此可得出我国在此方面的计算存在严重低估的。我们采用 ACCRA 的方法，在对其进行合理的调整后，再进行生活成本指数的计算。[①]

为了得到一个比较准确的住房成本权重，本书以 2011 年全国平均房价 4993.17 元/平方米及 90 平方米/户型面积进行计算：首付 30% 房款，剩余 70% 房款按商业房贷利率 6.5% 进行 30 年的等额分期贷款，计算出"月供"。再根据城镇家庭平均每户 2.87 人计算出人均还款额为 8313.14 元/年。以此住房支出替代《中国城市（镇）生活与价格年鉴（2011）》中的住房支出，从而构建各个项目的新的权重。经过调整后的住房的权重为 37.9%，同国外的生活成本指数相比，本书经计算得到的这一数据是比较合理的。

（二）各城市实际人均 GDP、实际人均可支配收入的比较

表 6-1 给出了根据式（6.7）计算调查的 2011—2013 年部分城市基于房价的商品篮子生活成本指数。

尽管北京、上海、广州、天津等巨型城市在总量名义 GDP 上有很大优势，但是，从表 6-2 中可以看出：

---

① ACCRA 在计算住房支出的权重方面采用的是新房房价（Koo et al., 2000；Curran et al., 2006）。

（1）从基于房价的商品篮子 COL 指数计算的实际人均 GDP 来看，苏州、无锡、唐山不仅在名义人均 GDP 方面超过了北京、上海、天津，其经过生活成本调整后的实际人均 GDP 也远超过此类巨型城市；宁波、长沙、成都、烟台虽然在名义 GDP 上比北京、上海低将近 1000 元，但经过生活成本调整后的实际人均 GDP 均高于北京和上海；保定等中小型城市在名义人均 GDP 上远低于北京、上海，但是，经过生活成本调整后的实际人均 GDP 则高于北京和上海。基于租金计算的实际人均 GDP 得到的结论，与上述结论是一致的。

表 6-1　　2011—2013 年部分城市基于房价的商品篮子 COL 指数

年份	北京	广州	上海	石家庄	合肥	郑州	武汉	长沙	长春	苏州	无锡	青岛	西安
2013	0.94	0.85	0.94	0.63	0.71	0.60	0.72	0.71	0.54	0.83	0.65	0.87	0.75
2012	0.91	0.82	0.91	0.61	0.69	0.58	0.70	0.69	0.53	0.81	0.64	0.85	0.73
2011	0.86	0.78	0.87	0.58	0.65	0.56	0.66	0.65	0.50	0.77	0.61	0.81	0.70

表 6-2　　　　2011 年部分城市人均真实 GDP、实际人均
真实可支配收入　　　　　　单位：元

城市	基于房价的商品篮子 COL 指数调整的实际人均 GDP	城市	基于租金的商品篮子 COL 指数调整的实际人均 GDP	城市	基于房价的商品篮子 COL 指数调整的实际人均可支配收入	城市	基于租金的商品篮子 COL 指数的实际人均可支配收入
苏州	216482.07 (167454.00)[a]	迁安	197926.10 (111169.63)	宁波	63085.11 (34058.00)	常熟	54039.23 (35041.00)
无锡	177568.06 (107437.00)	无锡	156911.75 (107437.00)	常熟	61847.79 (35041.00)	宁波	51951.98 (34058.00)
唐山	162665.51 (89393.00)	沧州	153577.78 (90108.00)	温州	52561.44 (31749.00)	义乌	46968.18 (35220.00)
宁波	144446.72 (77983.00)	广州	121384.77 (97588.00)	无锡	52290.16 (31638.00)	无锡	46207.30 (31638.00)
广州	125353.98 (97588.00)	宁波	118955.05 (77983.00)	义乌	47650.42 (35220.00)	温州	45822.72 (31749.00)

续表

城市	基于房价的商品篮子 COL 指数调整的实际人均 GDP	城市	基于租金的商品篮子 COL 指数调整的实际人均 GDP	城市	基于房价的商品篮子 COL 指数调整的实际人均可支配收入	城市	基于租金的商品篮子 COL 指数的实际人均可支配收入
长沙	121452.71 (79530.00)	靖江	118263.67 (78706.00)	江门	45347.99 (23924.00)	苏州	43643.01 (34617.00)
天津	120507.76 (85213.00)	天津	118236.10 (85213.00)	成都	45081.14 (23932.00)	广州	42835.68 (34438.00)
成都	113243.47 (60117.00)	烟台	102299.61 (70339.00)	苏州	44752.35 (34617.00)	廊坊	39540.50 (22818.00)
烟台	108801.29 (70339.00)	长沙	101467.49 (79530.00)	广州	44236.38 (34438.00)	烟台	38602.15 (26542.00)
保定	106146.77 (59098.00)	北京	95065.82 (81658.00)	廊坊	43952.63 (22818.00)	北京	38305.50 (32903.00)
上海	95118.61 (82560.00)	武汉	94308.10 (68315.00)	邯郸	42397.44 (19322.00)	上海	38246.68 (36230.00)
北京	95065.82 (81658.00)	青岛	90455.33 (75563.00)	上海	41741.12 (36230.00)	日照	37390.73 (20098.00)
日照	88779.16 (43205.00)	上海	87155.55 (82560.00)	北京	38305.50 (32903.00)	天津	37353.85 (26921.00)
石家庄	87948.13 (50823.00)	石家庄	80639.21 (50823.00)	天津	38071.53 (26921.00)	成都	36247.01 (23932.00)

注：a 括号内数据为相应收入的名义值。

资料来源：各省份统计年鉴和统计公报。

（2）从基于房价的商品篮子 COL 指数计算的实际人均可支配来看，宁波、常熟、温州、无锡、义乌和苏州的名义人均可支配收入不仅与北京、上海、广州和天津的名义人均可支配相差无几，其经过生活成本调整后的实际人均可支配收入已远超这些巨型城市；江门、成都、廊坊和邯郸等中小型城市虽然在名义人均可支配收入上低于北京、上海、广州和天津，但是，经过生活成本调整后的实际人均可支配收入均高于北京和上海，基于租金计算的实际人均可支配收入则与上述分析结果趋于一致。

（三）各城市出租车司机的实际收入比较

从表6-3中的基于租金商品篮子COL指数计算的2013年部分城市出租车司机真实收入的结果可以得出：

（1）长春、无锡、郑州、宁波、义乌、温州、西安等城市的出租车司机的名义收入与北京、上海、广州和天津的名义收入相差无几，但是，经过生活成本调整后的实际收入均高于广州、北京和上海。

（2）光山、常熟等中小型城市的出租车司机名义收入低于或者高于北京、上海、广州和天津出租车司机的名义收入，但是，经过生活成本调整后的实际收入均远高于此类大型城市。

表6-3　　　　　2013年部分城市出租车司机实际收入

城市	基于房价商品篮子COL指数得到实际收入（元）	名义收入（元）	城市	基于租金的商品篮子COL指数得到实际收入（元）	名义收入（元）
高邑	90740.88	45000.00	光山	79202.83	42666.67
长春	89184.91	48000.00	常熟	78581.84	55000.00
南昌	87240.08	48000.00	长春	76723.41	48000.00
无锡	82847.26	54000.00	无锡	73209.73	54000.00
光山	82418.04	42666.67	郑州	70711.69	48000.00
郑州	80020.24	48000.00	宁波	68371.46	48000.00
成都	74264.59	42800.00	邯郸	60205.53	33666.67
温州	66196.64	43400.00	义乌	58076.09	47000.00
西安	62373.35	47000.00	温州	57709.79	43400.00
六安	59487.12	42000.00	天津	57099.02	44333.33
天津	58196.06	44333.33	西安	56244.56	47000.00
广州	56740.51	48000.00	广州	54943.88	48000.00
上海	53266.84	50000.00	北京	51227.44	48000.00
北京	51227.44	48000.00	上海	48807.49	50000.00

（3）基于房价商品篮子计算的生活成本调整的出租车司机收入比较结果进一步证实了上述结论。

出租汽车司机是城市的普通素质劳动力，目前，城市出租车司机相当一部分是来自农村的农民工。出租车司机的名义工资与城市规模没有显著关系，进一步证明本书第三章聚集不经济传导机制在中国的失灵。

第四节　基于住房价格的城市生活成本指数及真实收入比较

一　基于住房价格的城市生活成本的计算

借鉴美国住房与城市建设部（HUD）FRM 指标的计算方法，本章基于住房价格的城市生活成本指数计算公式一般为：

$$COL_{it} = \alpha_t \times \frac{H_{it}}{\overline{H}} + (1 - \alpha_t) \tag{6.8}$$

式中，COL_{it} 为第 i 个城市第 t 年的生活成本指数，H_{it} 为城市 i 第 t 年的房价，α_t 为第 t 年城市 i 住房成本的权重，$\overline{H}$ 为基准房价。基准房价的选取一般有两种方法：一种是以某一个代表性的城市（如北京）的某年房价作为基准，那么其他城市的生活成本指数就是相对于北京的生活成本。另一种是用某年全国的平均房价作为基准，那么 COL 指数就是相对于全国平均水平的生活成本。

当考虑跨期比较时，需要考虑住房之外其他商品的价格变化，我们采用如下公式：

$$COL_{it} = \alpha_t \times \frac{H_{it}}{H_{2000}} + (1 - \alpha_t) \frac{CPI_{it}}{CPI_{2000}} \tag{6.9}$$

式（6.9）的含义是：在不同的年份，生活成本指数就是住房成本和其他消费品价格变动的加权。住房成本的权重为每月所还房贷的金额占家庭月均支出的比重，CPI 的权重为房贷以外其他支出的比重。这样，各个城市的生活成本指数就是相对于 2000 年平均生活水平支出的倍数。

如前所述，在国家统计部门公布的数据中，购房支出被计入投资性支出，住房贷款甚至不计入家庭总支出，而单列到"借贷支出"。仅仅用消费支出中居住支出的比重作为居住支出的权重不能很好地反映居民真实的生活成本。

同前文一样，本节仍用月供代替家庭支出中的居住支出能得到更准确的居住成本权重。2013 年我国住宅销售面积 130551 万平方米，销售额 76335.8 亿元，可得到 2013 年我国住宅平均销售价格为 5849.75 元，住宅面积按照 90 平方米算，一套普通住宅的平均售价为 52.6 万元。2013 年商业贷款利率为 6.55%，首付三成贷款 30 年，以等额还款方式每月需要还款 2338 元，一个三口之家，每人每年需要还款 9844.21 元。表 6 - 4 中以此代替居住消费，可以得到 2013 年居住消费的权重为 41.00%，同样的方法可以得到其他年份居住的权重。再根据公式就可以算出 2005—2013 年全国平均生活成本指数，见表 6 - 5。

表 6 - 4　　　　　　　2013 年城镇居民家庭生活成本测算　　　单位：元、%

	消费性支出	比重	真实生活成本	比重
总消费支出	18022.64	—	24030.38	—
食品消费	6311.92	35.02	6311.92	26.27
衣着消费	1902.02	10.55	1902.02	7.92
居住消费	1745.15	9.68	9844.31	40.97
家庭设备及用品消费	1215.07	6.74	1215.07	5.06
医疗保健消费	1118.26	6.20	1118.26	4.65
交通和通信消费	2736.88	15.19	2736.88	11.39
文教娱乐服务消费	2293.99	12.73	2293.99	9.55
其他消费	699.35	3.88	699.35	2.91

资料来源：《中国统计年鉴》。

表 6 - 5　　　　　　　2006—2013 年全国平均生活成本指数

年份	2005	2006	2007	2008	2009	2010	2011	2012	2013
住宅均价（元）	2937	3119	3645	3576	4459	4725	4993	5430	5850
房价权重	0.390	0.391	0.414	0.397	0.386	0.379	0.379	0.380	0.410
CPI 指数	1.048	1.064	1.112	1.174	1.164	1.201	1.265	1.299	1.332
COL 指数	1.207	1.253	1.400	1.412	1.568	1.633	1.724	1.829	1.975

表 6-5 中 CPI 指数和加权的生活成本指数（COL）基准年是 2000 年，可以看到 2005 年相对于 2000 年，生活成本指数（COL）已经上涨了 20.7%，而这 5 年间 CPI 仅仅上涨了 4.8%，可见，用 CPI 衡量生活成本严重低估了真实生活成本的上涨，并且随着时间的推移，低估程度越来越高。

最后，根据式（6.9）计算得出各城市每年的生活成本指数。由于篇幅有限，本章仅列举 2013 年生活成本指数排名靠前的 20 个城市和排名最末的 10 个城市。

从表 6-6 可以看到，考虑房价后，深圳、北京、上海和温州等城市生活成本指数排名靠前，2013 年的生活成本分别为 2000 年平均生活成本的 4.5 倍、3.6 倍、3.3 倍和 3.3 倍。

从表 6-7 可以看到，生活成本较低的城市分别是永州、金昌、乌兰察布、双鸭山、崇左、黑河、来宾、商丘、驻马店、娄底等发展程度较低的城市，生活成本只比 2000 年平均全国生活成本高 15.5%—20.7%。

表 6-6　　　　　　2013 年生活成本指数排名靠前的 20 个城市

城市	2005 年	2007 年	2009 年	2011 年	2013 年
深圳	1.694	2.806	2.865	3.883	4.519
北京	1.562	2.348	2.671	3.039	3.610
上海	1.640	1.960	2.556	2.751	3.351
温州	1.330	1.852	2.812	3.260	3.308
杭州	1.452	1.833	2.286	2.647	3.105
三亚	1.203	1.773	2.396	2.688	3.090
厦门	1.349	2.083	2.038	2.480	3.089
广州	1.395	2.005	2.046	2.378	2.996
舟山	1.162	1.407	1.662	2.352	2.647
宁波	1.309	1.616	2.052	2.430	2.579
珠海	1.202	1.682	1.801	2.523	2.548
福州	1.080	1.431	1.659	2.021	2.417
台州	1.229	1.433	1.662	2.108	2.344
绍兴	1.137	1.411	1.629	2.033	2.272
金华	1.091	1.286	1.468	1.942	2.248

续表

城市	2005 年	2007 年	2009 年	2011 年	2013 年
丽水	1.132	1.394	1.599	1.849	2.190
佛山	1.116	1.490	1.624	1.973	2.173
东莞	1.186	1.455	1.559	1.889	2.157
天津	1.229	1.535	1.689	2.027	2.109
大连	1.166	1.512	1.628	1.939	2.023

资料来源：课题组计算得出。

表 6-7　　　　　　2013 年生活成本指数最低的 10 个城市

城市	2005 年	2007 年	2009 年	2011 年	2013 年
永州	0.751	0.804	0.990	1.065	1.155
金昌	0.764	0.886	1.054	1.132	1.165
乌兰察布	0.776	0.856	0.953	1.118	1.165
双鸭山	0.784	0.876	1.010	1.184	1.166
崇左	0.779	0.891	0.989	1.138	1.178
黑河	0.760	0.801	1.032	1.147	1.184
来宾	0.721	0.869	0.989	1.106	1.201
商丘	0.782	0.887	0.975	1.193	1.203
驻马店	0.800	0.852	0.943	1.105	1.205
娄底	0.753	0.833	0.963	1.079	1.207

资料来源：课题组计算得出。

二　各城市 COL 指数调整后的真实收入比较

我们经常通过比较各个城市的 GDP 总量、人均 GDP、平减的 GDP 来比较城市经济发达程度，但这些均是名义 GDP 的比较。CPI 指数和 GDP 平减指数都更偏重于价格随时间的变化，而不能充分考虑地区间的价格差异。在研究城市问题时，只有用生活成本指数调整的 GDP，才是城市间可比的 GDP。

为了更进一步明确 CPI 指数和 COL 指数的差异，在表 6-8 中对两种指数进行了比较。

表 6 - 8 　　　　　　　CPI 指数和 COL 指数（全国平均）

	2005 年	2007 年	2009 年	2011 年	2013 年
CPI 指数					
均值	1.016	1.082	1.146	1.251	1.322
最小值	1.007	1.049	1.086	1.174	1.253
最大值	1.029	1.102	1.234	1.380	1.479
标准差	0.005	0.012	0.029	0.040	0.047
COL 指数					
均值	0.879	1.021	1.170	1.397	1.548
最小值	0.721	0.800	0.899	1.044	1.155
最大值	1.694	2.806	2.865	3.883	4.519
标准差	0.156	0.267	0.311	0.384	0.451

资料来源：CPI 数据来自《中国统计年鉴》省级数据。

　　从表 6 - 8 中 CPI 和 COL 对比可以发现，CPI 指数的特点是随时间推移变化比较明显，均值从 2005 年的 1.016 上升到 2013 年的 1.322。但是，从截面上看，标准差都较小，每个截面上各城市间差别并不大，2013 年的最大值与最小值只相差 22.6 个百分点，显然与现实不符。而 COL 指数最大城市与最小城市间的差距从 2005 年的 2.35 倍扩大到 2013 年的 3.91 倍，城市间生活成本差距明显扩大，因此，用 COL 指数能更准确地反映城市间价格差异。

　　表 6 - 9 分别给出了 2013 年人均名义 GDP 和人均真实 GDP 排名靠前的 25 个城市及排名靠后的 25 个城市。可以看到，人均名义 GDP 排名靠前的城市主要有两类：一类是像深圳、宁波、广州这样经济发达的城市；另一类是像大庆、鄂尔多斯和克拉玛依这样的资源型城市；经过 COL 指数调整后，深圳、广州、杭州、北京和上海等城市因为生活成本太高，均在 25 名之外。人均 GDP 排名靠后的城市主要是经济欠发达且缺乏资源的城市，这些城市的生活成本本来差别不大，调整之后仍排名靠后且排名并无多大变化。

表 6 – 9　　　　　2013 年人均名义 GDP 和人均真实 GDP 排名

前 25 名（单位：万元）				后 25 名（单位：万元）			
城市	人均名义 GDP	城市	人均真实 GDP	城市	人均名义 GDP	城市	人均真实 GDP
大庆	26.29	大庆	19.11	巴中	1.35	巴中	0.98
朔州	19.40	绍兴	15.89	阜阳	1.64	阜阳	1.09
鄂尔多斯	14.13	朔州	15.21	六安	1.75	六安	1.20
克拉玛依	13.50	克拉玛依	10.82	宜春	1.79	宜春	1.28
包头	13.25	包头	9.08	商丘	1.86	亳州	1.35
深圳	12.32	潮州	8.20	亳州	1.89	汕头	1.54
嘉峪关	11.51	盘锦	8.09	宿州	2.04	商丘	1.55
宁波	11.27	铜陵	7.73	绥化	2.06	宿州	1.57
广州	11.17	乌海	7.45	忻州	2.07	天水	1.60
长沙	11.01	揭阳	7.35	安康	2.15	绥化	1.61
铜陵	10.74	金昌	7.23	鸡西	2.19	安康	1.62
盘锦	10.64	长沙	7.22	黑河	2.20	遂宁	1.64
乌海	10.32	嘉峪关	7.16	天水	2.21	忻州	1.64
杭州	9.87	沧州	7.08	伊春	2.28	鸡西	1.68
沧州	9.66	马鞍山	6.66	遂宁	2.30	三亚	1.69
马鞍山	9.63	岳阳	6.45	周口	2.44	南充	1.76
唐山	9.57	芜湖	6.44	南充	2.50	宣城	1.85
珠海	9.55	呼和浩特	6.37	临汾	2.55	黑河	1.86
天津	9.32	九江	6.22	运城	2.64	伊春	1.89
佛山	9.13	湘潭	6.17	抚州	2.68	临汾	1.90
绍兴	9.05	柳州	6.08	宣城	2.70	抚州	1.92
芜湖	8.99	常德	5.98	广元	2.81	周口	1.94
北京	8.97	营口	5.89	广安	2.84	广元	1.95
舟山	8.87	梅州	5.87	吉安	2.87	广安	2.00
上海	8.70	鞍山	5.85	邢台	2.89	吉安	2.04

本章小结

首先，本章对 96 个大、中、小城市中等收入者"一篮子"商品消费价格进行调查，利用 ACCRA 生活成本指数计算方法计算出各城市基于房价和房租的商品篮子生活成本指数，并用这两个商品篮子生活成本指数计算得到各城市的人均真实 GDP、人均真实可支配收入和出租车群体的真实收入，两种"一篮子"生活成本指数计算方法得到非常相似的两个结论，说明两种方法得到的结论比较可靠。

（1）虽然北京、上海、广州等大型城市的名义人均 GDP、城镇居民的名义人均可支配收入明显高于多数中小城市，但是，此类城市存在高昂的生活成本，经过生活成本调整后，此类大型城市的真实收入水平大幅下降，低于一些中小城市的实际收入水平。

（2）北京、上海、广州等大型城市出租车司机的名义收入与部分中小型城市出租车司机的名义收入无显著差别，但是，巨型城市高昂的生活成本使出租车司机的真实收入水平大幅下降，并且低于多数中小型城市。这进一步表明聚集不经济传导机制失灵在中国的存在性。

其次，本章对 199 个我国地级以上城市的人均 GDP 采用基于房价的生活成本指数进行了调整，发现深圳、广州、杭州、北京和上海等巨型或特大城市虽然人均名义 GDP 较高，但人均真实 GDP 均排在 25 名之外。

根据上述研究结论表明，中国应当着力促进大、中、小城市的协调发展，当前尤其应该着力促进中小城市发展，以规避巨型城市的过度膨胀和"城市病"。

第七章 大、中、小城市居民公共服务满意度比较

本章对大、中、小城市和小城镇居民公共服务满意度进行比较研究。根据对武汉、孝感、孝昌和小河镇的调查比较研究，发现城镇居民对公共服务的总体满意度偏低，其中，大中城市居民对公共服务的总体满意度要明显低于小城市和小城镇居民，小城市居民对公共服务的总体满意度相对最高。在具体公共服务项目上，小城市居民对公共治安和义务教育的满意度最高；小城镇居民对公共交通的满意度最高，但对社会保障的满意度最低；大中城市居民对公共治安和公共交通的满意度最低；各类规模城镇的居民对行政管理的满意度都很低。因此，简单笼统地认为，大中城市公共服务水平高于小城市和小城镇的观点并不完全符合中国的现实。为了提升中国城镇居民的公共服务满意度水平，对大、中、小城市和小城镇的公共服务建设必须各有侧重。

第一节 研究文献评述

现有研究大多是根据地区总体或人均公共服务的数量来衡量地区间公共服务的差距或基本公共服务的均等化水平，如李敏纳等（2009）采用每万人医疗卫生机构床位数研究了地区间医疗服务的差异；王守坤（2012）利用地区基础设施、教育服务和医疗服务的总体提供水平研究地区间公共服务的差距；卢现祥等（2009）采用类似方法得出湖北省农村公共服务远落后于城市的结论。虽然这种基于公共服务数量的比较研究，在一定程度上反映了我国地区间公共服务数量上的差距，但在学理上这类研究却存在一个重要的缺陷：一个地区公共服务的数量如每万人口中医疗卫生机构床位数等指标，并不能完全反映该地区居民所享有

的实际公共服务水平。例如，就医疗服务而言，虽然武汉等大城市有同济、协和这样的著名大医院，小城市和农村小城镇只有一些中小医院。但是，随着城市间和城乡间交通设施的发展，从武汉周边小城市和农村小城镇到武汉同济或协和医院就医，已经比较方便。实际上，从武汉周边孝昌、汉川、仙桃等小城市乘坐汽车到同济医院不超过两个小时，这与从武汉的光谷地区乘公交车到同济医院在时间上并没有太大的差别。而且，即使武汉的市民也只是有比较严重的疾病时，才会去同济、协和等大医院，一般的小病，附近的社区医院或其他中小医院就可以解决。此例中尽管大城市医疗设施更加健全，每万人口中医疗机构床位数也更多，但城市间便利的交通可以让小城市居民同样享受到大城市的高水平医疗服务。换言之，大城市的高水平医疗设施和医疗服务实际上为大、中、小城市和农村小城镇居民所共同享受。而且，从规模经济的角度而言，在医疗服务需求规模较小的农村小城镇建设一个大型医院，可能会因为小城镇患者较少，导致医院业务量小，进而导致医疗资源的严重浪费。换言之，大型的高水平医院设施只有建在较大的城市才比较合理。同样的道理，大型商业机构和娱乐设施、重要的交通枢纽、大型飞机场和火车站通常也应该建在大城市，因为这些公共服务需要一定的人口规模或市场规模与之相适应。综上，仅通过公共服务的客观数量比较地区间公共服务的差距或均等化水平，存在严重的不足，实现大、中、小城市和农村小城镇基本公共服务的均等化并非人均数量上的平均化。

根据福利经济学理论，最大化居民幸福感的前提是让居民偏好得到自由充分的表达，居民公共服务满意度既反映了公共服务的福利效应，也反映了居民对公共服务的偏好，所以，最优的公共服务提供水平和提供方式应该最大化居民对公共服务的满意度（Frey et al.；2010；Lewis et al.，2009）。相对于比较计算公共服务的绝对数量，用居民对公共服务的满意度来衡量公共服务水平更具有合理性（Larsen et al.，2010）。尤其是把公共服务细分为教育、医疗、交通、治安等多个具体项目，对居民在各个具体的公共服务项目上的满意度进行比较，有助于我们科学地认识居民对大、中、小城市和小城镇之间公共服务的真实需求，有针对性地提供人民群众需要且令其满意的公共服务，有效地促进大、中、小城市和农村小城镇基本公共服务均等化。

已有少数文献对我国居民公共服务满意度进行了研究。如赵宇和姜海臣（2007）、朱玉春等（2010）、张会萍等（2011）均对农村居民公共服务满意度进行了调查研究。但是，这些研究仅涉及农村居民对公共服务的满意度，并不能为我国当前进行的大、中、小城市和农村小城镇基本公共服务均等化实践提供急需的理论指导。本章旨在填补关于我国大、中、小城市和农村小城镇居民公共服务满意度比较研究的空白，为实现大、中、小城市和小城镇基本公共服务均等化提供可靠且急需的理论指导。

　　本章主要贡献在于，以武汉及其周边中小城市孝感、孝昌县县城及孝昌县境内的一些农村小城镇作为武汉城市圈代表，通过问卷调查和统计分析的方法，从总体和多个细分的具体公共服务项目上，定量比较分析大、中、小城市和农村小城镇居民公共服务满意度。

第二节　大、中、小城市和农村小城镇居民公共服务满意度调查研究

一　数据来源

（一）问卷调查方法

　　对于一般私人商品和服务，例如住房、汽车，往往存在攀比性消费，此时，人们的满意度不仅同自身的消费有关，还同周边其他人的消费水平有关。所谓公共服务，是一个城市居民共同享有的公共服务，城市个体和与其在同一社区的其他人基本享有相同的公共服务。因此，同一城市同一社区的个体在公共服务方面较少存在攀比性消费，城市个体对于公共服务是否满意的参照系，主要是个体所在城市提供的公共服务是否满足了其自身生产与生活的客观需要。当然，由于同一城市不同社区的居民在公共服务方面也会具有较大的差异性，例如，地铁边的社区公共交通服务可能较好，为了避免这种不同社区的差异性影响调查结果的客观性，我们采取随机选取数百个被调查者的方法，来考察城市居民对城市公共服务的满意度，具体调查对象与调查方法如下文所示。

　　沿袭以往城市划分标准，市区非农业人口超过50万列为大城市，20万—50万为中等城市，20万以下为小城市。目前，武汉市城区人口约643万，孝感市约48万，孝昌县县城约10万，依次属于大、中、小

城市范畴。因此，选取这三个城市以及孝昌县境内农村小城镇作为大、中、小城市及小城镇的代表合乎规范。

样本量的确定依据是现有文献中提供的经验样本量。如梁燕等（2007）认为，如果衡量顾客满意度，至少需要 100 个样本，最好 230 个左右。考虑经验样本量，权衡调查精度和调查费用，将小城市和小城镇样本量确定为 150 个左右，大中城市设立样本量时，考虑最低样本量需求，结合"按与规模大小成比例的概率抽样方法"的思想，将样本量扩大，在问卷调查前，将大中城市样本量依次定为 600 左右和 300 左右，最后实际调查中，大、中、小城市及小城镇分别回收有效问卷 544份、273 份、153 份、150 份，共 1120 份。

在大超市购物高峰期，进行调查是学术研究常见的一种调查方法（Yu，2014），其优点在于调查员不知道被调查者姓甚名谁，而且调查结束之后，双方基本没有再见面的可能，在这种情况下，被调查者很少担心暴露自己的真实身份，而且如果进一步告知被调查者问卷调查目的是学术研究，学术研究需要可靠的数据，此时，被调查者一般愿意接受调查，并提供真实数据；在超市购物高峰期调查的优点在于，城市居民购物高峰期一般是周六和周日，这一期间购物的人群比其他任何时候购物的人群都更具有代表性。当然，这可能会遗漏一些不在这个时间购物的人群，但是，如果在非购物高峰期调查，造成遗漏的可能性会更大。

本章的调查方法是等距抽样，因为它方便易行，能够避免被调查者相互影响以及相邻调查者之间的相关性，并且可提高样本对总体的代表性（周庆元，2014）。具体实施方案是武汉、孝感、孝昌县县城三个城市访问地点为当地主要大型超市如家乐福、中百仓储等，在购物高峰期，客流量大时对排队人群每间隔三人进行访问，为降低被拒绝的概率，调查员会回赠受访者一个小礼物。小城镇主要包括小河镇、王店镇、卫店镇、肖港镇、周巷镇，由于没有大型超市，只能选取住户每间隔一家进行抽样。问卷设计完毕后，首先在武汉市光谷家乐福超市进行预调查，并根据受访者的反馈对问卷进行修改后才开始正式调查。

（二）问卷设计方法

现有文献对基本公共服务的衡量一般先将基本公共服务分类，每类设定二级指标，然后进行测算，但他们并没有给出分类标准（赵宇等，2008；Benni，2008；安体富等，2008；张会萍，2011）。公共服务如何分类应从其定义出发，类似于露茜等（Lucy et al.，1977）基于公共服务的社会功能对其分类，曹红颖（2012）认为，现阶段我国基本公共服务包括：①保障人的基本生存权服务，如公共就业服务、基本养老保险、基本生活保障和基本住房保障等；②保障人的基本健康权服务，如公共医疗卫生和基本医疗保险等；③保障人的自我发展权的服务，如公共教育、文化体育、公共基础设施、环境保护和公共安全等。我们基于此并结合已有研究将公共服务分为 12 个类别，每个类别设定一个二级指标，并针对二级指标设计居民根据自身日常体验即可回答的问题，采用问卷调查的形式对市民进行随机访问。二级指标分类中设置了休闲设施满意度和休闲生活满意度两个看似相近的指标，实则有必要。娱乐休闲设施齐全只是"休闲生活"满意的必要条件，但不是充分条件。休闲生活满意度，除了取决于休闲设施建设水平，还取决于居民是否具有足够的闲暇时间、邻里关系是否熟悉而且和谐？在特大城市，一方面，交通经常拥堵，工作单位和居住地点之间一般有较远的距离，居民花费在上下班路上的时间较长，居民生活节奏很快，闲暇休闲时间较短；另一方面，特大城市同一小区的居民之间往往不熟悉，"鸡犬之声相闻，老死不相往来"的现象普遍，邻里之间一般很少交流，更谈不上日常在一起休闲娱乐了。所以，在休闲设施指标之外，增加休闲生活指标，可以揭示居民是否具有休闲时间、生活节奏是否很快、邻里之间关系是否熟悉和谐的综合指标。

　　问卷每个问题的选项均包含 7 个，依次为很不同意、不同意、有点不同意、不清楚、有点同意、同意、非常同意，尽量覆盖被调查者情感的每一个维度，设定选项"不清楚"是因为在预调查中发现，有些被调查者对自身所享受的公共服务没有明确的感受。从数理意义上讲，离散变量之间间隔越小，变量之间更加连续。问卷统计时，采用类似李克特（Likert）量表①赋值方法，对每个选项赋予相应分值。具体分类以及二级指标和赋值如表 7 - 1 所示。

---

　　① 李克特量表是由美国社会心理学家李克特于 1932 年在原有的总加量表基础上改进而成的。该量表由一组陈述组成，每一陈述有非常同意、同意、不一定、不同意和非常不同意五种回答，分别记为 5、4、3、2、1，每个被调查者的态度总分就是他对各道题的回答所得分数的加总，这一总分可说明他的态度强弱或在这一量表上的不同状态。之后，有 7 个等级、9 个等级做了不同程度的改进。

表 7 - 1 公共服务满意度调查问卷设计

一级指标	二级指标	二级指标问题概要	赋分与说明
公共服务总体满意度	社会保障	养老金可保证老人基本生活需求	1. 选项包括： ①很不同意； ②不同意； ③有点不同意； ④不清楚； ⑤有点同意； ⑥同意； ⑦非常同意； 依次 1—6 分，其中题④为 3.5 分 2. "总体来说，对自己所享有的公共服务较满意"为效标
	公共治安	晚 8 点后在外行走，我觉得很安全	
	环境卫生	小区垃圾清理及时	
	市容市貌	小区环境较干净	
	义务教育	学龄儿童接受义务教育质量较高	
	基建	水、电使用方便	
	公共医疗	医保制度健全，不担心医疗费用问题	
	公共交通	公交系统发达，出行便利	
	行政管理	行政机构办事效率较高	
	商业设施	购物、买菜等基本生活很方便	
	休闲设施	供跳舞，或打牌，或健身休闲运动等业余文化娱乐设施健全	
	休闲生活	本人对业余文化娱乐休闲活动很满意，如跳舞，或打牌，或健身休闲运动等	

二 数据分析

(一) 样本基本特征

表 7 - 2 给出了本次随机调查样本的性别和年龄特征①，借鉴侯风云 (2004) 分段方法，结合本章的研究目的，将年龄划分为 20—34 岁、35—49 岁、50 岁及以上三个层次，具体分布情况如表 7 - 2 所示。总体而言，本次调查所选样本基本能够代表所属规模类别城镇的居民。

从性别比例来看，2012 年，武汉市、孝感市市区人口统计公报显示，武汉市男性占 54.41%，孝感市市区男性占 41.03%。由表 7 - 2 可

---

① 教育程度可能会影响居民对公共服务满意度的判断。但是，我国不同规模城市居民的教育特征与全国居民平均教育水平有着很大的区别，受过高等教育的居民更多地集中在大城市，如果根据全国平均教育水平选择样本，那么大城市调查样本中受高等教育的比例一定低于大城市居民实际受高等教育的比例，而小城镇调查样本中受高等教育的比例一定高于小城镇居民实际受高等教育的比例。由于我们缺乏各类规模城镇居民实际接受不同程度教育的比例，所以，我们无法根据这一比例选择样本。为了克服这一困难，使我们在各类规模城镇的调查样本，更好地代表各类规模城镇居民的实际情况，我们选择的办法是随机抽样，并未考虑教育程度。

知，武汉调查样本性别结构数据与武汉人口统计公报数据十分接近，孝感调查样本性别结构与孝感人口统计公报数据相比偏低（但这种偏离在可忍受的范围之内）。孝昌县以及小城镇性别比的官方统计数据无法获取，但从表7－2调查样本的性别比来看，和所属地级市官方公布的总体性别比例（51.3%）差异不大。

表7－2　　　　　　　　　　样本性别和年龄特征　　　　　　　　单位:%

指标	分类	武汉市	孝感市	孝昌县县城	小城镇
性别	男性	54.41	41.03	50.00	53.34
	女性	45.59	58.97	50.00	46.66
年龄	20—34 岁	61.40	59.34	51.64	36.67
	35—49 岁	25.37	33.70	33.33	40.00
	50 岁及以上	13.23	6.96	15.03	19.33

从年龄分布来看，调查样本中，大城市年轻人比例最高，小城镇35—49岁青壮年人和50岁及以上中老年人比例最高，这一结果和当前我国年轻人大量向大、中城市流动的现状是相符合的。[1] 因此，从性别分布和年龄分布比例来看，所调查样本基本能够代表所属规模类别城镇的居民。

任何随机抽样的样本，都和总体之间有着或多或少的差别，这也是为什么我国在人口统计上既有每年的人口抽样调查，也有每十年的人口普查，而且即使是人口普查数据，也会有种种不足之处，例如，调查员的素质、被调查住户不让进门或者被调查住户故意隐瞒事实，等等。

本次调查是在人们日常购物地点和购物高峰期进行的随机调查，小城镇住户没有按照某一指标进行分层，采用隔户调查保证了样本的随机性以及覆盖范围。调查样本的年龄结构和性别结构具有合理性，也说明了调查样本可以较好地反映总体的职业和收入结构。换言之，调查的随机性是调查样本性别结构、年龄结构、职业结构和收入结构等多种因素具有合理性的重要保证。

_____

[1] 我们无法找到相应城镇官方统计的年龄结构数据，因此，无法和官方统计数据进行比较。

（二）大中小城市及小城镇居民基本公共服务满意度比较

为全面反映大中小城市及小城镇居民在基本公共服务满意度上的区别，分析方法上，先比较大中小城市及小城镇居民公共服务总体满意度及分项目满意度上属于满意类和不满意类的比例差异，其中答题选项为非常同意、同意的居民归为"满意类"，选项为有点不同意、不同意、非常不同意的居民归为"不满意类"，有点同意说明被调查者认同感并不是特别强烈，因此，此选项和选项不清楚一起归为"不清楚类"；其次，比较大、中、小城市及小城镇居民公共服务总体满意度及各个分项目的满意度得分均值；最后，运用 SPSS 16.0 对大、中、小城市及小城镇居民基本公共服务总体满意度及分项目的满意度进行独立样本 t 检验，根据检验结果判断大、中、小城市及小城镇居民基本公共服务满意度是否存在显著差异。

1. 总体指标和分指标"满意类"居民比例比较

基本公共服务总体满意度"满意类"与"不满意类"居民占比如表 7 - 3 所示，"满意类"中，各类规模城镇居民公共服务总体满意度都不高，小城镇居民公共服务总体满意度高于大中城市，小城市（孝昌县县城，下同）居民公共服务总体满意度相对高于其他各地达到 33%，"不满意类"居民在不同规模城镇中比例最低，为 36%。

表 7 - 3　　大、中、小城市及小城镇居民公共服务总体满意度比较　　单位：%

	武汉市	孝感市	孝昌县县城	小城镇
很不满意	8	8	5	10
不满意	20	21	19	21
有点不满意	22	24	12	22
"不满意类"比例	50	53	36	53
不清楚	3	4	4	2
有点满意	23	17	27	15
"不清楚类"比例	26	21	31	17
满意	21	23	31	29
非常满意	3	3	2	1
"满意类"比例	24	26	33	30

注：①数据四舍五入，百分数指各类居民占比。②表中将问卷中选项"同意"视为"满意"，根据问卷设计内容不违背调查事实。③"满意类""不清楚类"和"不满意类"三类比例加总为 100%。

　　二级指标比较中，小城市在公共治安、义务教育、休闲设施、休闲生活四个方面属于"满意类"居民所占比例高于大中城市及小城镇；公共治安满意度上，小城镇与小城市差别较小，具体数值见表7-4。小城市与小城镇公共治安"满意类"居民比例高于大城市和中等城市的原因在于小城市和小城镇的特点都是规模小、社区内邻里间居民较为熟悉，因此，治安方面发生问题的概率较小。小城市优于小城镇之处在于小城镇处于半城市化阶段，义务教育制度实施、休闲设施建设相较于小城市还存在一定差距。大中城市居民义务教育满意度低于小城市是因为大中城市教育资源分配更加不均衡，"择校费""学区房"租金等都非常高，而小城市即使是经济状况最差家庭的孩子也能够在当地水平中等的学校就读，小城市教育资源分配更加均等。虽然大中城市休闲设施较多，但生活压力更大，居民可能很难有精力去享受，因此，休闲生活满意度更低。

表7-4　　　　　小城市"满意类"居民占比高于大中城市及

小城镇的二级指标　　　　　　　　　单位:%

	武汉	孝感市	孝昌县县城	小城镇
公共治安	29	31	45	44
义务教育	36	37	42	39
休闲设施	33	32	47	33
休闲生活	35	36	45	37

　　注：所有数值均四舍五入，百分比代表"满意类"居民所占比例，"满意类"比例＝满意比例＋非常满意比例。

　　小城镇则在公共交通、环境卫生、行政管理、商业设施满意度上居民占比高于大、中、小城市，四个分项目上，小城市居民满意度其次，大中城市相对最低，具体结果见表7-5。公共交通上小城镇居民几乎均属于"满意类"，因为小城镇、小城市规模小，出行可直接搭车或者自己骑车，几乎没有等车堵车现象。小城镇对于环境卫生满意的居民达57%，当前小城镇、小城市街道和社区都有专人打扫，居民周边卫生环境较以往有了很大改善。大中城市环境污染、公共交通拥挤使居民对环境卫生的整体评价较低。四个调查地点的居民对于行政管理的满意度均非常低，小城镇居民属于"满意类"占比相对较高，数值也仅为25%。整体行政管理满意度偏低说明我国行政体制亟须改善。小城镇行政效率满意度相对更高是因为规模小，人们之间很容易通过互相介绍形成联系，行政者可能碍于情面不好拖延，但这一模式在大中城市可能很难复制。商业设施满意度上，小城镇居民属于"满意类"的比例高达81%，因为现在超市及商品卖场已经开设到小城镇，居民基本只需下楼或者出门就可买得到基本的生活用品。

表7-5　小城镇"满意类"居民比例高于大、中、小城市的二级指标　单位:%

	武汉	孝感市	孝昌县县城	小城镇
公共交通	45	43	56	88
环境卫生	39	41	53	57
行政管理	8	12	16	25
商业设施	58	62	73	81

注：所有数值均四舍五入，百分比代表"满意类"居民所占比例，"满意类"比例＝满意比例＋非常满意比例。

此外，大、中、小城市社会保障"满意类"居民比例依次为20%、21%、25%，小城镇仅16%，小城镇居民养老金每个月只有55元，养老保障水平很低。

以上分析发现，公共服务总体满意度上，各类规模城镇居民满意度均较低，小城镇"满意类"居民比例相对最高。分量指标中，在公共治安、义务教育、休闲设施、休闲生活四项上小城镇"满意类"居民比例最高；在公共交通、环境卫生、行政管理、商业设施四项上小城镇"满意类"居民比例最高；在社会保障和基建两项上小城镇"满意类"居民低于大、中、小城市；12个分量指标中公共医疗、市容市貌各地差异不大。总而言之，小城市小城镇在不同指标上表现的优越性解释了总体公共服务满意度上小城市居民更高、小城镇居民不逊于大中城市的原因。此外，各类规模城镇居民行政管理满意度偏低说明我国政府整体工作效率有待提高，政府应该加强从"全能型"政府向"服务型"政府的转变。

2. 均值比较及独立样本 t 检验

均值是反映数据集中趋势的一项指标，对样本进行均值比较能够从总体上给出满意度得分，有利于满意度的比较。为进一步探究大、中、小城市及小城镇间居民公共服务满意度的差异是否显著，我们还运用了独立样本 t 检验方法。独立样本 t 检验假设两个独立样本服从正态分布，检验其均值是否存在显著差异。各样本可以认为，近似正态分布且相互独立，因此符合其前提。进行独立样本 t 检验前，先比较各项指标得分均值，具体如表 7-6 所示。小城市在公共治安、义务教育、休闲设施、休闲生活四项上均值最高，小城镇居民公共治安满意度高于大中城市居民；小城镇在社会保障以及基建满意度上均值最低，在公共交通、环境卫生、行政管理、商业设施四项上均值最高，小城市其次。均值得分比较结果同上文结论一致。

表 7-6　　　　　基本公共服务满意度大、中、小城市及
小城镇各指标均值比较

	武汉	孝感市	孝昌县县城	小城镇
总体满意度均值	3.39	3.39	3.67	3.36
小城市"满意类"居民比例最高的指标均值				
公共治安	3.48	3.45	3.85	3.66
义务教育	3.79	3.79	4.02	3.80
休闲设施	3.68	3.50	3.88	3.51
休闲生活	3.75	3.68	3.92	3.62
小城镇"满意类"居民比例最高的指标均值				
公共交通	3.82	3.85	4.03	5.09
环境卫生	3.83	3.70	3.95	4.03
行政管理	2.57	2.69	2.99	3.27
商业设施	4.33	4.44	4.72	4.87
小城镇"满意类"居民比例最低的指标均值				
社会保障	3.22	3.26	3.22	2.94
基础设施	4.68	4.59	4.75	4.45

基于均值比较结果，我们进行了详细的独立样本 t 检验，若 t 检验

结果显著则说明比较对象之间均值存在显著差异。从表 7-7 可以看出，小城市居民在基本公共服务总体满意度上显著高于武汉、孝感市以及小城镇。分量指标中，小城市居民对公共治安、义务教育的满意度显著高于其他各地居民，小城镇居民则对公共交通、行政管理的满意度显著高于大、中、小城市居民；而社会保障满意度显著低于大、中、小城市居民，而基础建设与城市地区差异不显著。独立样本 t 检验结果进一步验证了"满意类"居民比例分析方法的结论。

表 7-7　　大、中、小城市及小城镇基本公共服务满意度独立样本 t 检验

小城市"满意类"居民比例最高的指标（小城市与其他各地对比）			
	武汉	孝感市	小城镇
总体满意度	0.02 **	0.03 **	0.04 *
公共治安	0.03 **	0.00 ***	0.26
义务教育	0.05 **	0.06 *	0.13
小城镇"满意类"居民比例最高的二级指标（小城镇与其他各地对比）			
	武汉	孝感市	孝昌县县城
公共交通	0.00 ***	0.00 ***	0.00 ***
行政管理	0.00 ***	0.00 ***	0.07 *
小城镇"满意类"居民比例最低的二级指标（小城镇与其他各地对比）			
	武汉	孝感市	孝昌县县城
社会保障	0.02 **	0.01 ***	0.06 *

注：①表中数据表述双尾检验显著性情况。②***表示在 1% 的显著性水平下显著，** 表示在 5% 的显著性水平下显著，* 表示在 10% 的显著性水平下显著。③仅报告部分结果，如需全部计算结果可另行提供。

总而言之，通过大、中、小城市及小城镇基本公共服务"满意类"居民比例比较、满意度均值比较、组别间进行独立样本 t 检验，我们发现，相对于大中城市及小城镇，小城市居民基本公共服务总体满意度最高。分量指标中，小城市居民对义务教育、公共治安的满意度显著高于大、中城市及小城镇居民；小城镇居民对公共交通及行政管理的满意度高于城市地区居民，社会保障满意度显著低于城市地区居民；具体公共服务项目比较中，大中城市无显著优势，而在居民的公共治安及公共交通满意度上，大中城市与小城市和小城镇差距较大。此外，各类规模城

镇居民对行政管理满意度偏低，说明我国政府须加强从"全能型"政府向"服务性"政府的转变。

本章小结

本章以武汉城市圈大、中、小城市和小城镇为例对城镇居民公共服务满意度进行调查研究，得到如下结论：

第一，我国城镇居民对公共服务的总体满意度不高，其中，大中城市居民对公共服务的总体满意度明显低于小城市和小城镇居民，小城市居民对公共服务的总体满意度相对最高。

第二，在具体公共服务项目上，小城市和小城镇居民对公共治安的满意度高于大中城市居民；小城镇居民对公共交通的满意度很高，但对社会保障的满意度最低，小城镇居民和大、中、小城市居民在公共服务满意度上的差距主要表现在社会保障方面；大中城市居民对公共治安及公共交通满意度与小城市、小城镇差距较大，其他具体项目上无明显优势，这是导致大中城市居民公共服务总体满意度偏低的重要原因。

第三，我国大、中、小城市和小城镇居民对行政管理的满意度非常低，对行政管理满意度最高的小城镇居民的满意率也仅为25%。

综上，笼统地认为，大城市公共服务水平高于中小城市和小城镇的观点并不完全符合我国的现实，提升我国城镇居民的公共服务满意度水平，应该根据不同规模城镇居民的切实需要，各有侧重。具体而言，对于大中城市，应着重改善公共治安及公共交通等方面的服务，对小城镇，应着重改善社会保障服务，对所有大、中、小城市和小城镇，都应着重提高行政管理服务水平，加快转变政府职能，打造"服务型"政府。

本章研究对中国的城镇化具有两个重要政策含义：一是对小城镇应着重改善社会保障服务；二是大中城市公共交通服务的改善难度很大，根据道路拥堵的基本法则，随着人口和汽车的增多，交通设施的建设都会导致汽车数量和行驶里程的进一步增加，最好的办法是促进中小城市发展，把特大城市产业和人口分散到中小城市。

第八章 大、中、小城市居民主观
幸福感比较

　　本章基于实地调查问卷，通过描述性统计分析、比较不同地区调查结果如居民主观幸福感差异、运用有序 Probit 模型分析公共服务满意度对居民主观幸福感的影响，研究不同规模城市居民主观幸福感差异及公共服务满意度对居民主观幸福感的影响。结果表明，小城市居民总体主观幸福感及社会信心、收入满意度、家庭气氛得分最高；公共服务满意度会显著影响居民主观幸福感。因此，小规模城市是城镇化路径选择，加强基本公共服务建设可增强居民主观幸福感。

　　提高居民主观幸福感和生活质量是经济发展的重要目标之一，因此，比较分析大中小城市及小城镇居民主观幸福感对于我国城镇化的路径选择具有重要意义。但很少有文献研究城市圈内大、中、小城市及小城镇居民主观幸福感差异及基本公共服务水平对主观幸福感的影响。现有文献对主观幸福感的研究大部分集中于某地区居民主观幸福感强弱及其影响因素。如邢占军对某沿海城市居民追踪三年研究发现，客观物质条件对主观幸福感有明显影响；彭代彦和赖谦进认为，收入对人们主观幸福感的影响呈倒 "U" 形，农村基础设施建设有助于提高农户的生活满意度。这些文献对于如何提升居民主观幸福感有指导意义，但无法为城镇化路径选择提供依据。本章基于这一思路，进一步研究不同规模城市居民主观幸福感差异、居民主观幸福感的影响因素及基本公共服务满意度与居民主观幸福感的关系，从而就如何提升居民主观幸福感及选择怎样的城镇化道路提供一定的理论依据。

第一节　不同规模城市居民主观幸福感调查研究

一　问卷调查方法

沿袭以往城市划分标准，市区非农业人口超过 50 万为大城市，20万—50 万为中等城市，20 万以下为小城市。目前，武汉市城区人口约643 万，孝感市约 48 万，孝昌县县城约 10 万，依次属于大、中、小城市范畴。因此，选取这三个城市以及孝昌县境内农村小城镇作为大、中、小城市及小城镇的代表合乎规范。

样本量的确定依据以及调查方法参见第七章第二节有关内容。

二　问卷设计原理

迪纳（Diener）认为，居民主观幸福感分为对生活状况的满意度和情感体验。在生活状况满意度的衡量上，迪纳等发表的生活满意度量表（SWLS）在测量主观幸福感时被广泛使用。情感体验包含积极的情感体验和消极的情感体验，但积极情感和消极情感到底是同一维度的两极还是两个相互独立的维度一直有争论（Diener，1999）。布雷德伯恩（Bradburn）认为，两者存在差别，因此，在 1963 年编订了情感平衡量表（ABS），包括 5 个测量积极情感的项目和 5 个测量消极情感的项目。国民特征因各种因素存在较大差异，国外学者所设计的量表并不能完全应用于中国。中国台湾 Lu Luo 在国外研究的基础上考虑与中国文化相关因素，设计了中国人的主观幸福感量表（CHI），包括积极情感、消极情感、生活满意感。但邢占军等发现，除情感平衡量表外（ABS），中国人幸福感量表（CHI）、总体生活满意感量表（SWLF）虽具有实用或参考价值，但有必要编订一套适用于中国居民的主观幸福感量表。邢占军在中国城市居民主观幸福感量表的基础上编制了适用于大规模调查研究的中国城市居民主观幸福感量表简本。通过对 54 个项目的鉴别力指数分析，并进行反复筛选，最终得到 20 个项目，并以 SWLS 和单一自陈量表作为效标进行检验，形成了中国城市居民主观幸福感量表简本，并已被证明能测量中国人主观幸福感。

邢占军所设计的量表包括 10 个分量表，我们在此基础上将问题简化，对居民主观幸福感进行调查。问卷统计时，采用类似李克特量表赋值方法，对每个选项赋予相应分值。具体分类及二级指标和赋分与说明如表 8 - 1 所示。

表 8 - 1　　　　　　　　　居民主观幸福感调查问卷设计

一级指标	二级指标	二级指标问题概要	赋分与说明
主观幸福感	社会信心	社会给人们提供的出路会越来越多	1. 选项包括：①很不同意；②不同意；③有点不同意；④有点同意；⑤同意；⑥非常同意，除人际交往项目外，均正向赋分 1—6。 2. 以"我觉得自己是一个非常幸福的人"为效标
	健康状况	我为自己的健康状况感到苦恼	
	知足充裕	与周围的人相比，我很知足	
	收入满意度	我对家里的收入感到满意	
	人际交往	我感到自己的朋友没别人的多	
	自我认可	我比较喜欢自己的个性	
	家庭气氛	和家人在一起，我感到特别愉快	

第二节　大、中、小城市及小城镇居民
主观幸福感比较

为全面反映大、中、小城市及小城镇居民主观幸福感，我们将问卷 6 个选项很不同意、不同意、有点不同意、有点同意、同意以及非常同意划分为两类，选择前三者代表受访者"不幸福类"，后两者代表受访者"幸福类"，有点同意说明受访者对自己幸福与否不确定，因此，为更准确地比较，"幸福类"居民只包括"幸福类"和"非常幸福类"。主观幸福感比较中，首先比较不同规模城市及小城镇"幸福类"居民所占比例以及均值，然后运用 SPSS 16.0 对大、中、小城市及小城镇分组，对均值进行独立样本 t 检验。均值是反映数据集中趋势的一项指标，对样本进行均值比较，能够从总体上给出幸福感得分。独立样本 t 检验假设两个独立样本服从正态分布，检验其均值是否存在显著差异。各样本可以认为，近似正态分布且相互独立，因此符合其前提。根据检验结果，判断不同规模城市及小城镇之间居民主观幸福感是否存在显著差异。

表 8 - 2 主要比较大、中、小城市及小城镇居民总体主观幸福感及

分指标中属于"幸福"的居民比例。结果显示，总体主观幸福感中，小城市居民属于"幸福类"要明显高于其他城镇，达到71%。分量指标中，小城市居民在健康状况、知足充裕、收入满意度和人际交往4个指标上属于"幸福类"的比例都高于其他各类规模城镇。另外3个指标即社会信心、自我认可、家庭气氛不同规模城镇居民无明显差异。

表8-2　　　大、中、小城市及小城镇"幸福类"居民比例比较　　　单位:%

	武汉市	孝感市	孝昌县县城	小城镇
	总体指标比较			
"幸福类"居民比例	55	58	71	61
	分量指标比较			
社会信心	38	47	64	47
知足充裕	43	47	59	47
收入满意度	27	30	55	23
人际交往	44	43	55	55

注：①所有结果四舍五入。②将问卷中"同意"转换为"幸福"，各百分比指"幸福类"居民所占比例，"幸福"指"同意"和"非常同意"两类之和。

表8-3主要对大、中、小城市及小城镇居民总体主观幸福感均值及分量指标均值进行比较。结果表明，小城市居民在总体主观幸福感及分量指标社会信心、收入满意度、人际交往和家庭气氛上得分均高于大中城市和小城镇。

表8-3　　　　　大、中、小城市及小城镇居民总体主观
幸福感和分量指标得分均值比较

	武汉市	孝感市	孝昌县县城	小城镇
	总体指标比较			
总体主观幸福感	4.39	4.37	4.64	4.46
	分量指标比较			
社会信心	3.71	4.02	4.31	3.9
收入满意度	3.39	3.37	4.22	3.05
人际交往	3.96	3.92	4.25	4.05
家庭气氛	5.09	5.04	5.22	5.05

"幸福类"居民比例比较及均值比较表明，小城市居民相对于大中城市和小城镇居民幸福感要强。为探究大、中、小城市及小城市居民主观幸福感得分均值差异是否显著，下文进行了独立样本 t 检验，检验结果显著，则表示均值存在显著差异。表 8-4 显示，小城市居民总体主观幸福感强于大城市。分量指标上，小城市在社会信心、收入满意度、人际交往和家庭气氛上得分显著最高，人际交往得分显著高于大中城市。

表 8-4　主观幸福感独立样本 t 检验结果（小城市与其他各地对比）

	武汉市	孝感市	小城市
总体主观幸福感	0.026 **	0.152	0.153
社会信心	0.000 ***	0.023 **	0.004 ***
收入满意度	0.000 ***	0.000 ***	0.000 ***
人际交往	0.000 ***	0.007 ***	0.192
家庭气氛	0.083 *	0.073 *	0.034 **

注：① *** 表示 1% 的显著性水平，** 表示 5% 的显著性水平，* 表示 10% 的显著性水平；结果显著，则表示小城市得分更高。②本表仅列示比较中结果显著情况，如需全部计算结果可另行提供。

通过比较大、中、小城市及小城镇"幸福类"居民所占比例、得分均值及进行独立样本 t 检验发现，小城市居民主观幸福感最高。分量指标中，小城市在社会信心、收入满意度、家庭气氛三项上得分显著最高。总而言之，不同规模城市及小城镇居民主观幸福感比较中，小城市在总量指标和分量指标中均表现出显著优势。

第三节　主观幸福感与基本公共服务
内在联系研究

有关主观幸福感与基本公共服务内在联系的研究现有文献很少涉及，但基本公共服务水平会影响人们的生活质量，如彭代彦、赖谦进的研究表明，农村基础设施建设有助于提高农户的生活满意度。本章基于这一思路，运用有序 Probit 模型，进一步研究基本公共服务满意度对居民主观幸福感的影响。

一　模型选择

主观幸福感的特点同生活满意度一样，都是非连续序数变量，而有序 Probit 模型就是处理离散变量的计量模型，可以用于主观幸福感影响因素的分析，因为此模型系数不是解释变量对主观幸福感的边际效应，而是影响居民回答"觉得自己是个幸福的人"概率的高低。但是，有序 Probit 模型的回归系数只能表示自变量对因变量的影响方向，参数大小没有直接的经济意义。为更好地解释自变量对居民主观幸福感的影响，还需要进行边际分析，边际效应代表其他变量取均值时，该变量变动一个单位对自变量取特定值的概率的影响。因此，我们选用有序 Probit 模型进行边际分析。

二　变量描述及实证分析

沿用彭代彦和赖谦进在基础设施对农户生活满意度的影响研究中使用的控制变量类型，并根据实际调查情况稍作调整，主要包括个体特征（包括年龄、性别、职业、教育、婚姻状况、对未来收入预期）、经济状况变量（包括个人年收入、住房自有与否）和社会关系变量（包括朋友多少）。被解释变量是居民主观幸福感，主要考察的解释变量为基本公共服务满意度。基本公共服务包含的内容如医疗、交通、治安、教育、休闲等都会影响人们日常生活的各个方面。因此，理论上说，基本公共服务满意度与居民主观幸福感正相关。

将大、中、小城市及小城镇问卷结果汇总后，采用 OPM 进行回归。模型中，个体特征类变量如年龄直接用被调查者年龄；性别是虚拟变量，男性赋值为 1，女性为 0；婚姻状况为虚拟变量，已婚为 1，未婚为 0；受教育程度根据受教育的年限，按照小学、初中、高中、大专、本科、硕士至博士及以上依次赋值 6、9、12、15、16、19、21。经济状况类变量如未来收入预期从很不稳定、不稳定、一般、稳定、很稳定依次赋值 1、2、3、4、5；个人收入采用年收入代替；自有住房有否为虚拟变量，有则赋值为 1，没有赋值为 0。社会关系变量根据调查问卷中"觉得自己的朋友不比别人少"6 个回答层次非常不同意、不同意、有点不同意、有点同意、同意和非常同意依次赋值 1—6。公共服务总体满意度赋值根据非常不满意、不满意、有点不满意、不清楚、有点满意、满意和非常满意依次赋值"1、2、3、3.5、4、5、6"。调查问卷剔除数据有遗漏的样本后，剩下 1108 个样本。回归分析结果及边际分析结果见表 8 – 5，表中第一列表示有序响应模型总体回归，回归系数用来判断解释变量对被解释变量的影响方向，后 6 列为边际分析，即解释变量变动 1 个单位对被解释变量取某个特定值（如 1、2、3、4、5、6）的影响。

表 8 – 5　　　　　　　　　　　主观幸福感影响因素分析结果

主观幸福感	Pr（1）	Pr（2）	Pr（3）	Pr（4）	Pr（5）	Pr（6）
收入预期	0.183 ***	− 0.007 ***	− 0.017 ***	− 0.024 ***	− 0.024 ***	0.030 ***	0.041 ***
	(5.19)	(− 3.72)	(− 4.63)	(− 4.81)	(− 4.74)	(4.72)	(5.1)
住房	0.063	− 0.002	− 0.006	− 0.008	− 0.008	0.011	0.014
	(0.83)	(− 0.79)	(− 0.81)	(− 0.82)	(− 0.84	(0.80)	(0.84)
人际交往	0.086 ***	− 0.003 ***	− 0.008 ***	− 0.011 ***	− 0.011 ***	0.014	0.019
	(3.46)	(− 2.92)	(− 3.28)	(− 3.33)	(− 3.32)	(3.3)	(3.4)
公共服务	0.189 ***	− 0.068 ***	− 0.017 ***	− 0.025 ***	− 0.025 ***	0.031 ***	0.042 ***
	(8.12)	(− 4.52)	(− 6.3)	(− 6.8)	(− 6.71)	(6.60)	(7.78)

注：括号中为 t 统计量，* 指 $p < 0.05$，** 指 $p < 0.01$，*** 指 $p < 0.001$。

从表 8 – 5 中边际分析可以看出，居民基本公共服务满意度上升 1 个单位，居民觉得非常不幸福、不幸福、有点不幸福和有点幸福的概率依次降低 6.78%、1.73%、2.48% 和 2.47%，而觉得幸福和非常幸福的概率提升 3.1% 和 4.2%。相比对未来收入预期、人际交往满意度而言，公共服务满意度提升 1 个单位使得居民觉得幸福、非常幸福的概率提升幅度最大，即公共服务满意度对居民幸福感的影响程度更大。

总体而言，对未来收入的预期，人际交往、基本公共服务满意度对居民主观幸福感有正向影响，基本公共服务满意度的提升能够在很大程度上增加居民的幸福感。

本章小结

本书是首次尝试对城市圈内各城市及小城镇公共服务满意度和主观幸福感进行横向比较的研究,以武汉及其周边中小城市孝感、孝昌县县城及孝昌县境内的一些农村小城镇作为武汉城市圈代表,从多个方面,定量比较分析大、中、小城市和农村小城镇居民主观幸福感,方法上运用独立样本 t 检验比较样本均值,运用有序 Probit 模型分析主观幸福感的影响因素。

本章的重要结论是:

第一,从总体指标来看,小城市居民主观幸福感最强。

第二,分量指标上,小城市居民社会信心、收入满意度和家庭气氛三项得分显著最高,人际交往得分高于大中城市。这是小城市居民主观幸福感最强的重要原因。

第三,计量分析表明,居民公共服务满意度显著影响居民主观幸福感。因此,从政策层面上看,城镇化过程中,我国需要发展小规模城市,加强基本公共服务建设,从而增强居民主观幸福感。

第九章 攀比性住房消费与城镇居民主观幸福感

在城镇化问题上，住房政策影响深远（Dwight Perkins，2012）。解决好住房问题，不仅关系到农民工市民化的顺利推进和城镇化质量的有效提高，也关系到全体中国人民的福祉。当前住房问题已经成为中国社会各界最为关注的民生问题之一，虽然近几年来我国城乡居民人均住宅面积有了大幅提高①，但是，绝对人均住宅面积的提高一定意味着居民幸福感的增加吗？随着城镇化的快速发展，我国城镇居民尤其是大城市居民在住房上的差距越来越大。在北京、上海、天津、杭州等巨型城市和特大城市，一些先富起来的人居住在豪华别墅里，而另一些人包括刚毕业的大学生居住在城市蜗居内或城乡接合部的"贫民窟"内，绝大多数农民工居住在简陋的住房里。住房是一种显示性财产，也是中国居民最重要的物质财富，不断拉大的居民住房差距在造成居民财富差距不断拉大的同时，可能对居民主观幸福感造成重要影响，进而影响经济增长的本质目标。

本章将采用课题组的问卷调查数据，研究我国居民住房消费的攀比性及其对居民主观幸福感的影响，以期为我国城市的住房政策提供指导，更好地促进我国城镇化和城镇化质量的提升。

---

① 我国农村居民人均住房面积1978年为8.1平方米，1990年为17.8平方米，2000年为24.8平方米，2011年为36.2平方米，2012年为37.1平方米，数据摘自《中国统计年鉴（2013）》；城镇居民人均住房面积2002年为24.5平方米，2011年为32.7平方米，2012年为32.9平方米，数据摘自《中国发展报告（2013）》。

第一节 本章理论假设

住房消费具有比较明显的攀比性。当某人亲戚朋友、周围熟人的住房面积都不到 30 平方米，但他的住房面积已经达到 60 平方米，那么他也许会觉得自己的房子非常宽敞；但是，如果他的亲戚朋友都住进了 120 平方米的房子，即使他也从 60 平方米的住房搬进了 80 平方米的住房，则他仍然可能会觉得自己的房子狭小、不舒适。

在经济学中，这种消费攀比现象被称为 Catching up with the Joneses，它由杜森伯里（Duesenberry）在对消费数据进行截面分析和时间序列分析时引入。杜森伯里（1949）和莱宾斯坦（Leibenstein，1950）提出的相对收入假设认为，人们在消费上互相影响，居民的消费具有强烈的模仿性和追求更高生活水平的倾向。当经济中存在消费相互攀比时，个体的偏好不仅同他自己的消费量有关，还同社会中他人的消费水平或经济中的平均消费水平有关；个体的效用与自身的收入和消费水平正相关，也与参照群体的平均收入和消费水平（或攀比水平）负相关（Easterlin，1995）。拉维纳（Ravina，2005）使用美国加利福尼亚州 1999 年第三季度至 2002 年第三季度的微观消费数据证明了居民的消费会受其所在城市平均消费水平的影响；Fafchamps 和 Shilpi（2008）使用尼泊尔 1995—1996 年的数据证明了当地居民所在地区平均消费水平对其主观消费充足量有显著的正面影响，并由此认为，地区平均消费水平对居民的幸福感也存在显著影响。

但是，如果居民的住房消费存在攀比性，居民会仅仅满足于和其所在群体的平均水平攀比吗？希尔斯奇（Hirsch，1976）、弗兰克（Frank，1985，1999）提出，有些商品如珠宝、汽车、住房等相对于其他商品如食品、保险、闲暇等是更加能显示消费者地位的，消费者对这类商品进行炫耀性消费以显示其财富并由此感到满足（Ireland，1994，2001；Bagwell and Bernheim，1996）。居民的住房也属于显示性财产，如果居民的住房面积仅仅与其亲友的平均水平相当，则只能为其提供基本的满足和尊重，但居民无从炫耀；只有当居民的住房面积高于亲友中的平均水平甚至处于领先地位时，居民才能通过住房显示其财富水平并由此得到荣耀。因此，向上攀比是更可能出现的现象，即居民更倾向于和其住房条件较好的亲友进行攀比；而当居民由于购买力约束无法实现这种追求时，居民的主观幸福感会受到负面影响。

另外，攀比性消费对居民主观幸福感的影响可能是非对称的。Faf-champs 和 Shilpi（2008）将居民收入按在地区平均水平之上和之下分为两组，发现地区平均消费水平对两组居民的影响都是显著的，而我们则根据住房条件将居民分组，并发现当实际消费超过亲友消费的较高水平的个体可能不再受向上攀比效应的影响，即当居民的住房消费已经处在其亲友的领先水平时，即使再扩大其与亲友平均水平的差距，居民的主观幸福感也不再会增加。因为此时居民在住房消费的需求已经完全满足，边际效用递减规律发挥作用，居民在其他方面（如情感、友谊等）的需求可能会在效用函数中发挥主导作用，而住房甚至从其效用函数中消失。

本章研究分为两个方面：一是中国居民住房消费是否受到住房条件较好的亲友住房面积的影响，即中国居民住房消费是否存在攀比性；二是住房消费的攀比性与居民主观幸福感的关系。

在研究过程中，我们力求做到科学性。第一，控制尽量多的相关因素。格林布拉特和克鲁哈居（Grinblatt and Keloharju，2008）提出，不能因为邻居消费相似就认为居民的消费行为是相互影响的，可能存在不可观测的因素造成了这种趋同。因此，本章使用尽可能多的相关控制因素，并首先证明居民住房消费会受到其亲友和同事住房条件较好者的影响，之后又证明了两者之间的差距会影响居民主观幸福感；如果仅仅是因为不可观测的因素（如相同的消费习惯）而非攀比造成居民住房消费会受其亲友和同事影响，则居民和其同事的住房消费差距并不会影响居民主观幸福感。第二，本章选用居民住房面积代表居民住房消费水平，从而有效地避免了测量偏误。住房面积是直观的，居民在被调查时可以回答准确的面积，不存在调查偏误。

本章研究的创新性在于：第一，国外文献关于居民自有住房影响其主观幸福感的研究主要集中在六个方面，包括居民家庭资产组合和财富积累水平（Davies et al.，2011）、居民社会参与行为（Kingston，Fries，1994）、儿童成长和教育质量（Haurin et al.，2002）、居民健康状况（Nettleton，Burrows，1998）、居民心理感受（Balfor，Smith，1996）和居民生活质量（Bucchianeri，2009）；而国内学者大部分认同住房产权对于幸福感具有正向效应，认为住房可以抵御经济困难，得到收入回报，提供经济安全（李涛等，2011）。本章证明了住房消费通过攀比效应影响对居民主观幸福感产生显著的负面影响，居民住房面积与其亲友中住房条件较好者住房面积相差越大，居民幸福感越低。第二，本章发现，住房攀比性对居民主观幸福感的影响是非对称的，当居民的住房消费已经处在其亲友的领先水平时，即使再扩大其与亲友平均水平的差距，居民的主观幸福感也不再会增加。这意味着过大的住房面积"对他人有害，对自己无益"。

第二节 实证分析方法

一 数据来源

相对于宏观数据，微观数据更适用于考察社会、经济和人口结构因素对居民住房需求的影响（Stoker，1993；Ermisch，1996）。我们采用来自华中科技大学城乡创新发展课题组（以下简称"课题组"）的城乡居民基本生活情况调查的微观数据。[①] 课题组于 2013 年 7—8 月与武汉市客流量较大的几家大型超市（包括武汉家乐福光谷店、武胜路店、中百仓储友谊路店、阅马场店及吉田路店）进行沟通，在每日客流高峰时期（晚六点至晚八点）对排队等待付款的顾客每隔五名进行访谈调查以保证样本具有代表性和随机性。由于受访顾客不具名，调查结束后双方几乎永无见面可能，因此，受访者不必担心个人隐私暴露于他人，可以更放心地披露个人真实信息；同时，受访者在排队等待的十几分钟内无其他事可干，在我们说明调查目的仅为纯粹的经济学研究后，被拒绝的可能性大为降低了。访谈对家庭住房消费进行了详细调查，问题包括："您在本市的住房面积是多少？""您觉得您本市的亲朋好友中，住房条件较好的人平均住房面积是多少？"等。我们采用居民在本市的住房面积作为居民住房需求的衡量指标，采用居民亲朋好友和同事中住房条件较好的人平均住房面积作为居民住房消费攀比性的衡量指

---

① 课题组于 2013 年 7—8 月在武汉市进行了调查，共回收有效问卷 480 份。

标。该调查中还包括问题："是否认为自己是一个非常幸福的人？"居民以 1—6 分分别表示为其主观幸福感打分，1 分表示很不幸福，6 分表示很幸福。我们采用居民对该问题的答案作为居民主观幸福感的衡量指标。另外，调查数据对每个受访者的个人信息也进行了细致的调查，包括居民年龄、受教育水平、收入情况、婚姻状况、就业状况等。这些信息为研究住房需求的攀比性提供了很好的数据基础。

二　计量模型

沿用了新古典消费行为理论分析框架，设定模型为：

$$hsp = f(y, \ p, \ X, \ feq) \tag{9.1}$$

借鉴格林和亨德肖特（Green and Hendershott，1996）、Fontenla 和 Gonzalez（2009）及其他学者的研究，计量模型如下：

$$\ln hsq = \beta_0 + \beta_1 \ln feq + \beta_2 \ln y + \beta_3 \ln p + \gamma X + \varepsilon \tag{9.2}$$

式中，hsq 表示居民住房需求，取居民在本市住房面积；feq 表示用于衡量居民住房在多大程度上受攀比性影响，取本市亲朋好友中，住房条件较好的亲友的平均住房面积。选取住房条件较好的亲友的平均住房面积而不选取所有亲友的平均住房面积是因为在考察后者对居民住房需求的影响时，无法确定这种影响是由攀比性导致还是由相似的消费习惯导致，而前者对居民住房消费的影响显然更可能通过攀比性效应作用。y 表示居民收入，取居民的家庭年收入，用于衡量居民住房在多大程度上受收入影响；p 表示居民所住小区周边房价，此处假设居民购买住房时不存在置换成本，因此用所住小区周边房价作为居民住房消费的价格；ε 表示随机变量。

X 表示一组控制变量，构成如下：

age 表示居民的年龄，age^2 表示居民年龄的平方项。年龄对住房需求存在影响，年轻人特别是进入婚龄期的年轻人，有追求住房豪华、美观、舒适的欲望，住房需求较大，而老年人住房的凑合心理较强，住房需求较小（姜长云，1999）。我国居民个人住房需求面积从 20 岁后开始快速上升，直到 50 岁后住房需求面积开始下降（陈斌开、徐帆等，2012），个人住房需求面积与年龄呈现倒"U"形曲线变化，因此，在控制变量中引入年龄与年龄的二次项。

edu 表示居民的教育水平，用一组虚拟变量表示，教育的差别可能影响居民的住房需求（Green and Hendershott，1996），因此，将教育水平引入控制变量。

gender 表示居民的性别，mar 表示居民的婚姻状况，性别差异与婚姻状况对住房需求也存在影响，尤其我国有男性青年结婚时准备婚房的传统，因此，将性别与婚姻状况引入控制变量。

child 表示居民子女个数，子女个数越多，居民住房需求可能越大，因此，将子女个数引入控制变量。

在攀比性住房消费对居民主观幸福感的研究中，设定模型为：

$$Happy = f(req, y, PRESONAL) \tag{9.3}$$

式中，req 衡量居民住房消费的攀比性对居民主观幸福感的影响，取居民住房条件较好亲友平均住房面积/居民住房面积，我们将此变量定义为相对住房面积，在后文中均采用此表述；$PERSONAL$ 为居民个人特征变量，包括性别、年龄、文化程度、婚姻状况和子女数。[①] 被解释变量 $Happy$ 为排序变量。在排序模型中，有一个观测不到的连续变量 y_i^*，代表个体 i 在做选择时得到的效用，$y_i^* = x_i\beta + v_i$，式中，x_i 为所有解释变量，β 为待估参数，v 是正态分布的误差项。观测不到 y_i^*，只能观测个体 i 的选择 y_i，这是一个离散的排序数据，如居民主观幸福感。

设 $Happy^*$ 为无法观测的潜变量，代表居民的实际效用，则有：

$$Happy = \begin{cases} 1, & Happy^* \leqslant r_1 \\ 2, & r_1 < Happy^* \leqslant r_2 \\ 3, & r_2 < Happy^* \leqslant r_3 \\ 4, & r_3 < Happy^* \leqslant r_4 \\ 5, & r_4 < Happy^* \leqslant r_5 \\ 6, & r_5 < Happy^* \end{cases} \tag{9.4}$$

式中，r_i 为切断点，有 $r_1 < r_2 < r_3 < r_4 < r_5$。即当受访者的幸福感 $Happy^*$ 低于一定临界值 r_1 时，会感到"很不幸福"；高于临界值 r_1 但低于临界值 r_2 时，会感到"不幸福"；高于临界值 r_2 但低于临界值 r_3 时，会感到"有点不幸福"；高于临界值 r_3 但低于临界值 r_4 时，会感到

---

① 大量研究表明，影响居民主观幸福感的因素主要有两类：一是个人特征，包括性别、种族、健康、年龄、婚姻、教育、乐观度、宗教信仰和欲望等；二是微观经济变量，包括收入、劳动付出、就业状况、雇用状态和企业所有权等（彭代彦、赖谦进，2008）。

"有点幸福"；高于临界值 r_4 但低于临界值 r_5 时，会感到"幸福"；高于临界值 r_5 时，会感到"很幸福"。我们无法观察到这些 $Happy^*$ 的临界值，受访者回答"很不幸福"取 1，"不幸福"取 2，"有点不幸福"取 3，"有点幸福"取 4，"幸福"取 5，"很幸福"取 6。

表 9-1 给出了解释变量和被解释变量的统计描述，这些解释变量在现有关于我国住房消费与居民主观幸福感的研究或本章的实证分析中被证明是重要的。

表 9-1　　　　　　　　　　变量名与其统计描述

变量	单位或定义	变量名	平均值	标准差	最小值	最大值
A 解释变量						
家庭年收入	万元	y	11.82	11.10	0.8	100
周边小区住房价格	元/平方米	p	7733.8	2906.5	900	30000
性别	男性 =1，女性 =0	gender	0.56	0.50	0	1
年龄	岁	age	34.39	11.04	18	70
教育程度						
小学及以下	小学及以下 =1，否则 =0	edu0	0.01	0.11	0	1
初中	初中 =1，否则 =0	edu1	0.10	0.31	0	1
高中（含中专、职高）	高中 =1，否则 =0	edu2	0.21	0.41	0	1
大专	大专 =1，否则 =0	edu3	0.23	0.42	0	1
本科	本科 =1，否则 =0	edu4	0.36	0.48	0	1
硕士	硕士 =1，否则 =0	edu5	0.07	0.25	0	1
博士及以上	博士及以上 =1，否则 =0	edu6	0.01	0.10	0	1
婚姻状况	已婚 =1，非已婚 =0	mar	0.65	0.48	0	1
子女个数	个	children	0.71	0.70	0	5
本市住房条件较好的亲朋好友的平均住房面积	平方米	feq	130.05	64.52	20	800
相对住房面积	feq/hsq	req	1.92	1.62	0.25	13
B 被解释变量						
个人在本市住房面积	平方米	hsq	90.81	60.76	10	600
居民主观幸福感	很不幸福 =1，不幸福 =2，有点不幸福 =3，有点幸福 =4，幸福 =5，很幸福 =6	Happy	4.42	1.23	1	6

第三节　实证分析结果

一　基本回归结果及分析

表 9 - 2 中，回归 1 是以居民住房面积的自然对数为被解释变量，采用 OLS 方法得到的回归分析结果，其中，控制了收入、住房价格及其他变量，以女性、教育水平在小学及以下、非已婚为基准组，考察了全体样本，发现住房条件较好的亲友平均住房面积对居民住房面积影响显著为正。

表 9 - 2　　　　　　　攀比性住房与主观幸福感实证结果

解释变量	因变量：lnhsq		因变量：Happy					
	全部样本	hsq ≤ feq	全部样本		hsq ≤ feq		hsq > feq	
	回归 1	回归 2	回归 3	回归 4	回归 5	回归 6	回归 7	回归 8
lnfeq	0.490***	0.682***						
	(6.29)	(9.44)						
Hsq			0.003		0.007**		0.254	
			(1.44)		(2.30)		(0.61)	
Req				-0.141**		-0.125**	-0.004	-0.626
				(-2.57)		(-2.21)	(-1.05)	(-0.35)
lny	0.221***	0.163***	0.410***	0.415***	0.357**	0.415***		0.208
	(5.59)	(3.91)	(3.01)	(3.16)	(2.43)	(2.94)		0.42
lnp	-0.088	-0.084						
	(-1.64)	(-1.64)						
样本量	460	397	460	460	397	397	63	63
R²	0.29	0.35	0.023	0.026	0.028	0.028	0.052	0.046

注：①回归剔除了个人收入与居民住房面积的异常值；②回归 1 至回归 4 使用 OLS 回归中，括号内的数据是稳健 t 统计值，回归 5 至回归 8 采用最大似然法进行估计，括号内数据为 z 统计值，** 和 *** 分别表示在 5% 和 1% 的显著性水平下显著；③回归的控制变量系数估计值未完全报告，全部回归结果请向笔者索取。

当居民自身住房面积在亲友中处于较高水平时，即居民自身住房面积大于住房条件较好的亲友住房面积（hsq > feq）时，这部分居民本身是其亲友攀比的对象，而自身可能不会与住房条件较差的亲友去攀比住房，因此回归2中剔除了这部分样本，发现 feq 对居民住房面积影响仍然显著为正，弹性约为0.7，说明剩余的样本中居民表现出了更强烈的攀比性，居民倾向于向住房条件较好的亲友攀比住房面积，即我国居民住房面积需求表现出向上的攀比性。

收入对数的系数衡量居民住房消费的收入弹性，比较可以发现，条件较好的亲友平均住房面积对居民住房面积需求的影响更甚于居民家庭收入对住房需求的影响。

回归3至回归8是在控制其他相关变量后，使用 Ordered Logit 模型分别考察居民自身住房面积与相对住房面积对其主观幸福感影响的回归结果。

回归3、回归5、回归7考察的是居民自身住房面积对其主观幸福感的影响，发现当居民实际住房面积不超过其条件较好亲友住房面积时，其住房面积对主观幸福感有显著影响，但是，当其住房面积超过其条件较好亲友住房面积时，其住房面积不再增加其主观幸福感。

回归4、回归6、回归8考察的是相对住房面积对居民主观幸福感的影响。在全体样本中，相对住房面积的系数显著为负，表明当居民住房面积与住房条件较好的亲友平均住房面积差距越大，居民越倾向于感到非常不幸福，当居民住房面积与住房条件较好的亲友平均住房面积越接近，居民越倾向于感到非常幸福。回归6剔除了作为被攀比对象（即住房面积 > 住房条件较好亲友平均住房面积的部分）的居民，也发现居民住房与其亲友的差距对居民的主观幸福感存在显著为负的影响；回归8考察了住房面积处于领先水平的居民的主观幸福感，发现相对住房面积不再对这部分居民有影响。

二　稳健性检验结果及其分析

年龄、年龄的二次项、性别、子女数以及教育的各项虚拟变量在表9-2回归1、回归2中都不显著，把这些变量从模型中去掉，进行 OLS 回归，住房条件较好的亲友住房面积对居民住房面积影响仍然显著为正，且其弹性仍大于住房需求的收入弹性。

使用 Ordered Probit 模型考察主观幸福感，仍然发现居民住房面积和其住房条件较好亲友平均住房面积差距对居民的幸福感有显著的负面影响，而当其住房面积已经在亲友中处于领先地位时（q > xqd），其和亲友的住房面积差距不再影响其主观幸福感。

同时考虑居民实际住房面积和相对住房面积对居民主观幸福感的影响①，发现在全体样本和相对住房面积≤1 与相对住房面积 >1 的样本中影响均不显著，而相对住房面积在全体样本和相对住房面积≤1 样本中均对居民主观幸福感有显著的负面影响，在相对住房面积 >1 样本中则对主观幸福感没有显著的影响。

综上回归分析结果，可以认为：

（1）我国居民的住房需求存在向上攀比性，且攀比性的影响甚于收入的影响。居民倾向于与住房条件较好的亲友攀比，其条件较好的亲友住房面积越大，居民的住房面积需求也越大。

（2）住房消费的攀比性对我国居民的主观幸福感有显著的负面影响。居民住房面积与其攀比的对象住房面积差距越大，居民越倾向于对生活感到非常不幸福；然而，当居民的住房面积超过其亲友中住房条件较好者的住房面积的，即使再扩大其与亲友差距也无法增加其主观幸福感。

本章小结

杜森伯里的相对收入理论阐述了消费者会收到其他消费者行为的影响，本章研究表明，我国居民的住房需求存在向上攀比性，其住房需求会受到其住房条件较好的亲友的影响；代表性居民住房消费对其亲友中住房条件较好者住房面积的弹性约为 0.7，远大于对收入的弹性（0.16—0.22）。

关于住房幸福感的实证研究进一步发现，攀比性住房消费对居民主观幸福感产生了显著的负面影响，居民住房面积与其亲友中住房条件较好者住房面积相差越大，居民幸福感越低；然而，如果代表性居民的住房面积超过其亲友中住房条件较好者的住房面积，再扩大其与亲友住房

---

① 回归中使用实际住房面积 hsq 的对数对相对住房面积 req 的残差作为解释变量进行回归，以排除共线性；所有稳健性检验结果均未报告，感兴趣的读者请向笔者索取。

面积差距并不会增加其幸福感。这意味着，过大的住房面积"对他人有害，对自己无益"。对此，政府应当采取相应措施限制居民购买过大面积的房产，一个可行的手段是按面积征收房产税。

北京大学中国社会科学调查中心发布的《中国民生发展报告（2014）》显示，1995 年，我国财产的基尼系数为 0.45，2002 年为 0.55，2012 年，我国家庭净财产的基尼系数达到 0.73，财产不平等程度近年来呈现升高态势，明显高于收入不平等。我国居民财富的 70% 表现在房产，巨型城市持续膨胀、房价过高，大、中、小城市发展失衡，加剧了巨型城市有房阶层和无房阶层的财产差距，降低了城镇居民的主观幸福感。通过大、中、小城市均衡发展，有助于减少居民财产差距，减少住房差距引起的居民幸福感下降。

第十章　城市规模、房价与居民收入差距

第一节　中国的城镇化道路与居民收入差距

城镇化和收入差距是中国经济持续健康发展面临的两个重大问题。中国正处在快速城镇化过程中，2000—2012 年，我国城镇化率由 36.1% 上升到 52.6%，年均城镇化速度超过 1 个百分点，这意味着我国每年有超过 1300 万的农村人口转变为城镇人口。城镇化不仅通过扩大当期的投资和消费拉动内需，而且也关系我国经济的长期发展和十几亿中国人民的长期福祉。李克强总理多次指出，中国未来几十年最大的发展潜力在于城镇化。

但是，关于我国城镇化道路颇有争议，在理论上远未达成共识，在实践中还处于"摸着石头过河"的现象。主要观点有：①主张小城镇战略。如官锡强（2007）、段进军（2007）、许经勇（2006）、陈淮（2011）。②主张大城市甚至特大城市战略。如王小鲁（2002、2010）、杨波等（2006）、刘永亮（2009）、陆铭（2011）。③主张城市群发展战略。如李京文（2008）。④主张多样化城镇化战略，完善大中城市规模、发挥中心城市作用，重点发展中心城镇、县城镇，推进各类城镇协调发展，形成合理的城镇体系。如姚士谋等（2010）、范红忠（2010）等。近年来，在学术界和政府实际工作部门，城市群战略似乎取得了主流地位，但是，城市群是在具体城市规模上一个比较模糊的概念，在城市群内部仍然存在一个是重点发展大城市，还是重点发展小城市的城镇化道路选择问题。例如，在武汉"8 + 1"城市圈内，是重点发展武汉，还是重点发展城市圈内其他中小城市？这个问题在理论上没有很好地解决，在实践中，湖北省实际上做出了重点发展武汉的战略选择。

尽管我国城镇化取得了快速进展，但是，近十年来，我国的贫富差距不仅没有缩小，反而有进一步扩大的趋势。贫富差距的扩大，不仅影响我国经济长期健康发展，而且也加剧了各类社会矛盾和治安形势，严重影响了我国社会的安定团结和人民生活。很多学者从不同角度研究了我国的贫富差距问题。例如，李实和罗楚亮（2011）研究发现，我国居民的收入差距持续走高，这种日益扩大的收入差距对经济增长以及社会公正提出了严峻的挑战。陈斌开（2009）研究发现，教育是导致我国居民收入差距拉大的重要原因；Deng 和 Li（2009）以及陈钊等（2010）运用中国居民收入课题组数据（CHIP 数据）对城镇居民的收入进行分解，认为区位因素是我国城镇居民收入差距扩大的重要因素。[①] 万广华（2013）将我国收入差距分解为城乡、城市内部和农村内部的差距，研究发现，近年来，我国城乡收入差距在缩小，而城市内部的收入差距在扩大。

第二节　本章理论假设：城市规模和居民收入差距的关系

一　农民工工资同城市规模的关系

根据国家统计局 2011 年对全国 31 个省份、899 个县、近 20 万农民工的调查数据，分区域看，东部、中部和西部外出农民工的月均收入分别为 2053 元、2006 元和 1990 元；分城市等级看，在直辖市、省会城市、地级城市、县级市和建制镇工作的农民工的月均收入分别为 2302元、2041 元、2011 元、1982 元和 1961 元（国家统计局，2012）。从这些数据来看，农民工工资与其工作所在的城市规模和区域没有显著的关系。

农民工的工资与其打工的城市规模无关，并不难理解。因为在我国，相对于城市房价而言，农民工的工资很低。然而，尽管绝大多数农

① Deng 和 Li（2009）的研究背景为企业改革引起所有权地位变化，陈钊等（2010）则着重分析了行业间不平等的作用，两者使用的都是 CHIP1988 年、1995 年和 2002 年的数据，而我们使用的是 CHIP2002 年和 2008 年的数据。

民工的工资不可能在城市买房置业，也不可能在城市租住体面的住房，但是，经过若干年的积累，很多农民工的工资却足以使其在家乡农村盖起比较体面的"小洋楼"。在这种情况下，绝大多数农民工形成了"城市打工挣钱、农村盖房消费"的行为模式。他们到城市打工的主要目的，是挣取更多的名义收入回家盖房消费。而且，在农村这个熟人社会里，农民工之间在住房和耐用品消费上具有很强的攀比心理，这强化了其"城市打工挣钱、农村盖房消费"的行为模式。

于是，在中国出现了一个非常独特的现象：一方面，农民工在家乡的居住条件空前改善，随着数以亿计的农民工进城，我国农村不断地出现一栋栋农家"小洋楼"；另一方面，农民工在城市居住条件十分简陋。制造业农民工一般居住在厂方修建的简陋的集体宿舍内，这些宿舍通常是免费的或收取较低的租金。城市规模越大，一间宿舍居住的农民工数量可能越多。很多从事个体经营的农民工晚上就居住在白天工作的门店内；很多从事建筑行业的农民工居住在免费的临时工棚内；还有很多农民工选择居住在偏远的城乡接合部的农村或十分拥挤的城中村，在这些地方居住，虽然缺乏必要的公共服务设施，卫生环境恶劣，也可能需要花费很长的上下班交通时间，但是租金低廉，这些地方可以称为中国式"贫民窟"。①

"城市打工挣钱、农村盖房消费"的行为模式决定了农民工的跨区域流动特征，即流向名义工资最高的城市，而不在意城市的房价和城市规模，因为，当回家乡盖房消费时，无论是在大城市工作的农民工，还是在小城市工作的农民工，都面临着相同的房价和生活成本。

最终，农民工跨区域流动特征导致在大、中、小城市农民工的名义工资相等。换言之，农民工工资与其工作所在城市房价是脱钩的。如果某个小城市农民工的名义工资低于大城市，追求更多名义收入以回家盖房消费的农民工将纷纷放弃该小城市，该小城市将招不到足够的农民工。虽然大城市房价远高于小城市，但是，对于愿意居住在"贫民窟"的农民工而言，大城市的高房价并不能阻止他们追求更高名义工资的热

---

① 根据城市经济学理论，大城市城乡接合部农村的住房租金和小城市城乡接合部农村的住房租金是一样的，只是大城市可能要花费更长的上下班时间，但根据农民工的行为模式，相对于金钱，农民工对时间并不看重。

情。为了挣取更多的名义收入，他们宁愿居住在简陋的工地、集体宿舍。

大、中、小城市农民工的名义工资相等，对中国不同规模城市居民的收入差距产生了重要影响，人口规模越大、房价越高的城市，城市居民的收入差距越大，那么，发展中小城市的新型城镇化建设显得必要。

二　农民工对城市居民中普通劳动力工资具有拉平作用

我国城市劳动力由进城农民工和城市原居民中的劳动力组成，后者可以进一步区分为城市居民普通劳动力和高素质劳动力。对于城市居民中普通劳动力而言，一方面，进城农民工挤占了大量的就业岗位，压低了他们的工资谈判能力；另一方面，和农民工具有很高的跨区域流动性不同，城市居民中普通劳动力具有很大的跨区域迁移成本。首先，中国大多数城市家庭夫妇两人都需要工作，而夫妇两人同时在一座城市找到满意工作的成本，往往是一个人找到满意工作成本的两倍以上。其次，中国人很注重人脉关系，换一座城市工作，意味着原来建立的人脉关系的丧失，并需要建立新的人脉关系，这是一种不小的情感成本。最后，户籍制度、子女上学、单位福利与在单位工作年限挂钩等制度因素，也增加了城市居民的迁移成本，例如，北京、上海等地考生在高考上的优惠政策，就可能减少了当地居民向其他城市迁移的动力。

与农民工不同，城市居民中普通素质劳动力十分渴望在城市居住体面的住房，他们对城市住房和交通成本的上升极为敏感，但是，由于工资谈判能力低，迁移成本大，大城市居民中普通劳动力在很大程度上并不能要求厂商根据大城市过高的住房和交通成本对其工资进行必要的补偿。实际上，城市居民中普通劳动力的工资已经同农民工的工资相差无几。邢春冰（2008）根据2005年全国1%人口抽样调查数据研究发现，普通素质农民工的工资十分接近普通素质城镇职工的工资。我们对工人工资的调查也发现，在民营企业农民工的工资和城市居民普通劳动力的工资没有差别，即工资与户籍无关，尽管在国有单位正式职工和农民工工资有着很大的差异。简言之，农民工对城市居民中普通劳动力工资的拉平作用，导致城市居民中普通劳动力的名义工资与城市房价脱钩。

三　城市居民中高素质劳动力的名义收入与城市房价直接挂钩

城市居民中高素质劳动力是指具有较高人力资本、在劳动力市场上具有较高的稀缺性，因而具备较强工资谈判能力的劳动力。同样，由于其稀缺性，高素质劳动力在不同城市之间的迁移成本很小，厂商必须根据城市较高的房价和生活成本对高素质劳动力的名义收入进行完全补偿，否则，高素质劳动力就会转向其他厂商，或到迁移到其他城市就业。例如，在激烈的高校竞争中，很多高校对高素质人才展开了激烈的争夺战，不但给出很高的工资，还承诺安排其住房、配偶工作和子女上学等问题。在高科技人才市场、职业经理人市场，大多数企业也纷纷根据城市房价和生活成本对高素质人才提供很高的住房补贴和名义工资。

四　理论假设的提出：城市规模越大、城市居民收入差距越大

（一）农民工的跨区域流动均衡条件

根据上述分析，下面我们进一步用模型表示我国不同类别的劳动力的跨区域流动特征。

代表性农民工的行为模式可以表示如下：

$$\text{Max}: W - C_a - C_b \tag{10.1}$$

式中，W 是农民工的名义工资，C_a 是农民工在城市的衣食等日用生活成本，C_b 是农民工在城市的居住成本，农民工到打工地的路费随着省际交通设施的完善已大为降低，略去不计。

假设农民工及雇用农民工的厂商是大量且同质的，农民工的工资 W 由农民工劳动力市场的总供求关系决定，就单个农民工而言，每个农民工都是农民工市场工资 W 的被动接受者，个体农民工无法改变和决定其工资水平。为了最大化式（10.1），他们唯有选择最小化 C_a 和 C_b。为此，他们愿意居住在工地、简陋的集体宿舍甚至城市的"贫民窟"，以便积攒更多的钱回家乡盖房消费，甚至一些在家乡的攀比性和炫耀性消费。因为，如前所述，当回家乡盖房消费时，无论是在大城市工作的农民工，还是在小城市工作的农民工，都面临着相同的房价和生活成本。W 减去 C_a 和 C_b 的差值构成农民工克服情感成本、体力成本和农村悠闲的生活方式进城打工的激励因素。

农民工的行为模式导致无论在大城市还是小城市，代表性农民工都会选择免费或低廉的居住方式，农民工在大城市和小城市的居住成本很可能是相同的，即使有差别的话，也远远小于大城市和小城市居住体面的住房所需成本之差。

农民工在大城市和小城市之间的流动均衡条件可以表示如下：

$$W_{1A} - W_{1B} = C_{Ab} - C_{Bb} \approx 0 \ll C_{Ah} - C_{Bh} \tag{10.2}$$

式中，W_{1A} 和 W_{1B} 分别表示农民工在大城市 A 和小城市 B 工作的名义工资，C_{Ab} 和 C_{Bb} 分别表示农民工在大城市 A 和小城市 B 的实际居住成本，C_{Ah} 和 C_{Bh} 分别表示在大城市 A 和小城市 B 居住体面的住房所需成本。由于衣食等商品是空间可贸易的，式（10.2）假设农民工在大城市和小城市的衣食等日用生活成本 C_a 是相同的。莫尔顿（1995）发现，居住成本是地区间生活成本差异的最重要因素，式（10.2）隐含地假设在大城市和小城市居住体面住房所需成本之差距 $C_{Ah} - C_{Bh}$ 反映了大城市和小城市过体面生活所需成本之差距。[①]

式（10.2）的重要含义是，农民工在大城市和小城市工作的名义工资与城市规模、城市房价以及居住体面的住房所需的成本无关，相对于大城市和小城市居住体面住房所需成本之差而言，农民工在大城市和小城市工作的名义工资基本相同。简言之，农民工的工资与其打工所在城市的房价无关。

（二）城市居民中普通劳动力和高素质劳动力的跨区域流动均衡条件

用式（10.3）可以表示城市居民中普通劳动力的空间流动特征：

$$W_{2A} - W_{2B} \approx 0 \ll C_{Ah} - C_{Bh} \tag{10.3}$$

式中，W_{2A} 和 W_{2B} 分别表示城市居民中普通劳动力在大城市 A 和小城市 B 工作的名义收入，C_{Ah} 和 C_{Bh} 分别表示在大城市 A 和小城市 B 居住体面的住房所需成本。式（10.4）的含义是：①城市居民中普通劳动力在大城市和小城市工作的名义收入与城市规模、城市房价以及居住体面的住房所需的成本无关。②相对于大城市房价和居住体面的住房所需的成本而言，普通素质劳动力在大城市和小城市工作的名义工资基本是相同的。

城市居民中高素质劳动力的空间流动特征，可以表示如下：

$$W_{3A} - W_{3B} = C_{AL} - C_{BL} \approx C_{Ah} - C_{Bh} \tag{10.4}$$

式中，W_{3A} 和 W_{3B} 分别表示城市居民中高素质劳动力在大城市 A 和

---

① 严格地说，在大城市和小城市居住体面住房所需成本之差距 $C_{Ah} - C_{Bh}$ 小于在大城市和小城市过体面生活所需成本之差距，因为理发、餐饮、幼儿教育等不可贸易服务的价格在大城市可能更高，对于高素质劳动力而言，尤其如此。但是，如果考虑到大城市不可贸易服务价格与大城市土地租金价格存在内在联系，$C_{Ah} - C_{Bh}$ 反映大城市和小城市过体面生活成本所需之差距假设是成立的。

小城市 B 工作的名义工资，式（10.4）的含义是：由于城市居民中高素质劳动力的稀缺性，他们城市间迁移成本低，具有很高的工资谈判能力，大城市厂商必须根据大城市的房价和过体面生活所需之成本对他们在大城市的生活成本进行完全的补偿，才能招聘到足够的高素质劳动力。式（10.4）沿用式（10.2）和式（10.4）的隐含假设。

（三）高素质劳动力和普通劳动力的收入差距

用式（10.4）减去式（10.3），可得大城市 A 高素质劳动力工资 W_{3A} 和普通劳动力工资 W_{2A} 的差距，具体表示如下：

$$W_{3A} - W_{2A} = (W_{3B} - W_{2B}) + (C_{Ah} - C_{Bh}) \tag{10.5}$$

我们以小城市 B 为基准城市，假设其规模和房价 C_{Bh} 保持不变，小城市高素质劳动力和普通素质劳动力收入之差（$W_{3B} - W_{2B}$）也保持不变，则式（10.5）的含义是：大城市高素质劳动力和普通素质劳动力的收入差距（$W_{3A} - W_{2A}$）与城市的房价或住房成本 C_{Ah} 成正比。

严格地讲，这里的住房成本 C_{Ah} 应该是城市 CBD 附近的住房成本。根据单中心城市模型，所有厂商都集中于市中心 CBD，城市的边界是距离 CBD 足够远以至于地租为零的地点。工人可以选择交通成本很低即靠近 CBD 的地点居住，此处房价很高，也可以选择远离 CBD 的地点居住，但交通成本很高。无论代表性工人选择在什么地点居住，其交通和住房成本之和不变（Black and Henderson，1999），因此，这里的 C_{Ah} 作为城市 CBD 附近的住房成本（此处交通成本为零）包含且等于城市其他地点交通成本和住房成本之和。

第三节　城市规模与收入差距关系实证分析

一　数据来源

中国社会科学院经济研究所收入分配课题组（CHIP），分别于 2002 年和 2008 年对中国一些城市居民的家庭收入（包括外来人口）进行了调查，学术界称这一数据为 CHIP 数据。2002 年的 CHIP 数据包括北京、重庆 2 个直辖市以及山西、辽宁、江苏、安徽、河南、湖北、广东、四川、云南、甘肃 10 个省份在内的 68 个大、中、小城市，其中，调查城镇居民 9327 位，城镇外来人口 3269 位，共计 12596 位。2008 年的

CHIP 数据包括上海、重庆两个直辖市，南京、杭州等 7 个省会城市以及无锡、洛阳、绵阳等 10 个地级市，共 19 个城市，其中调查城市居民 7150 位，城市外来人口 6679 位，共计 13829 位。各城市的人口规模和房价数据，分别来源于 2003 年和 2009 年《中国城市统计年鉴》。

二　各城市基尼系数的计算

我们用基尼系数（Gini）衡量各城市居民的收入差距。其计算公式如下[①]：

$$Gini = 1 - \frac{\pi}{u} \tag{10.6}$$

式中，$\pi = \sum_{i=1}^{n} \left[\frac{(V_i)^2 - (V_{i+1})^2}{(V_1)^2} \right] \times I_i, V_i = \sum_{h=i}^{n} W_h, I_1 \geqslant I_2 \geqslant I_3 \geqslant \cdots I_{n-1} \geqslant I_n$；$u$ 是收入 I 的平均值。

采用 CHIP 数据，利用 Stata 软件内含的基尼系数计算软件包分别计算出各个城市的 2002 年和 2008 年的基尼系数。

三　计量模型及分析结果

根据前文提出的理论假设，我们将分别用城市人口和房价作为城市规模的衡量指标。由于我国不同区域的城市发展水平有很大差异，再加上我国统计年鉴上各城市人口常常不包含外来人口，所以，一个城市的人口规模可能难以真实地反映在该城市居住体面住房、过体面生活所需要的成本。相比之下，城市房价更能反映在一个城市居住体面住房、过体面生活所需要的成本，因此，用房价更能反映一个城市真实的规模。我们采用的计量模型如下：

$$Gini_i = \beta_0 + \beta_1 Lpl_i + \varepsilon_i \tag{10.7}$$
$$Gini_i = \gamma_0 + \gamma_1 Lhp_i + \tau_i \tag{10.8}$$

式中，$Gini$ 表示各城市的基尼系数，Lpl_i 表示各城市人口规模的自然对数，Lhp_i 表示各城市的房价。

表 10-1 给出了回归分析结果。采用 2002 年数据，无论是用城市人口还是用房价，都对城市基尼系数有显著的正影响。而且，房价对基尼系数的弹性远超过城市人口规模对基尼系数的弹性，这说明房价更能反映城市体面生活所需之成本。2008 年的 CHIP 数据只有 19 个城市样

---

① 该公式引自《Stata 使用手册 DASP》（Distributive Analysis Stata Package）2.1 版，第 25 页。

本，仅当使用包含农民工在内的全部人口样本时，城市人口规模与基尼系数之间的关系不显著，其他回归无论是城市人口规模还是城市房价，都对城市基尼系数有显著的正向影响。

表 10 – 1　　　　　收入差距与城市规模和房价的回归结果

被解释变量为：基尼系数

	2002 年数据				2008 年数据			
	城镇人口	城镇人口	全部人口	全部人口	城镇人口	城镇人口	全部人口	全部人口
常数项	0.191 ***	0.022	0.197 ***	− 0.035 ***	0.26 ***	0.144	0.305 ***	0.179 *
	(6.75)	(0.27)	(5.58)	(0.36)	(6.80)	(1.48)	(7.93)	(2.00)
Lpl_i	0.018 ***		0.019 ***		0.016 **		0.007	
	(3.47)		(2.97)		(2.40)		(0.98)	
Lhp_i		0.039 ***		0.049 ***		0.025 **		0.019 *
		(3.3)		(3.45)		(2.13)		(1.83)
R^2	0.159	0.143	0.118	0.153	0.253	0.212	0.054	0.165
调整的 R^2	0.141	0.13	0.104	0.14	0.209	0.165	− 0.002	0.116
DW 值	1.604	1.738	1.751	1.856	2.566	1.878	2.557	2.228
样本量	68	68	68	68	19	19	19	19

注：***、**和*分别表示回归系数在1%、5%和10%的显著性水平下显著，括号内为 t 值。

四　稳健性检验

为进一步验证城市规模对收入差距有显著正向影响的结论，我们将对上述结果进行稳健性检验。库兹涅茨倒"U"形曲线假设认为，经济发展（用人均 GDP 表示）与收入差距之间存在倒"U"形关系，故我们的稳健性检验将采用在上述模型中增加人均 GDP 这一解释变量的方法。稳健性检验模型如下：

$$Gini_i = \lambda_0 + \lambda_1 Lpl_i + \lambda_2 Lpgdp_i + \lambda_3 Lpgdp_i^2 + v_i \qquad (10.9)$$

$$Gini_i = \alpha_0 + \alpha_1 Lhp_i + \alpha_2 Lpgdp_i + \alpha_3 Lpgdp_i^2 + \mu_i \qquad (10.10)$$

各城市的人均 GDP 分别来自 2003 年和 2009 年《中国城市统计年鉴》，$Lpgdp_i$ 表示各城市人均 GDP 的自然对数。

考虑到城市人口规模和城市房价分别与城市人均 GDP 之间存在共线性，为解决由此带来的模型估计问题，我们首先将人均 GDP 的自然对数分别对城市人口和城市房价的自然对数进行回归，然后将所得残差分别作为人均 GDP 自然对数的替代变量并代入原回归方程中以消除共线性的影响。具体模型如下：

$$Gini_i = \phi_0 + \phi_1 Lpl_i + \phi_2 Lrpgdp_i + \phi_3 Lrpgdp_i^2 + \xi_i \quad (10.11)$$

$$Gini_i = \eta_0 + \eta_1 Lhp_i + \eta_2 Lrpgdp_i + \eta_3 Lrpgdp_i^2 + \sigma_i \quad (10.12)$$

式中，$Lrpgdp_i$ 为人均 GDP 自然对数的替代变量，即不被城市房价解释部分的人均 GDP。

表 10 - 2 给出了稳健性检验的结果。加入经处理后的人均 GDP 及其二次方之后，除 2008 年在使用包括农民工在内的全部人口作为样本时，城市人口规模与基尼系数无关外，其他无论是用城市人口，还是城市房价，都对基尼系数有显著的正向影响，且弹性略有提高，故稳健性检验再次验证了城市规模对收入差距有显著的正向影响。另外，对于2002 年的数据，在使用房价与人均 GDP 对基尼系数进行回归时，证明了库兹涅茨倒"U"形曲线假设；对于 2008 年数据，除使用城市人口样本及运用房价与人均 GDP 对基尼系数进行回归的结果外，其他结果都证实了库兹涅茨倒"U"形曲线假设。当然，这并不是我们分析的重点。

表 10 - 2   收入差距与城市房价和人均 GDP 的回归结果

被解释变量：基尼系数

	2002 年数据				2008 年数据			
	城镇人口	城镇人口	全部人口	全部人口	城镇人口	城镇人口	全部人口	全部人口
常数项	0.186 ***	0.018	0.19 ***	-0.042	0.261 ***	0.14	0.306 ***	0.18 **
	(7.07)	(0.24)	(5.85)	(-0.45)	(6.53)	(1.42)	(7.70)	(2.20)
Lpl_i	0.017 ***		0.019 ***		0.017 **		0.007	
	(3.72)		(3.21)		(2.35)		(0.96)	
Lhp_i		0.04 ***		0.051 ***		0.025 *		0.019 *
		(3.60)		(3.72)		(2.11)		(2.00)
$Lrpgdp_i$	0.027 ***	0.028 **	0.036 ***	0.029 **	0.003	-0.032	0.0001	-0.046 *
	(3.51)	(2.54)	(3.68)	(2.12)	(0.25)	(-1.22)	(0.01)	(-2.08)
$Lrpgdp_i^2$	0.016	-0.005	0.02	-0.009	-0.015	0.062	-0.026	-0.013
	(1.60)	(-0.54)	(1.67)	(-0.80)	(-0.68)	(0.71)	(-1.21)	(-0.18)

续表

	2002 年数据				2008 年数据			
	城镇人口	城镇人口	全部人口	全部人口	城镇人口	城镇人口	全部人口	全部人口
R^2	0.307	0.275	0.291	0.266	0.28	0.287	0.139	0.38
调整的 R^2	0.275	0.241	0.257	0.232	0.137	0.144	-0.033	0.256
DW 值	1.945	1.956	2.019	2.027	2.2	1.783	2.566	2.484
样本量	68	68	68	68	19	19	19	19

注：＊＊＊、＊＊和＊分别表示回归系数在 1%、5% 和 10% 的显著性水平下显著，括号内为 t 值。

本章小结

聚集外部性包括聚集经济和拥挤成本，是区域和城市经济学十分重要的概念，城市的形成与发展依赖于生产和人口聚集所产生的聚集经济及拥挤成本（Fujita，1989）。从微观基础来看，聚集经济有如下几种形式：①生产和人口的集中，产生了信息溢出效应，减少了有关技术、供应者、购买者和市场条件方面的信息成本。②市场规模的扩大，使原本不值得贸易的中间品市场化生产成为可能，从而降低了中间投入品的生产和交易成本。③生产和人口的集中，使市场规模扩大，对区域出口商品制造商提供的中间投入品实现了多样化，从而提高了效率。④生产和人口的集中，减少了劳动市场上的信息成本，厂商和工人的匹配效率得以提高。⑤由于买卖双方的地理接近性，减少了运输成本。

尽管大城市由于聚集经济提供了更高的生产效率，但大城市的居民却承受着更高的生活成本，如更高的房价、更长的通勤时间、噪声与环境污染等。亨德森（2003）研究指出，在美国和拉美国家，大城市的生活成本是小城市的两倍多。鲁索（1995）发现，巴黎的生活成本比法国其他地区高 89%—94%。Zheng（2001）研究发现，日本东京大都市区生产和人口拥挤成本主要表现为过高房价、过长通勤时间和低环境质量。

　　概言之，聚集经济主要是生产和人口的集中为厂商带来了更高的生产效率，而拥挤成本则主要是生产和人口的集中，通过房价、交通和环境等渠道，提高了居民的生活成本。厂商是聚集经济的直接受益者，工人是拥挤成本的直接受害者。但在工人有足够的工资谈判能力的条件下，大城市工人能够向厂商索要更高的工资，以补偿大城市更高的房价和生活成本，否则工人可以选择向中小城市流动，这样，大城市更高的房价和生活成本就可能通过劳动力市场的工资谈判机制，首先影响工人的名义工资，进而影响厂商的投资成本，最终，将大城市更高的拥挤成本传导并转嫁给厂商，城市有效规模反映了生产和人口的集中所产生的更高生产效率与更高生活成本之间的一种平衡关系。其中，聚集经济是促使城市规模扩大的市场力量，而拥挤成本则是限制城市规模过度膨胀的市场力量（Henderson，2003）。

　　在我国，由于工资谈判能力较弱，农民工的工资和城市居民中普通素质劳动力的工资是同城市房价脱钩的，农民工和大量的城市普通素质劳动力无法要求大城市厂商根据大城市更高的房价和生活成本对其名义工资进行补偿。换言之，大城市厂商不用根据大城市更高的房价和生活成本对工人的名义工资进行补偿或完全补偿，就能够招聘到足够数量的工人。其结果是，房价和生活成本等拥挤成本限制城市规模过度膨胀的市场功能难以发挥作用。例如，尽管北京的房价十分高昂，但根据北京统计局的数据，在2005—2009年的5年里，北京市常住人口分别增加了45.3万、43万、52万、62万、60万，截至2011年年末，北京常住人口已经达到2018.6万，比2010年年末增加了56.7万，相当于一年增加了一个中等城市的人口规模。

　　综上，在房价等拥挤成本限制巨型城市过度膨胀的市场功能严重失灵的市场条件下，如果政府不采取措施限制特大城市的规模，仅靠市场力量，我国很可能走向"巨型城市＋城市'贫民窟'＋严重贫富差距"的拉美城市化模式。

　　为了提高城镇化质量，实现农民工市民化或称"人的城镇化"，我国必须走一条和拉美不同的新型城镇化道路。从国际经验来看，为了避免巴黎等大城市的过度膨胀，法国政府制定了一系列鼓励工业分散、发展落后地区的政策。首先，为缓解人口密集的大工业地区的住房压力，政府明令禁止在巴黎、里昂和马赛三大地区以及东部、北部工业区新建和扩建工厂，不执行者将予以重罚并给予处分。其次，政府鼓励巴黎等大城市的第三产业，如银行、保险公司向全国各省和新发展的工业区增设金融机构，奖励文化单位如学校、科研机构、剧团从大城市迁往落后地区。1967 年还设立机构"地方化奖金"，鼓励中央机构向外省迁移（王章辉、黄柯可，1999）。

在当前的市场条件下，我国政府可以而且应该借鉴法国的经验，限制北京、上海等特大城市的发展，鼓励中小城市发展。只有这样，才能弥补房价等拥挤成本因素限制我国特大城市过度膨胀市场功能的失灵，避免我国走向"巨型城市 + 城市'贫民窟' + 严重贫富差距"的拉美式城市化道路，并促使我国走向大、中、小城市协调发展、贫富差距较小的新型城镇化道路。

第十一章　城市规模与适龄青年的
个体结婚概率

　　中国是一个处于快速城镇化进程中的发展中大国，未来十多年里，数以亿计的农村人口将转移到城镇，城市规模对城镇适龄青年结婚率的影响是中国面临的一个重大的现实问题。本章选择城市规模对适龄青年结婚概率①的影响进行实证研究，在实践中，这一研究不仅有助于理解中国大城市适龄青年"结婚难"的成因，也有助于推进中国城镇化的健康发展；理论上说，这一研究丰富了城市经济学和婚姻经济学的研究视野及研究领域。

第一节　关于婚姻问题的研究成果评述

　　近年来，中国大城市适龄青年"结婚难"有逐渐加剧的趋势。中国是一个非常重视家庭和婚姻的国家，适龄青年不能顺利结婚牵动着亿万家庭的神经和福祉，并引发了一些社会热点问题：被称为"剩男剩女"的大龄单身青年增多，人口老龄化，生育率下降。这些问题在北京、上海等特大城市尤为突出。

　　目前，关于中国城镇适龄青年结婚率下降这一问题的研究较少，关于城市规模与城镇适龄青年结婚率之间关系的研究更少。仅有任强和郑维东（1998）、王宗萍（2003）研究中国男女比例失调对男性高未婚率

---

　　① 微观上的中国城镇青年在适龄阶段的个体结婚概率越高，宏观上的中国城镇适龄青年总结婚率也越高。更确切地说，微观上的个体结婚概率决定了宏观上的总体结婚率，例如，如果某市代表性适龄青年个体结婚概率为80％，在个体独立决策的条件下，则该市总体适龄青年结婚率也为80％。为了表述简洁，下文中将"中国城镇青年在适龄阶段个体结婚概率"写为"中国城镇适龄青年结婚概率"。

的影响，发现男女比例失调导致难以找到结婚对象的男性被动选择单身；禹静等（2012）、江涛（2013）研究中国城镇男性工资差距对女性结婚年龄的影响，发现男性工资差距扩大是中国城镇女性结婚时间推迟的重要原因；Meng等（2014）研究农村女性劳动力向城镇迁移对农村男性结婚率的影响，发现农村女性劳动力向城镇迁移加剧了农村婚姻市场男女比例失调，降低农村男性结婚率。一些国内学者没有专门研究城镇青年结婚率下降问题，但与此问题有些相关。如吴要武和刘倩（2014）研究高校扩招对中国婚姻市场的影响，发现接受过高等教育的青年结婚的年龄偏大；姜全保等（2013）研究中国婚姻市场的挤压问题，发现人口的年龄结构是影响青年结婚率的重要因素；高颖和张秀兰（2011）研究了近年来北京市居民的婚配特征，发现城市中高学历高女性承受更大的婚配压力；这些研究从不同侧面加深了对中国居民结婚率问题的理解和认识，但均未涉及城市规模与城镇适龄青年结婚率的关系。另有学者研究了发达国家结婚率下降问题，例如，戈丁等（Goldin et al.，2002）发现，避孕药的广泛使用降低了等待婚姻的成本；戈尔德等（Gould et al.，2003）发现，男性工资不均等增加了女性婚姻市场的搜索利益；格林伍德等（Greenwood et al.，2009）发现，家务劳动技术的进步使保持单身的成本下降，Regalia等（2010）发现，工资的性别差距缩小使女性经济更加独立；桑托斯等（Santos et al.，2011）发现，劳动市场波动增加了婚姻内消费承诺成本。这些研究在一定程度上揭示了发达国家结婚率下降产生的原因，但未涉及城市规模与适龄青年结婚率关系。

在研究的理论视角上，现有研究通常从劳动经济学（工资的性别差距、劳动市场波动）、人口结构（男女比例失调、年龄结构）、技术进步（避孕药的使用、家务劳动技术的进步）等视角来研究婚姻问题，而本章从城市经济学这一新的视角来研究婚姻问题。城市规模是一个宏观变量，政府的城镇化政策对城市规模具有直接的决定性影响，例如，偏向大城市的倾斜性投资政策或公共服务资源分配政策将促使大城市更大、小城市更小。也正是城市规模直接受政府政策影响这一属性使城市规模对适龄青年婚姻影响的研究变得更有政策上的指导意义和实践中的现实意义，对正处于快速城镇化进程中的中国而言，尤为如此。例如，Regalia等（2010）发现，"工资的性别差距缩小使女性经济更加独立"

这一结论是可信的，但它对中国政策和实践中的指导价值并没有"城市规模对中国城镇适龄青年结婚概率影响"的研究结论大。因为工资的性别差距缩小很大程度上是劳动力市场决定的，并非政府政策可以控制，而且政府政策可能会鼓励缩小而不是扩大性别工资的差距。

第二节　城市规模对中国城镇适龄青年
结婚概率影响的实证分析

一　计量模型

贝克尔（Becker，1973）构建一个经济学框架分析婚姻问题，认为结婚是婚姻市场上个人的理性选择，如果预期从婚姻中获得的净收益大于保持单身的收益，个人将选择结婚，否则个人将选择不结婚。从婚姻获得的收益，包括家庭内部劳动分工收益、生活物品的家庭规模经济效应、与家人共享闲暇带来的快乐等（Stevenson et al.，2007）。结婚有两种主要的成本：①结婚意味着一种消费承诺（Santos et al.，2011），婚姻所需要的消费成本，主要包括住房成本和子女抚养成本等；②在寻找适婚对象过程中所付出的时间和信息成本（Becker，1974）。婚姻的收益减去婚姻的成本等于婚姻的净收益。暂时保持单身也有其好处，主要包括保持单身可以集中精力于职业的发展，也可以继续在婚姻市场寻找异性，以提高匹配质量，找到更高质量的结婚对象（Drewianka，2003）等。

根据上述婚姻经济学理论，个人的婚姻状况可以用二分变量进行界定，个人选择结婚为1，否则为0，影响结婚成本、结婚收益以及保持单身预期收益的一些变量将影响个体选择结婚的概率，也即个人婚姻状况为1的概率。Probit模型是研究二分因变量的常用模型，也就自然成为研究个人结婚概率影响因素的常用模型（Gould et al.，2003；Yu et al.，2013）。

借鉴戈尔德等（2003）、Yu等（2013）研究结婚概率的Probit模型，将我们的实证模型设定为：

$$Pr(Marry = 1) = G(\beta_0 + \beta_1 lnsize + \gamma X + \varepsilon) \tag{11.1}$$

式中，因变量 $Marry$ 为婚姻状况虚拟变量，未婚者为零，否则为1。

ln*size* 为城市常住人口规模的自然对数。*X* 包括一组控制变量：①ln*income* 为年工资收入的自然对数。②*Gender* 为性别虚拟变量，男性为 1，女性为 0。③*Age*1、*Age*2、*Age*3 分别表示 23—25 岁、26—28 岁、29 岁及以上年龄组，以小于 23 岁为基准组。④*Edu*1、*Edu*2、*Edu*3 分别表示受教育程度为高中及中专、大学专科、大学本科及以上，以初中及以下学历为基准组。⑤*Ethnic* 为民族虚拟变量，少数民族为 1，否则为 0。⑥*Sratio* 为样本所在城市的性别比。⑦ln*float* 为城市流动人口规模的自然对数。

二　数据来源

本章采用 2002 年和 2007 年中国农村与城市居民家庭收入分配调查（CHIP）微观数据，其中，2002 年城镇居民①调查覆盖 12 个省份，包括 69 个市和县 20632 个城镇居民样本，2007 年调查范围包括 9 个省份，有 18 个城市 14683 个样本。为了研究适龄青年结婚率问题，我们选取的样本为女性 20—30 岁，男性 22—32 岁。同时，我们删除了在校上学和没有报告工资收入的样本。2002 年调查的婚姻状况包括未婚、已婚、离婚、丧偶和其他 5 个选项，样本量分别为 842 个、914 个、3 个、4 个和 3 个，共 1766 个。2007 年的调查中，婚姻状况包括未婚、已婚、再婚、离婚、寡居和同居 6 个选项，删除 3 个没有回答婚姻状况的样本，每个选项的统计结果分别为 733 个、780 个、0 个、8 个、1 个和 6 个，共 1528 个。① 2007 年城市规模用第六次人口普查的常住人口数据推算。由于中国第六次人口普查数据为 2010 年 11 月的城市规模，而 CHIP 2007 年调查时间为 2008 年 3 月，为了统一时间，根据每个城市常住人口年均变化率② ，推算出 2007 年年底城市常住人口规模，取自然对数为 ln*size*。与此相类似，2002 年的各城市常住人口由第五次人口普查数据推算。

三　变量描述性分析

如表 11 – 1 和表 11 – 2 所示，所包含的样本城市中，2002 年城市规模最小者为襄阳，其人口规模为 4.16 万，城市规模最大者为北京，

---

① 使用各个地区第六次人口普查报告中提供的 2000—2010 年年均常住人口增长率。

② 2002 年北京样本量最大有 125 个，大兴县（现为大兴区）最小有 8 个，城市规模与样本量的相关系数为 0.78；2007 年上海样本量最大有 184 个，乐山最小有 25 个，城市规模与样本量的相关系数为 0.83。

其人口规模为 1194.7 万；2007 年城市规模最小者为蚌埠，其人口规模
为 98.11 万，城市规模最大者为上海，其人口规模为 2051.05 万。
CHIP 2002 年数据包含个体年总工资收入，而 CHIP 2007 年数据只有被
调查者月平均工资收入，为了使两者统一，将 CHIP 2007 年调查样本的
月平均工资收入乘以 12 得到年总工资收入并取自然对数。2002 年平均
值为 8.911，而 2007 年上升为 10.020。在 4 个年龄组中，平均年龄越
大的年龄组，已婚比例越高，表明年龄越大，结婚的可能性越高，其
中，2002 年 26—28 岁年龄组和 29 岁及以上年龄组的已婚比例远大于
另外两组，分别为 52.63% 和 84.01%，然而，有随时间下降的趋势，
2007 年分别降为 51.00% 和 81.84%。在 4 个受教育程度组中，不同受
教育程度组适龄青年的已婚比例都在发生变化，其中初中及以下组和大
学专科组下降，高中及中专组和大学本科及以上组上升。

表 11 - 1　　　　变量统计性描述（根据 CHIP 2002 年样本）

变量名称	CHIP 2002 年样本				
	样本量	均值	标准差	最小值	最大值
婚姻状况虚拟变量	1766	0.523	0.500	0	1
城市规模	1766	4.829	1.531	1.426	7.086
流动人口规模	1766	2.767	1.230	-1.197	5.669
年工资收入	1766	8.911	0.848	2.708	11.983
性别虚拟变量	1766	0.555	0.497	0	1
民族虚拟变量	1766	0.050	0.219	0	1
男女性别比	1766	1.060	0.039	0.943	1.147
年龄组	样本量	均值	标准差	已婚比例（%）	
20—22 岁	326	21.021	0.631	8.90	
23—25 岁	534	24.493	0.500	18.25	
26—28 岁	563	27.054	0.831	52.63	
29 岁及以上	343	30.319	1.111	84.01	
受教育程度	样本量	均值	标准差	已婚比例（%）	
初中及以下	210	0.119	0.386	42.39	
高中及中专	708	0.401	0.490	45.48	
大学专科	549	0.311	0.463	48.01	
大学本科及以上	299	0.130	0.336	41.70	

注：样本中 97% 人口拥有城镇户口。

表 11 - 2　　　　变量统计性描述（根据 CHIP 2007 年样本）

变量名称	CHIP 2007 年样本				
	样本量	均值	标准差	最小值	最大值
婚姻状况虚拟变量	1528	0.520	0.500	0	1
城市规模	1528	6.462	0.804	4.59	7.61
流动人口规模	1528	4.668	1.052	1.571	6.559
年工资收入	1528	10.020	0.676	3.18	13.49
性别虚拟变量	1528	0.550	0.498	0	1
民族虚拟变量	1528	0.009	0.092	0	1
男女性别比	1528	1.071	0.051	0.94	1.18
年龄组	样本量	均值	标准差	已婚比例（%）	
20—22 岁	301	21.587	0.493	10.91	
23—25 岁	461	24.593	0.491	21.18	
26—28 岁	549	26.931	0.812	51.00	
29 岁及以上	217	30.149	1.033	81.84	
受教育程度	样本量	均值	标准差	已婚比例（%）	
初中及以下	126	0.082	0.253	40.19	
高中及中专	448	0.293	0.455	53.27	
大学专科	516	0.338	0.473	43.24	
大学本科及以上	438	0.287	0.452	45.04	

第三节　实证结果与分析

一　普通 Probit 模型的回归结果

表 11 - 3 报告了普通 Probit 模型回归结果。从全部样本回归结果可以看出，城市规模增大 1%，中国城镇适龄青年结婚概率在 2002 年下降 0.036 个百分点，在 2007 年下降 0.062 个百分点，并且都在 1% 的显著性水平下显著。初步回归结果表明，城市规模对中国城镇适龄青年结婚概率有负的影响，城市规模越大，适龄青年结婚概率越小。根据表

11-3 实证分析结果，我们还发现，城市规模对适龄青年结婚概率的影响有随时间变化而增大的趋势，而且城市规模对男性青年结婚概率的影响要大于女性青年。

表 11-3　城市规模与中国城镇适龄青年的结婚概率

（普通 Probit 回归结果）

自变量		因变量：婚姻状况虚拟变量					
		2002 年			2007 年		
		全部	女性	男性	全部	女性	男性
城市规模		-0.036***	-0.028**	-0.042***	-0.062***	-0.049***	-0.080***
		(0.010)	(0.012)	(0.013)	(0.017)	(0.05)	(0.017)
流动人口规模		-0.014***	-0.010**	-0.015**	-0.030***	-0.026**	-0.040***
		(0.003)	(0.004)	(0.006)	(0.006)	(0.009)	(0.007)
年工资收入		0.035**	0.013	0.054***	0.061***	0.035	0.084***
		(0.013)	(0.016)	(0.017)	(0.018)	(0.025)	(0.024)
性别		-0.153***			-0.168***		
		(0.021)			(0.020)		
年龄组	23—25 岁	0.164***	0.144**	0.167**	0.109**	0.087**	0.218***
		(0.046)	(0.052)	(0.084)	(0.044)	(0.038)	(0.074)
	26—28 岁	0.425***	0.431***	0.366***	0.319***	0.309***	0.384***
		(0.038)	(0.037)	(0.075)	(0.039)	(0.051)	(0.070)
	29 岁及以上	0.688***	0.645***	0.658***	0.602***	0.524***	0.686***
		(0.032)	(0.036)	(0.067)	(0.035)	(0.051)	(0.064)
受教育程度	高中及中专	-0.079**	-0.083*	-0.077**	-0.104**	-0.213**	-0.159**
		(0.032)	(0.050)	(0.0374)	(0.045)	(0.089)	(0.057)
	大学专科	-0.122***	-0.128***	-0.089**	-0.221***	-0.353***	-0.164***
		(0.033)	(0.046)	(0.040)	(0.044)	(0.085)	(0.056)
	大学本科及以上	-0.183***	-0.258***	-0.102**	-0.240***	-0.398***	-0.153**
		(0.039)	(0.059)	(0.045)	(0.045)	(0.085)	(0.056)
民族		-0.021	-0.077	-0.046	0.173*	0.024	
		(0.058)	(0.084)	(0.065)	(0.129)	(0.158)	
性别比		-0.044	0.016	-0.325	-0.214	0.085	-0.372
		(0.296)	(0.408)	(0.356)	(0.231)	(0.236)	(0.429)

续表

自变量	因变量：婚姻状况虚拟变量					
	2002 年			2007 年		
	全部	女性	男性	全部	女性	男性
样本量	1766	785	981	1528	688	840
Pseudo_ R^2	0.387	0.402	0.411	0.310	0.273	0.386

注：①表 11 - 3 给出的是各自变量对因变量影响的边际效应，括号内数据为标准误差。②*、**和***分别表示在 10%、5%和 1%的显著性水平下显著。

遗漏一些城市特征变量可能导致上述普通 Probit 模型存在较严重的内生性问题。首先，一个城市如果拥有更多的公园和影剧院等设施，该城市对外来人口更加有吸引力，该城市的规模可能因之而扩大，同时该城市单身青年也因为有更多的文化娱乐场所来认识潜在结婚对象，提高结婚概率（Gautier et al.，2010）。其次，某些沿海城市在对外开放时，可能也较多地受到"重视男女各自的经济独立性、试婚、同居但不结婚"的西方文化影响，对外开放导致的经济增长吸引外来人口，而西方文化影响了适龄青年结婚概率。以上既影响城市规模，又影响适龄青年结婚概率的城市特性很难统计，如果遗漏这些变量可能产生内生性问题。Wald 检验也表明，普通 Probit 模型存在内生性问题。下面我们将采用工具变量 Probit 模型，对初步回归分析结果进行深入研究。

二　采用工具变量 Probit 模型（IVProbit）的分析结果

本章采用 1982 年第三次全国人口普查的城市人口规模为工具变量，记为 lnsize82。基于以下两个原因，lnsize82 具有严格的外生性：首先，1958—1984 年，中国人口地区间流动受到严格限制，20 多年之后的 2002 年或 2007 年城市文化娱乐设施对 1982 年城市人口没有影响。其次，1982 年以后的改革开放政策，以及随后沿海和内陆城市受到的不同程度的西方文化冲击，对 1982 年城市人口数量也没有影响。

表 11 - 4 给出了采用工具变量 Probit 模型（IVProbit）的回归结果。在第一阶段回归中，lnsize82 的回归系数都大于为 0.6，R^2 在 2002 年都在 0.8 以上，2007 年有所下降但也接近 0.6，因此不存在弱工具变量问题。表 11 - 4 模型 1 和模型 3 分别是采用 2002 年和 2007 年全部样本的回归结果，表 11 - 4 模型 2 和模型 4 分别是在模型 1 和模型 3 基础上进

一步控制城市流动人口规模的回归结果。对比表 11-4 和表 11-3 的回归结果可知，同采用普通 Probit 模型相比，采用 IVProbit 模型的回归结果基本结论不变，但城市规模回归系数的绝对值要高一些，这是因为，采用普通 Probit 模型时，城市规模变量具有内生性，其回归结果受到一定的影响，所以，下面将主要考察 IVProbit 模型的回归结果。

表 11-4　城市规模与中国城镇适龄青年的结婚概率（IVProbit 回归结果）

自变量		因变量：婚姻状况虚拟变量					
		2002 年		2007 年			
		模型 1	模型 2	模型 3	模型 4	模型 5	模型 6
		全部	全部	全部	全部	女性	男性
第一阶段估计结果							
1982 年城市规模（lnsize82）		0.766***	0.703***	0.614***	0.654***	0.607***	0.617***
		(0.011)	(0.014)	(0.015)	(0.015)	(0.022)	(0.012)
R^2		0.820	0.821	0.591	0.607	0.589	0.592
第二阶段估计结果							
城市规模		-0.075***	-0.062***	-0.105***	-0.085***	-0.098***	-0.146***
		(0.012)	(0.016)	(0.016)	(0.017)	(0.024)	(0.022)
流动人口规模			-0.033***		-0.034***		
			(0.008)		(0.006)		
年工资收入		0.030**	0.036**	0.062**	0.066***	0.045*	0.077***
		(0.013)	(0.016)	(0.018)	(0.019)	(0.025)	(0.023)
性别		-0.156***	-0.152***	-0.170***	-0.169***		
		(0.021)	(0.021)	(0.020)	(0.022)		
年龄组	23—25 岁	0.161***	0.165***	0.099**	0.107**	0.158***	0.198**
		(0.047)	(0.046)	(0.044)	(0.046)	(0.050)	(0.073)
	26—28 岁	0.438***	0.426***	0.303***	0.311***	0.279***	0.368***
		(0.039)	(0.038)	(0.040)	(0.040)	(0.054)	(0.069)
	29 岁及以上	0.694***	0.682***	0.569***	0.590***	0.474***	0.663***
		(0.034)	(0.033)	(0.038)	(0.034)	(0.056)	(0.063)

续表

		因变量：婚姻状况虚拟变量					
自变量		2002 年		2007 年			
		模型 1	模型 2	模型 3	模型 4	模型 5	模型 6
		全部	全部	全部	全部	女性	男性
第二阶段估计结果							
受教育程度	高中及中专	− 0. 086 *** (0. 033)	− 0. 081 ** (0. 033)	− 0. 096 ** (0. 046)	− 0. 100 ** (0. 045)	− 0. 200 ** (0. 091)	− 0. 113 ** (0. 058)
	大学专科	− 0. 127 *** (0. 034)	− 0. 123 *** (0. 034)	− 0. 222 *** (0. 044)	− 0. 219 *** (0. 044)	− 0. 355 *** (0. 086)	− 0. 162 *** (0. 056)
	大学本科及以上	− 0. 180 *** (0. 039)	− 0. 180 *** (0. 039)	− 0. 228 *** (0. 045)	− 0. 235 *** (0. 047)	− 0. 383 *** (0. 087)	− 0. 145 ** (0. 057)
民族		− 0. 033 (0. 057)	− 0. 019 (0. 058)	0. 199 * (0. 114)	0. 167 * (0. 125)	0. 039 (0. 125)	
性别比		− 0. 061 (0. 310)	− 0. 080 (0. 306)	− 0. 171 (0. 212)	− 0. 184 (0. 234)	0. 432 (0. 331)	− 0. 181 (0. 278)

注：①为了节省篇幅，对第一阶段的估计结果，表 11 - 4 仅报告了工具变量的回归系数，对第二阶段的估计结果，表 11 - 4 给出了各自变量对因变量影响的边际效应，括号内数据为标准误差。② * 、* * 和 * * * 分别表示在 10% 、5% 和 1% 的显著性水平下显著。

表 11 - 4 模型 1 至模型 4 的结果表明，在模型中控制城市流动人口规模，城市规模的回归系数略有下降，但基本结论不变。这表明是否控制城市流动人口规模，不影响回归结果的稳健性和本章的基本结论。在模型中控制城市流动人口规模，城市规模的回归系数的含义，是指在城市流动人口规模不变的条件下，城市规模变化 1% 所引起的适龄青年结婚概率的变化。但是，由于城市流动人口是中国城市总体人口规模扩大的重要来源，假设城市流动人口规模不变的条件下考察城市规模对适龄青年结婚概率的影响，并不符合中国城市发展的现实，因此，在下面的分析中，我们将主要考虑不控制城市流动人口规模的回归结果。

根据表 11 - 4 模型 1 和模型 3，2002 年城市规模增大 1% ，适龄青年结婚概率下降 0. 075 个百分点；2007 年城市规模增大 1% ，适龄青年结婚概率下降 0.105 个百分点。这意味着 2007 年城市规模扩大 1 倍，适龄青年结婚概率将下降 10.5 个百分点，这一结论表明，中国大城市的持续扩张，严重阻碍了适龄青年走向婚姻殿堂。造成这一结果主要原因是，随着城市规模的增大，包括住房和子女抚养成本在内的婚姻成本迅速提高引起了结婚的净收益下降。2015 年北京、上海、广州、深圳等一线城市的房价每平方米高达数万元甚至十几万元，而中小城市的房价每平方米只有 2000—4000 元，北京等一线城市的学区房房价每平方米高达几十万元①，而中小城市由于城区面积较小，学区房的概念还不存在。

对比表 11-4 模型 3 和模型 1，可以发现和表 11-3 结果一致的一个结论。与 2002 年相比，2007 年城市规模对适龄青年结婚概率的影响力度增大了。换言之，城市规模对适龄青年结婚概率的影响力度有随时间变化而增大的趋势。究其原因，是由于在中国不同规模城市的适龄青年之间，其婚姻收益和成本的差异随时间变化而发生了重要变化。第一，大、中、小城市适龄青年结婚成本的差距逐渐扩大。2004 年，中国正式实施商业用地公开招标、拍卖和挂牌出让以来，大、小城市的房价差距迅速扩大，例如，北京商品房平均销售价格从 2002 年的 4746 元/平方米涨到 2007 年的 11553 元/平方米。② 第二，大、中、小城市男女青年暂时保持单身之预期收益的差距逐渐扩大。中国大城市与小城市发展不平衡，北京等大城市人均 GDP 已达到富裕国家水平，但小城市发展相对滞后。例如，2013 年北京、上海、天津的人均 GDP 分别为154323 元、159934 元、156446 元，而小城市宜春和商丘人均 GDP 分别为 17163 元和 16711 元。大城市的快速发展为男女青年提供了更多的职业发展机会，也拉大了大城市与小城市男女青年暂时保持单身预期收益的差距。第三，大、中、小城市男女青年的结婚收益在发生变化。相对于小城市，近年来，在大中城市随着女性劳动参与率的提高，"男主外、女主内"的传统家庭劳动分工模式受到的冲击更大，结婚后家庭内部劳动分工获得的收益相对更小。此外，大中城市男女青年生活工作节奏变得更为紧张，结婚后从闲暇共享中获得的收益也

---

① 新华视点：《300 万元买"蜗居"，只为名校占位?! ——透视疯狂的学区房》。

② 同上。

可能变得更少。

表 11 - 4 模型 5 是对 2007 年女性样本的回归结果，模型 6 是对 2007 年男性样本的回归结果。对比两者发现和表 11 - 3 回归结果一致的另一个结论，即城市规模对男性结婚概率的影响力度大于女性。根据表 11 - 4 模型 5 和模型 6，在 2007 年城市规模增大 1%，女性适龄青年的结婚概率下降 0.098 个百分点，而男性适龄青年的结婚概率下降 0.146 个百分点。其原因是，由于中国男、女适龄青年结婚的收益和成本有重要差异。首先，中国城镇男、女青年暂时保持单身的预期收益有很大差别。从生理因素来看，女性生育能力在 30 岁以后开始下降（Broekmans et al.，2009），再加上其他社会因素，中国的女性年龄超过 30 岁就很难找到合适的结婚对象。但是，事业成功的单身男性，哪怕年龄超过 50 岁，在婚姻市场上依然具有较强竞争力。其次，中国城镇男、女青年在结婚成本上所承担的责任也有较大差异。城市规模扩大引起住房和子女抚养成本的上升，对男性青年成功结婚有着更大的影响。尽管随着城市规模扩大，"男主外、女主内"的传统受到更大的冲击，但在住房、子女抚养等婚姻消费承诺成本上，男性承担主要责任的习俗在中国仍没有太大改变。"丈母娘推高房价"的说法正是这一传统婚姻习俗的反映。

表 11 - 4 中控制变量的估计结果与理论预期基本一致。在全样本回归中，性别虚拟变量的估计系数为负且显著。男性年收入的估计系数为正且都显著，女性的估计结果不稳定，收入对结婚概率的影响存在性别差异。年龄对结婚概率的影响有非线性特征，与小于 23 岁的个体相比，其他 3 个虚拟变量估计系数均显著为正，并随着年龄增大估计系数变大。受教育程度的估计系数表明，无论男女受教育程度越高，结婚概率越低，特别是女性上大学推迟了结婚时间。在实证结果中，民族虚拟变量的估计系有表现出稳健的显著性。性别比系数不显著，这可能与中国各城市男女性别比相差不大有关。

三　稳健性分析

为了考察上述结论的稳健性，我们进行了多种稳健性检验，表 11 - 5 给出了部分稳健性检验结果。

表 11 -5　　　　稳健性分析结果：城市规模采用其他指标
（IVProbit 回归结果）

自变量	因变量：婚姻状况虚拟变量					
	2002 年			2007 年		
	全部	女性	男性	全部	女性	男性
城市年末 总人口规模	-0.103*** (0.014)	-0.088*** (0.010)	-0.119*** (0.019)	-0.139*** (0.073)	-0.121*** (0.056)	-0.140*** (0.022)
城市非农业 人口规模	-0.087*** (0.016)	-0.073*** (0.024)	-0.102*** (0.016)	-0.124*** (0.016)	-0.106*** (0.024)	-0.126*** (0.019)

注：①表 11 -5 全部、女性和男性回归分别包含了表 11 -4 模型 1、模型 5 和模型 6 的全部控制变量，为节省篇幅，其回归结果没有报告。②表 11 -5 给出了城市规模对因变量影响的边际效应，括号内数据为标准误差。③***表示在 1% 的显著性水平下显著。

（一）考虑城市规模对不同年龄组青年结婚概率可能存在的差异性影响

城市规模对不同年龄组的城镇青年结婚概率可能存在不同的影响。作为稳健性检验，我们在模型中增加了城市规模和不同年龄组虚拟变量的交互项，结果这些交互项均不显著，且不影响本章的基本结论。这表明，城市规模对不同年龄组城镇青年结婚概率有着基本相同的影响。

（二）采用其他指标来度量城市规模

用市辖区人口数量来度量中国城市规模是一种常用方法，但是，中国不同城市市辖区的城市化程度并不完全相同，作为稳健性分析，用《中国城市统计年鉴》的"年末总人口"和"非农业人口"来衡量城市规模，并仍采用 lnsize82 为工具变量进行 IVProbit 回归。在以"年末总人口"度量城市规模时，2002 年和 2007 年的估计结果表明，城市规模扩大 1%，中国城镇适龄青年结婚概率分别下降 0.103 个百分点和 0.139 个百分点，城市规模扩大中国城镇适龄青年结婚概率下降，且其影响力度有随时间增大的趋势；分性别来看，2002 年城市规模扩大 1%，中国城镇女性适龄青年结婚概率下降 0.088 个百分点，男性下降 0.119 个百分点，城市规模扩大对男性适龄青年结婚概率的影响大于女性，2007 年的估计结果类似。当以"非农业人口"度量城市规模时，城市规模扩大对中国适婚青年结婚概率的影响效应有所下降，但仍然支持本章的结论。

综上所述，稳健性分析表明，表 11 – 4 模型 1、模型 3、模型 5 和模型 6 的分析结果以及由此得到结论是可靠的。

第四节　大、中、小城市协调发展有利于适龄青年结婚

中国适龄青年结婚概率迅速下降，由此引发的"剩男剩女"问题既牵动亿万家庭的福祉，又影响中国人口结构的合理演变与经济社会的持续健康发展。基于上节的实证研究，我们得出以下结论：

第一，城市规模扩大对中国城镇适龄青年结婚概率有显著的负影响，城市规模越大，中国城镇适龄青年结婚概率越小。计量分析表明，在其他条件不变情况下，2007 年城市规模扩大 1 倍，适龄青年结婚概率将下降 10.5 个百分点。从理论上说，这是由于城市规模越大，包括住房和子女抚养成本在内的婚姻成本迅速提高引起结婚的净收益下降。例如，在中国，住房几乎是结婚的必需品，与中小城市相比，大城市房价更高；抚养子女是婚姻另一重要的消费承诺，在中国，城市规模越大，抚养成本也越高。

第二，城市规模扩大对适龄青年结婚概率的影响力度有随时间增大的趋势。从理论上分析其原因，是由于在中国不同规模城市的适龄青年之间，其结婚成本和收益的差异，随时间发生着重要变化，2004 年，实施商业用地公开招标、拍卖和挂牌出让以来，大小城市之间的房价差距迅速扩大，不同规模城市的适龄青年结婚成本的差距拉大，且近年来，中国大小城市发展明显不协调，大城市提供了更多的就业和发展机会，在大城市暂时保持单身有着更大的预期收益。

第三，城市规模对男性适龄青年结婚概率的影响力度大于女性。究其理论原因，是由于中国城镇男、女适龄青年结婚的收益和成本有很人差异。在习俗上，中国青年结婚所需要的住房一般是男性提供，婚后子女抚养成本也主要由男性承担，城市规模扩大导致结婚成本的提高，对男性结婚成本的影响更大；而由于生理原因，男性暂时保持单身以取得职业上成功，在未来婚姻市场上获得的预期收益比女性更大。

　　上述研究结论表明，中国城市持续膨胀是中国城镇适龄青年结婚概率下降的重要原因。为了提高中国城镇适龄青年结婚率，缓解日益严重的"结婚难"问题，针对大城市未婚适龄青年，提高结婚收益，降低结婚成本使其顺利步入幸福婚姻，可以采取以下四点措施：①推行保障性住房建设，将经济基础较弱的新婚夫妇纳入其服务范围，缓解适龄青年结婚住房压力；②加大对托儿所、中小学等教育服务机构的支持力度，在保证教育质量的同时，有效地降低城镇家庭培养子女的成本；③推动社会对城镇未婚适龄青年的关爱，定期举办相亲类活动，提高婚姻市场搜索效率；④加强"和谐家庭"文化建设，引导建立新的家庭分工模式，提高婚姻的预期收益，使婚姻对城镇适龄青年更有吸引力。与此同时，应加快中小城市基础设施建设，实现基本公共服务均等化，通过优惠政策吸引产业和人口向中小城市聚集，使中小城市与大城市协调发展。

第十二章　城市规模对工业企业和
城市生产效率的影响

工业企业是区域和城市经济发展的重要动力。工业企业发展可以引致生产性服务业、生活性服务业的发展。一般而言，在第一、第二、第三产业中，工业企业对区域和城市发展具有特别的重要作用，工业企业在大、中、小城市的合理布局，可以促进大、中、小城市协调发展。本章将采用《中国工业企业数据库》的数据，通过研究城市规模对不同行业工业企业生产效率的影响，来研究工业企业在大、中、小城市间的合理布局问题。这一问题属于产业在空间的组织问题，对于有效解决巨型城市过度膨胀问题有着重要意义。但是，相关研究还非常缺乏，本章将对此类文献做必要的补充。

工业企业布局在大城市还是布局在中小城市，是在权衡进入大城市与中小城市的相对成本和收益的结果。对微观工业企业而言，集聚带来的生产效率的提高、信息溢出、较大的消费市场等都是促使企业进入大城市的重要原因；而集聚给城市带来的拥挤效应、较高的房价和生活成本、较长的通勤时间及环境污染等问题，使企业生产成本增加，是阻止企业过度聚集于大城市的重要因素。在没有外力干预的条件下，当大城市集聚的收益与集聚的成本相等时，企业的最优选择不再是进入大城市，而是选择进入人口规模相对较小的中小城市。然而，政府干预往往会对上述市场机制产生重要影响。第一，因为各地政府为了政绩，常常运用财税政策、产业政策以及土地政策和倾斜性的公共服务政策来招商引资（郭庆旺、贾俊雪，2006），大城市招商引资力度往往更大，这导致大城市企业的边际收益曲线上移。第二，因为中小城市尚未形成规模经济，先进入的企业对后进入的企业有正外部性，但是，这部分外部性并没有得到补偿。因此，理性的企业会选择进入大城市，而非中小城市。第三，企业在选择区位时，比较大城市和中小城市的成本与收益缺乏显性的指标，往往会参照同类企业的选择，将企业设立在产业比较集中的大城市。

第一节 城市规模影响全要素生产率理论分析

克鲁格曼（1991）认为，集聚的外部性包括集聚带来的信息溢出、劳动力市场群聚、外包、专业化生产及非贸易中间投入品的共享等，其后不少学者对聚集经济的具体形式进行了广泛的研究。例如，除第十一章谈及的亨德森（2003）外，Fan 和斯科特（2003）将集聚经济细分为与亨德森（2003）略有不同的五种形式：第一，企业在空间上的聚集减少了运输成本。第二，大城市较大的劳动力市场增加了寻找工作者的就业概率和用人单位找到合适职工的概率。第三，临近的关系促进了商业信息和知识的溢出。第四，生产商的聚集有利于形成商业同盟，增加了当地的竞争力。第五，集聚有利于基础设施等公共品的共享。总而言之，集聚经济提高了集聚区的劳动生产率，是导致城市规模扩大的主要原因。

然而，集聚提高了大城市的生产效率，同时也提高了生活成本，导致大城市房价高企、交通拥堵、环境恶化等，严重降低了大城市的生活质量（Henderson，2002；Zheng，X. P.，2001）。戴维斯和亨德森（Davis and Hendrson，2003）、陈利锋等（2013）认为，城市规模过大，还会降低一国创新活动和长期的经济增长。

对于工业企业而言，城市规模对企业生产效率的影响也可能是倒"U"形的。当城市规模较小时，聚集的收益大于集聚的成本，城市规模的扩张会带来企业全要素生产率的提高；当城市规模过大后，城市会变得拥挤，通勤成本上升，研发部门的工人需要花费大量的时间在通勤的路上，有效劳动时间会减少，城市规模如果进一步扩张会带来工业企业全要素生产率的下降。

但是，我们必须看到不同工业行业的异质性问题，这一行业异质性问题很可能导致不同行业生产效率对应的最优城市规模具有很大的差异。在实践中，我们可以看到，有些工业行业既存在于大城市，又存在于中小城市，而另一些行业仅存在于大城市，或者中小城市，这似乎暗示不同的工业行业的生产效率与城市规模具有显著不同的关系。而且由于不同的行业聚集经济的程度不同，不同的行业对应的最优城市规模可能会不一样；最优城市规模还与经济发展的阶段有关，在经济发展的早期，较高程度的集中是有益的，当经济发展到一定程度时，分散就会发生。

目前的文献中，研究城市规模与城市生产率的文献很多，如 Lin（2011）、戴永安（2010）、高春亮（2007）等。很少有学者用微观工业企业数据来研究城市规模与工业企业生产效率的关系，因此，本章的研究是对现有文献必要的补充。

第二节　城市规模与工业企业全要素生产率计量模型

一　模型介绍

企业生产率，简而言之，就是生产的效率：给定一定数量的投入能得到多少产出，用产出与投入的比例表示。通常，生产函数采用如下形式：

$$Y_t = A_t F(K_t,\ L_t) \tag{12.1}$$

用柯布—道格拉斯生产函数，两边分别取对数后，只要估计出资本对数的系数 α 和劳动的对数的系数 β，就可以得到企业的全要素生产率的对数：

$$\ln A_t = \ln Y - \alpha \ln K_t - \beta \ln L_t \tag{12.2}$$

估计全要素生产率采用的计量模型为：

$$\ln Y_{it} = \alpha_0 + \alpha \ln K_{it} + \beta \ln L_{it} + \gamma X_{it} + \varepsilon_{it} \tag{12.3}$$

式中，X_{it} 是控制变量，包括企业的年龄、所有制结构、是否出口以及这个企业所处的环境等可能影响企业生产效率的变量。

为了估算城市规模与全要素生产率之间的关系，估计出式（12.3）的系数后，通过式（12.2）计算出全要素生产率的对数，然后再对城市规模及其他可能影响全要素生产率的控制变量进行回归。

$$\ln A_{it} = \alpha_0 + \varphi X'_{it} + \varepsilon_{it} \tag{12.4}$$

式中，X'_{it}包含城市规模的代理变量 $citysize$ 及其平方项 $citysize^2$、企业所有制类型的虚拟变量、企业所在城市的特征变量等。

通过对比发现，式（12.3）、式（12.4）所代表的经济含义完全相同：将式（12.4）左边的全要素生产率的对数，以式（12.2）展开，将资本的对数、劳动的对数移项到右边之后，与式（12.3）在形式上除控制变量 X 之外完全相同。实际上，如果我们假设式（12.4）的模型设立正确，那么在估算企业全要素生产率时，也应该将这些控制变量加入到模型中来，式（12.3）中的控制变量 X 与 X′也完全相同。因此，以上两步估计可以简化为一步估计：

$$\ln Y_{it} = \alpha_0 + \alpha\ln K_{it} + \beta\ln L_{it} + \gamma_1 citysize + \gamma_2 citysize^2 + \gamma_3 age + \gamma_4 state +$$
$$\gamma_5 private + \gamma_6 center + \gamma_7 foreign + \gamma_8 export + \gamma_9 capital + \gamma_{10} port + \lambda dum\_year^* +$$
$$\mu dum\_region^* + \varphi dum\_sic^* + \varepsilon_{it}$$

式中，控制变量的系数 γ_1，…，γ_{10}分别表示各变量对产出的影响，同时也表示各变量对企业生产效率的影响。

城市规模系数 γ_1 表示城市规模对企业生产效率的影响，如果 γ_1 为正，表示集聚的正外部性大于负外部性，随着城市规模增加企业的生产效率会提高；反之，如果 γ_1 为负数，表示集聚的负外部性大于正外部性，城市规模的增加会导致企业生产效率降低。

城市规模对企业生产效率的影响可能不是简单的线性关系，因此，引入城市规模对数的平方项。从之前的分析可知，随着城市规模的扩张，企业的生产效率随之提高，超过最优城市之后，集聚的负外部性超过正外部性，导致企业生产效率降低。因此，我们预计一次项系数 γ_1 为正值，二次项的系数 γ_2 为负值，最优城市规模表示为 $-\gamma_1/(2 \times \gamma_2)$。

age 表示企业年龄。企业的历史越悠久，在该领域就有可能拥有先发优势，更有研发投资的实力，因此，企业年龄对企业生产效率可能存在正的影响。但是，由于新企业的产生往往是在旧企业对市场控制能力变弱的时候形成的，而且新产生的高科技企业往往使用的是最前沿的技术，这导致企业年龄对企业生产效率负相关。因此，企业年龄对企业生产效率的影响并不能确定。

state、private、center、foreign 是企业所有制结构的虚拟变量，在工业企业数据库中，企业的控股情况有国有控股、集体控股、私人控股、港澳台商控股、外商控股及其他几种类型，企业的隶属情况又有隶属于中央、省、地区、县、街道、镇、乡、居委会、村委会和其他几种类型，根据控股类型和企业隶属情况我们把企业分为国有企业、私有企业、央企、外资企业和其他类型五种，国有控股的企业为国有企业，国有控股且隶属于中央的为央企、私人控股的企业为私有企业、港澳台商控股以及外资控股的企业为外资企业，不属于这几种类型的为其他企业。一般认为，私有企业和外资企业具有较高的生产效率，因此，预计虚拟变量 private 和 foreign 的系数显著为正。

export 表示出口交货值与工业增加值的比例，反映了一个企业的出口情况。export 为 0 表示该企业是一个非出口企业，export 为 1 表示该企业是一个完全的出口企业，所有产品都出口到国外，export 介于 0—1 表示该企业的产品既在国内销售也有一部分出口到国外。理论上说，企业可以通过出口学习效应提高企业的生产效率，但是，中国的出口企业有相当一部分是加工企业，技术含量较低，导致出口企业生产效率反而较低，这一现象又被称为制造业出口企业生产率悖论。

capital 表示该企业所在城市是否是省会城市。政府的倾斜性政策也会影响企业的生产效率，一方面，中央政府对省会城市采取优惠政策，对这些城市的基础设施建设投资力度更大；另一方面，省会城市在招商引资方面相较其他城市占有绝对优势，效率高的企业更有可能进入省会城市（Henderson，2003）。因此，预期 capital 的系数为正。

port 表示企业所在城市是否是港口城市，港口不仅包含沿海港口，也包括内陆港口。港口具有交通枢纽的作用，拥有港口的城市交通运输成本更低，有利于提高企业生产效率。因此，预计 port 的系数为正。

二　数据统计性描述

本章采用中国 1999—2007 年工业企业数据库，统计范围为全部国有工业企业及规模以上非国有企业。该数据库完整地记载了企业的工业增加值、企业规模、员工数、企业资本存量及企业的所有制和企业所属的行业等信息。

1999—2007 年工业企业数据库包含 205 万多个观测值，剔除开工时间介于 1949—2007 年以外的样本观测值 12636 个，剔除西藏的企业观测值 2367 个；由于 2004 年没有企业工业增加值信息，剔除 2004 年的 274301 个观测值；有一些样本统计明显有问题，比如工业总产值、工业增加值、职工数、固定资产、中间投入小于 0 的企业，删除此类样本共 69414 个；再删除关键变量离群值和缺漏的观测值 90475 个，还余下 1604052 个观测值。

　　本章所要研究的城市规模与企业全要素生产率的关系，因此，删除市辖区以外的企业观测值 823438 个；市辖区人口统计数据从 2001 年之后才有数据，因此，删除 2001 年之前的样本 116737 个；因为本章采用的是面板数据，要保留至少连续三年有观测值的数据，删除 185321 个样本观测值。删除重复值，最终余下 461947 个观测值。各变量的含义及其统计性描述见表 12 - 1。

表 12 - 1　　　　　　　　　各变量的含义及统计性描述

变量名	变量的含义	观测值个数	平均值	标准差	最小值	最大值
Y_{it}	企业的工业增加值	461947	8.97	1.38	- 0.24	18.23
K_{it}	固定资产	461947	8.61	1.82	- 0.23	18.68
L_{it}	职工人数	461947	4.94	1.16	0	12.15
citysize	城市规模对数	450883	5.68	1.04	2.65	7.48
citysize^2	城市规模对数的平方	450883	33.37	11.90	7.04	55.92
age	企业年龄	461947	13.30	10.06	1	59
state	是否国有企业	461947	0.10	0.30	0	1
private	是否私有企业	461947	0.26	0.44	0	1
center	是否央企	461947	0.02	0.13	0	1
foreign	是否外企	461947	0.11	0.31	0	1
export	出口交货值比例	461947	0.21	0.37	0	1
capital	是否省会城市	461947	0.38	0.49	0	1
port	是否港口城市	461947	0.53	0.50	0	1

　　在估算企业的生产效率时，采用传统 OLS 方法估计容易产生生产决策同时性问题和样本选择性偏差问题。生产决策同时性问题，简单地讲，企业会根据当期的效率来调整要素的投入组合，生产函数中的产出会反过来影响投入。也就是说，回归的残差项和回归项相关，导致估计结果出现偏误。样本选择性偏差问题的产生主要是由于生产率冲击和企业退出市场概率存在相关关系造成的，当面临外来冲击导致整个市场的生产率下降时，规模较大的企业存活概率更高，这就使面临低效率冲击

时，退出市场的概率和企业资本存量存在负相关关系，资本项的估计系数容易出现低估（鲁晓东，2012）。

针对第一个问题，可以通过固定效应模型加以修正，但是，固定效应模型假定条件过于苛刻。奥利和帕克斯（Olley and Pakes，1996）提出了一种半参数估计方法——OP 方法，该方法用企业的当期投资作为不可观测生产率冲击的代理变量，解决了同时性偏差问题，使用一个生存概率来估计企业的进入概率和退出概率，解决了样本选择性偏差的问题。

第三节　城市规模影响工业企业生产率计量分析结果

本章使用 OP 方法来估计全要素生产率，使用固定效应模型作为参照。在实际估计过程中，控制了时间、产业和地区等因素，回归结果如表 12 - 2 所示。

表 12 - 2　　　　城市规模与企业生产效率回归结果

工业增加值	回归 1 FE 方法	回归 2 OP 方法	回归 3 东部地区	回归 4 中部地区	回归 5 西部地区
lnK	0.244 *** (190.26)	0.262 *** (34.09)	0.243 *** (-173.9)	0.224 *** (-50.72)	0.230 *** (49.52)
lnL	0.567 *** (276.54)	0.497 *** (386.57)	0.541 *** (-241.11)	0.487 *** (-68.53)	0.538 *** (71.49)
age	-0.008 *** (-39.28)	-0.005 *** (-5.89)	-0.006 *** (-23.44)	-0.004 *** (-8.50)	-0.007 *** (-13.43)
citysize	0.355 *** (13.46)	0.410 *** (10.25)	0.278 *** (-9.04)	0.404 *** (-4.55)	0.061 *** (3.33)
$citysize^2$	-0.033 *** (-13.37)	-0.039 *** (-9.97)	-0.025 *** (-8.82)	-0.041 *** (-4.62)	
state	-0.146 *** (-22.54)	-0.319 *** (-36.42)	-0.024 *** (-3.04)	-0.042 ** (-2.51)	-0.025 (-1.47)

续表

工业增加值	回归1 FE 方法	回归2 OP 方法	回归3 东部地区	回归4 中部地区	回归5 西部地区
private	0.012*** (2.93)	0.121*** (34.82)	0.011** (-2.4)	0.054*** (-4.54)	0.096*** (7.26)
foreign	0.032*** (6.25)	0.04*** (6.63)	0.054*** (-9.69)	0.051** (-2.34)	0.131*** (5.15)
centerstate	0.224*** (15.40)	0.183*** (7.50)	0.227*** (-12.11)	0.248*** (-6.9)	0.185*** (5.64)
export	-0.141*** (-26.54)	-0.224*** (-37.79)	-0.113*** (-20.25)	-0.067** (-2.20)	-0.053 (-1.32)
capital	0.104*** (13.94)	0.085*** (13.45)	0.077*** (-9.51)	0.112*** (-4.39)	0.074** (2.22)
port	0.024*** (3.75)	0.025*** (8.75)	0.01 (-1.52)	0.126*** (-5.42)	0.076* (1.90)
year	是	是	是	是	是
sic	是	是	是	是	是
region	是	是	是	是	是
样本量	461947	303818	362311	41053	38780

表 12-2 中的回归 1 和回归 2 分别是用固定效应模型和 OP 方法回归的结果，用固定效应模型和用 OP 方法回归结果的显著性及符号并无差异。固定效应模型中，资本系数比 OP 方法小，表明固定效应确实存在对资本贡献低估的问题。企业年龄（age）的系数为负值且显著，这与 Lin（2011）的研究结果一致。虽然随着企业年龄增长，企业的生产效率会有所下降，但是，这种影响是微乎其微的。企业的所有制结构对企业的生产效率有显著的影响，私有企业、外资企业和央企的生产效率要显著高于其他类型的企业，而国有企业的生产效率显著低于其他类型的企业。

另外，从出口占比的系数看，出口企业的生产效率确实低于非出口企业，随着出口交货值占工业增加值比重的增加，企业的生产率是下降的，结果支持"生产率之谜"现象的存在。一些学者提出，将出口强度较高的企业剔除后,"生产率之谜"的现象会减少很多。省会城市虚拟变量 capital 和港口城市虚拟变量 port 显著为正,符合预期。省会城市和港口城市的企业生产效率要显著高于其他城市企业的生产效率。

在控制以上因素之后,城市规模对于企业的生产效率仍然存在显著影响。从回归结果看,无论是用固定效应模型还是用 OP 方法,回归的结果都比较接近,城市规模的对数系数为正而城市规模对数二次项的系数为负,这表明城市规模与企业生产效率存在倒"U"形关系。

对于不同的行业,集聚对企业的影响可能是不同的。虽然城市规模的扩张给每个企业带来的负效应可能是相同的,包括交通拥堵、更高的通勤成本、城市环境恶化等;但是,集聚对各个行业的正外部性却有很大差异,例如,电力、热力生产供应企业,建造一座供电站的成本是固定的,新增加一个用户的边际成本是非常低的。因此,城市规模越大所能支持的电力、热力供应企业的规模也越大,企业的垄断利润就会越高,在改良生产技术方面的投资也会较多;而农副食品加工业这类企业难以形成寡头垄断,城市规模的扩张提供了更大的消费市场,生产厂商的数目也会随之增加,厂商之间的竞争关系会压缩厂商的利润空间。由于单个厂商所占的市场份额较小,厂商缺乏改良生产技术的积极性。那么,城市规模的扩张对这两类企业总体影响就存在差异。农副食品加工行业可能已经达到最优城市规模,而电力、热力供应行业还未达到最优城市规模;当电力热力供应行业达到最优城市规模时,农副食品行业的生产率已经开始下滑了。

将数据按行业代码分成 38 个行业分别进行回归,有 19 个行业的生产效率与企业所在城市的城市规模呈倒"U"形关系,计算得到这些行业的最优城市规模如表 12-3 所示。

表 12-3　　　　　　　　　　不同的行业对应的最优城市规模

行业	最优城市规模	行业	最优城市规模
石油和天然气开采业	381.2	印刷业和记录媒介的复制	450.3
非金属矿采选业	135.2	文教体育用品制造业	323.6
农副食品加工业	117.3	石油、炼焦及核燃料加工业	59.7
纺织业	265.2	塑料制品业	180.3

续表

行业	最优城市规模	行业	最优城市规模
皮革、毛皮、羽毛（绒）及其制品业	436.6	非金属矿物制品业	582.1
木材加工制品业	111.9	金属制品业	298.9
造纸及纸制品业	200.3	通用机械设备制造业	188.8
专用设备制造业	187.8	电力、热力的生产和供应业	403.4
交通运输设备	269.1	燃气生产和供应业	319.6
武器弹药	276.2		

其余的 19 个行业生产效率与企业所在城市规模并不存在这种倒"U"形关系，城市规模对数的系数见表 12 - 4。

表 12 - 4　　其他 19 个行业企业的生产效率与城市规模的关系

行业	城市规模系数	行业	城市规模系数
煤炭开采和采业	- 0.21 ***	化学纤维制造业	0.12 *
黑色金属矿采选业	- 0.10	橡胶制品业	0.01
有色金属矿采选业	- 0.13	黑色金属冶炼及延压加工	- 0.03
食品制造业	0.06 *	有色金属冶炼及延压加工	- 0.01
饮料制造业	0.04	电气机械及器材制造业	0.05 ***
纺织服装、鞋、帽制造业	0.01	通信设备、计算机及其他电子设备制造业	0.09 ***
烟草制品业	0.05	仪器仪表机械制造业	0.04
家具制造业	0.06 *	废弃（旧）材料回收加工业	0.11 **
化学原料及制品业	- 0.01	水的生产和供应业	0.12 ***
医药制造业	0.04		

从表 12 - 4 可以看出，食品制造业、家具制造业等行业，通信设备、计算机及其他电子设备制造业和电气机械及器材制造业的生产效率随城市规模扩大有微弱的增加，其弹性系数仅为 0.05—0.09，表明这些行业生产效率与城市规模关系不大。城市规模对煤炭开采和采选业有着显著的负影响，表明该行业适应在小城市生产。黑色金属矿采选业，

有色金属矿采选业，饮料制造业，纺织服装、鞋、帽制造业，烟草制品业，化学原料及制造品，医药制造业，橡胶制品业，黑色及有色金属等行业；仪器仪表制造业的企业生产效率与城市规模没有关系，表明这些行业的工业企业既适应在大城市，也适应在中小城市；水的生产和供应业、废弃（旧）材料回收加工业、化学纤维制造业三个行业的工业企业生产效率随着城市规模增加而显著增加，这些行业适应布局在大城市。

第四节　聚集与城市生产率关系研究

本节分别采用城市人均 GDP、TFP、经生活成本调整的人均真实GDP 和经生活成本调整的真实 TFP 为城市生产率的测度指标，研究了我国地级以上城市的最优城市规模，并计算了不同等级城市目前产业结构水平下的城市适宜规模，这对于优化我国生产和人口的空间分布、提高城市生产效率和我国城镇化质量有重要参考意义。

经济学者很早就注意到集聚会带来生产效率的提高。马歇尔（1890）通过对产业区进行考察，认为集聚经济的外部性主要体现在三个方面：①劳动力共享，这有利于企业获得稳定的劳动力，也有利于劳动者更快地找到工作；②中间品的共享以及服务共享带来的好处；③聚集带来了知识溢出，集聚有利于新想法、新技术的扩散，这进一步促进了创新。波特对上述理论进行了补充，他认为，同类型的企业聚集会产生激烈的竞争，企业间的竞争促使企业更快的发明和使用新的技术（Poter，1998）。阿塞莫格鲁（Acemoglu，1996）指出，地理上的邻近有利于节约生产和交易费用。

从理论上讲，聚集经济对生产效率的影响会反映到工资水平上。聚集地区较高的工资水平会引起非集聚地区居民迁移到聚集区，直到迁移的收益等于迁移的成本，集聚的正外部性是促进人口向城市聚集的力量（傅十和、洪俊杰，2008）。对一个城市来说，聚集也有不经济的一面。亨德森（1974）通过构建城市模型证实，要素报酬会随着城市规模扩张而增加，但不会无限制增加；同时聚集也会导致生活成本的上升。如前章所述，聚集也有负外部性。

由于同时存在聚集经济和聚集不经济,从理论上讲,城市规模与城市的生产率可能呈倒"U"形关系(Henderson,1974)。随后亨德森在2003年的文章中提出,就最大化生产率而言,存在最优的集中度,过度集中或集中不足均会导致生产效率的损失(Henderson,2003)。

国内关于最优城市规模研究比较早的是王小鲁和夏小林(2010),通过对不同城市规模聚集的规模收益和外部成本进行量化分析,得出城市规模在10万—1000万人口之间都有正净收益,城市规模在100万—400万时净规模收益最大,规模收益最高点的城市规模为200万人口。王小鲁和夏小林(2010)得出中国的大城市不是太多而是许多小城市规模还不够大的结论。

金相郁(2004)利用成本最小化方法和聚集经济方法,采用中国1985—2002年的数据,度量并比较了中国三个超大城市北京、天津和上海的最优城市规模。利用聚集经济的方法得出北京、天津和上海的最佳城市规模分别为1251万人口、951万人口和1795万人口。柯善咨(2014)、梁婧(2015)均基于Au和亨德森(2006)的研究框架,研究了城市规模与劳动生产效率之间的关系,两者都得到了城市生产效率与城市规模之间的倒"U"形关系,但是,估计的最优城市规模大相径庭。柯善咨(2014)得出具有平均产业结构水平的城市最优规模为629万人口,梁婧(2015)得到的最优城市规模为340万人口。

关于最优城市规模是否存在这一问题已经没有疑问,前述学者已经利用中国的城市数据给出了详细的证明。但是,对于最优城市规模为多大这一问题似乎并无定论。王小鲁、亨德森、金相郁、柯善咨和梁婧等给出的结果相差甚远。

另外,目前关于最优城市规模的研究中被解释变量均为城市劳动生产效率,直接研究城市规模与城市全要素生产率关系的文献较少。并且现有文献普遍采用名义人均GDP作为劳动生产效率的代理变量,即使采用CPI或者GDP平减指数进行平减,也难以体现地区之间的聚集不经济及生活成本的差异。

本节的贡献在于:①采用经生活成本指数调整的TFP作为被解释变量,对最优城市规模进行了估算,并给出了各城市目前产业结构水平下适宜城市规模的上下限。②对现有对城市最优规模研究的文献所得结果进行了对比分析，分析发现，用全要素生产率作为被解释变量得到的最优城市规模要小于用人均 GDP 作解释变量得到的最优城市规模，采用生活成本调整的 GDP 计算 TFP 作为被解释变量时，最优城市规模进一步减小。

第五节　基于城市生产率计算的最优城市规模

一　计量模型的构建

城市规模的形成是多因素综合作用的结果，很难构建一个包含所有因素的模型。柯善咨（2014）和梁婧（2015）等采用人均 GDP 最大化的标准，本章采用 Au 和亨德森（2006）提出的模型，这是一个标准城市体系模型，假设一个国家由不同类型的城市组成，每种类型的城市的最终产出都由制造业和服务业两个部门来生产，服务业占比越高的城市在城市体系中的等级越高。例如，在中国，北京、上海的服务业发达，其服务业占比最高，是城市体系中等级最高的城市。

类型为 j 的城市 i 的增加值由制造业和服务业两部门的投入共同决定，产出函数可以表示为：

$$Y_j^i = A^i f_j [M_j^i, \ g_j (s^i, \ x^i)] \tag{12.5}$$

式中，M_j^i 表示 j 型城市 i 的制造业部门的产出，$g_j (s^i, \ x^i)$ 表示服务业部门的产出，s^i 表示城市 i 服务企业的数量，x^i 表示代表性的服务企业的产出，M_j^i 和 x^i 分别由各部门的资本和劳动投入决定。

$$x^i = x(k^i, \ n^i) \tag{12.6}$$

$$M_j^i = M_j (K^i, \ N^i) \tag{12.7}$$

资本和有效劳动禀赋的总和是一定的：

$$K^i + s^i k^i = \overline{K}^i \tag{12.8}$$

$$K^i + s^i n^i = \overline{N}^i \tag{12.9}$$

所以，最终的生产函数可以写成：

$$Y_j^i = A^i \mathring{F}_j (\overline{K}^i, \ \overline{N}^i) \tag{12.10}$$

采用柯布—道格拉斯生产函数，可以求得城市 i 的全要素生产率为：

$$\ln A_j^i = \ln Y_j^i - \alpha \ln \overline{K^i} - \beta \ln \overline{N^i} \tag{12.11}$$

估计城市全要素生产率的计量模型如下：

$$\ln Y_{it} = \alpha_0 + \alpha \ln K_{it} + \beta \ln L_{it} + \gamma X_{it} + \varepsilon_{it} \tag{12.12}$$

式中，Y_{it} 表示城市 i 第 t 年的产出，K_{it} 表示城市 i 第 t 年的资本存量，L_{it} 表示城市 i 第 t 年的劳动就业人口，X_{it} 表示与城市相关会影响到经济效率的控制变量，包括人均道路面积 str、每万人口大学生人数 cstu 等。

根据式（12.11）得出每个城市的全要素生产率后，用全要素生产率 $\ln A_j^i$ 对城市规模 lncitysize 进行回归。为了验证城市规模与城市全要素生产率的倒 "U" 形关系，我们需要在解释变量中引入城市规模的二次项 lncitysize^2。Au 和亨德森（2006）、柯善咨（2014）认为，产业结构和城市规模对我国城市经济效益存在协同机制，因此，解释变量应该包括产业结构变量 MS（制造业与服务业的比例）、MS 与城市规模的交乘项 MS × citysize、城市的基础设施 str、潜在的市场规模 ε 和运输成本 trans 会影响城市的经济效率，也应该包含在解释变量中。在中国，行政级别高的城市对资源的控制能力更强，对人口吸引作用更强。城市的行政级别也是需要考虑的变量，但是，采用面板数据可以消除行政级别的影响。最终的计量模型如下：

$$\ln A_{it} = \alpha_0 + \gamma_1 \text{lncitysize}_{it} + \gamma_2 \text{lncitysize}_{it}^2 + \gamma_3 MS_{it} + \gamma_4 MS_{it} \times \text{lncitysize}_{it} + \gamma_5 \ln eps_{it} + \gamma_6 \ln trans_{it} + \gamma_7 \ln str_{it} + \varepsilon_{it} \tag{12.13}$$

全要素生产率对城市规模的偏导数为：$\gamma_1 + 2\gamma_2 \text{lncitysize} + \gamma_4 MS$，要使城市的生产效率达到最高，根据拉格朗日条件，得到最优城市规模为：

$$\text{lncitysize} = -\frac{\gamma_1 + \gamma_4 MS}{2\gamma_2} \qquad \gamma_2 < 0, \ \gamma_1 + \gamma_4 MS > 0 \tag{12.14}$$

二 数据来源与描述性统计

本章采用的数据主要来源于《中国城市统计年鉴》（2005—2013）。在建立城市生活成本指数时，使用的房价数据来源于万德数据库，因为吉林、山东、江苏、云南、贵州、西藏等省份的城市房价数据缺失，无法计算生活成本指数，而生活成本指数是本章研究的关键变量之一，因此，只能删除这些省份的城市，实际样本量为 199 个城市，共 1791 组数据。

城市资本存量 K 没有公开的统计数据，有两种思路可以对 K 进行估算：一种是借鉴张军（2004）估算的 2000 年省份间的资本存量数据，然后假设每个省份内部各个城市的资本 K 和产出 GDP 之比相等，估算出 2000 年各城市的资本 K，再用永续盘存法计算 2000 年后各城市的资本存量。另一种思路是借鉴柯善咨（2009）的方法进行估计。首先，用《城市统计年鉴》中公布的 2000 年各城市市辖区限额以上工业企业的固定资产和流动资产估计限额以上工业资本存量。其后，算出限额以上工业企业增加值与市辖区总产值的比，假设限额以上工业企业的资本存量与市辖区资本存量之比与这一比例相等，即可近似得出 2000 年各城市的资本存量。2000 年以后各年的资本存量根据城市市辖区当年的投资总额，用永续盘存法进行估算，资本折旧率取 5%，计算公式为：$K_t = (1 - 0.05)K_{t-1} + I_t$；市辖区就业人口采用年末单位从业人员数与城镇私营和个体从业人员数之和；市辖区人均 FDI 存量数据计算方法参照柯善咨（2014），也是先估计 2000 年的 FDI 存量，假设 2000 年 FDI 存量为当年 FDI 的 3 倍，后续各年 FDI 存量采用永续盘存法计算；市辖区人力资本采用市辖区每万人大学生人数（cstu）作为代理变量；城市的基础设施采用人均城市道路面积来度量；运输成本采用城市铁路、公路、水运客运的货运量加总的总货运量（trans）作为代理变量。

三　城市层面的实证检验与结果分析

式（12.12）用固定效应模型估计的结果如下：

$$\ln Y_{it} = \underset{(24.66)}{4.4177} + \underset{(21.20)}{0.2813\ln K_{it}} + \underset{(13.88)}{0.5295\ln L_{it}} + \underset{(2.88)}{0.0176\ln FDI_{it}} +$$

$$\underset{(1.38)}{0.0135\ln cstu} + \underset{(3.51)}{0.0568\ln Str} - \underset{(-1.43)}{0.0177\ln trans} + \varepsilon_{it}$$

从回归结果看，城市的资本存量和劳动对城市生产总值的贡献分别为 28.13% 和 52.95%，外资和城市道路面积回归系数显著为正，对城市经济增长有正向促进作用。人力资本的代理变量 lncstu 系数为正但不显著，而运输成本的代理变量 lntrans 的系数为负但不显著。

根据以上回归结果，可以得到全要素生产率 lnTFP 的计算公式：$\ln TFP_{it} = \ln Y_{it} - 0.2813\ln K_{it} - 0.5295\ln L_{it}$。lnTFP 各变量的含义及统计性描述见表 12 - 5。

表 12-5　　　　　　　　　　各变量的含义及统计性描述

变量名	变量的含义	观测值个数	平均值	标准差	最小值	最大值
Y	市辖区总产值（亿元）	1791	826.26	1960.00	22.76	2130.00
K	市辖区固定资产（亿元）	1791	163.00	3520.00	63.45	36700.00
L	市辖区就业人口（万人）	1791	54.38	113.29	2.54	1340.00
COL	生活成本指数	1791	1.21	0.40	0.73	4.52
MS	制造业—服务业产值比	1791	1.456	1.021	0.242	10.602
str	市辖区人均道路面积（平方米）	1785	9.73	5.84	0.31	71.66
lntfp	城市全要素生产率的对数	1789	6.03	0.3907	4.72	7.86
k	市辖区人均资本存量（万元）	1791	9.89	7.6547	0.71	49.92
citysize	市辖区年末总人口（万人）	1791	139.69	188.73	17.22	2292.66
cstu	市辖区每万人大学生人数	1791	451.63	403.41	0	2425.51
epsino	市辖区零售额占全国比例	1790	0.0037	0.0081	0.00	0.0694
trans	市辖区货运总量（吨）	1791	98.62	86.62	3.99	1499.51

　　我们使用豪斯曼检验来确定面板模型的设置，在 1% 的显著性水平下拒绝了解释变量与个体效应不相关的假设。因此，本章使用双固定效应模型来控制城市的个体效应和时间效应。

　　表 12-6 是本章的回归结果，模型 I 和模型 II 的被解释变量是用生活成本调整的 GDP 估算的全要素生产率的对数，模型 I 估算 TFP 采用索洛余值方法，模型 II 估算 TFP 采用 DEA 马姆奎斯特（malmquist）指数方法，用作与模型 I 进行对照，以消除模型设定的误差。同时，为了说明采用 COL 指数和 CPI 指数这两种不同指数调整GDP 对结果的影响，又增加了两组回归与模型 I 和模型 II 进行对比。模型 III 和模型 IV 的被解释变量是用 CPI 指数调整的 GDP 估算的全要素生产率，模型 III 估算 TFP 采用索洛余值法，模型 IV 采用 DEA 马姆奎斯特指数方法估算的 TFP。

表 12 - 6　　　　　　　　城市规模与城市全要素生产率回归结果

被解释变量	COL 调整的 TFP		CPI 调整的 TFP		COL 调整的劳动生产率	CPI 调整的劳动生产率
	模型 I FE_lntfp	模型 II DEA_lntfp	模型 III FE_lntfp	模型 IV DEA_lntfpch	模型 V ln (col_pgdp/l)	模型 VI ln (cpi_pgdp/l)
lncitysize	1.187 ***	1.008 ***	1.105 ***	1.113 ***	1.278 ***	1.261 ***
	(5.15)	(4.85)	(4.88)	(5.87)	(5.54)	(5.56)
lncitysize^2	-0.117 ***	-0.099 ***	-0.105 ***	-0.104 ***	-0.118 ***	-0.110 ***
	(-4.86)	(-3.70)	(-4.43)	(-5.17)	(-4.94)	(-4.67)
MS	-0.061 *	-0.049	-0.051	-0.075	-0.056	-0.050
	(-1.79)	(-0.54)	(-1.51)	(-1.00)	(-1.64)	(-1.50)
MS * lncitysize	-0.043 ***	-0.012 **	-0.038 ***	-0.010 **	-0.046 ***	-0.039 ***
	(-5.32)	(-1.72)	(-4.73)	(-1.63)	(-5.57)	(-4.87)
lnepsino	0.096 ***	0.067 ***	0.079 ***	0.051 ***	0.097 ***	0.081 ***
	(4.79)	(3.32)	(3.99)	(3.01)	(4.83)	(4.10)
lntrans	-0.049 ***	-0.045 ***	-0.063 ***	-0.032 ***	-0.025 **	-0.036 ***
	(-5.14)	(-4.64)	(-6.68)	(-4.05)	(-2.12)	(-3.08)
lnstr	0.022	0.028 **	0.022	0.033 ***	0.047 ***	0.054 ***
	(1.56)	(2.02)	(1.61)	(2.87)	(2.97)	(3.49)
Cons	2.757 ***	-2.108 ***	-0.876	-2.651 ***	2.955 ***	-0.372
	(4.75)	(-3.56)	(-1.54)	(-5.42)	(5.10)	(-0.65)
Year	是	是	是	是	是	是
City	是	是	是	是	是	是
样本量	1770	1770	1770	1770	1770	1770
R^2	0.1741	0.1084	0.4355	0.1549	0.8133	0.8349
Optimal	164.3	162.4	198.3	210.6	225.1	312.8

现有研究中国城市规模的文献包括 Au 和亨德森（2006）、周阳（2012）、柯善咨（2014）和梁婧（2015）等都采用城市劳动生产率作为被解释变量，为了方便与现有文献结果进行比较分析，本章又增加了模型 V 和模型 VI，被解释变量分别是用生活成本指数和用 CPI 调整的劳动生产率。

以上六个模型的估计结果与理论预期相似，无论是采用 TFP 还是采用劳动生产率作为被解释变量，城市规模和城市规模的平方项的系数在1%的显著性水平下显著，城市规模的对数项的系数显著为正，城市规模的平方项系数显著为负，表明城市规模与城市全要素生产率存在倒"U"形关系；城市规模 lncitysize 与产业结构 MS 的交叉项符号为负并且显著，证实了最优城市规模与产业结构相关。

lnepsino 是城市商品零售额占全国商品零售额比例的对数，比例越大，该城市的市场潜力越大。lnepsino 的系数为正并且显著，表明城市的全要素生产率和劳动生产率与市场潜力正相关。通常，市场潜力越大的地区，厂商生产的资金周转速度也会更快，存货量更少，同时，市场潜力大意味着能容纳更大的生产规模，导致更高的生产效率。

lntrans 是城市货运总量的对数，是运输成本的代理变量，货运总量越大，该城市的运输成本越高。运输成本影响城市聚集经济程度，运输成本越高，各地区之间的贸易往来难度越大；很多本来应该用在投资与改进技术的资金都被消耗于运输途中，阻碍了技术进步的速度。从回归结果看，lntrans 的系数显著为负，这与现实情况一致。

lnstr 是市区人均道路面积的对数，反映该城市的基础设施建设情况。基础设施从多方面影响着城市经济的效率：落后的基础设施会导致城市运输成本提高，通勤效率低下，同时也会降低城市对外商投资的吸引力，阻碍了技术进步。回归结果与现实情况相符，人均道路面积每提高1个百分点，全要素生产率提高 0.047 个百分点。

下面来考察城市规模与全要素生产率的关系，由模型 I 估计的参数可知：城市规模扩张的边际收益随着城市规模的增加而下降，超过某一临界时就会成为负收益，因此，城市规模绝非越大越好，证实了最优城市规模的存在。另外，城市规模扩张的边际收益不仅与城市规模有关，而且与每个城市的产业结构 MS 有关。MS 是制造业与服务业产值之比，服务业比重越高的城市，MS 值越小，城市规模扩张的边际收益越大。2013 年，我国地级以上城市制造业与服务业产值之比的平均值为 0.93，代入上式可得到 2013 年具有平均产业结构比例水平的最优城市规模为 164.3 万人（市辖区人口）。

模型 II 采用 DEA 马姆奎斯特指数计算全要素生产率，回归结果与模型 I 比较，系数的显著性方面相差不大，将 2013 年平均产业结构比例水平的第二、第三产业比值代入后得到最优城市规模为 162.4 万人。

在计算最优城市规模时，采用为自然对数为底数的指数，对参数敏感性极高，我们基本上可以认为，模型 I 和模型 II 的结果是没有差异的。

模型 III 和模型 IV 的被解释变量也是城市 TFP，但是，与模型 I 和模型 II 不同，在计算全要素生产率时，GDP 是用 CPI 调整的 GDP。理论上说，CPI 低估了大城市生活成本，所以，用 CPI 调整得到的并不是真实的产出，大城市的产出效率容易被高估，因此，倾向于得到更高的最优城市规模。从模型 III 和模型 IV 的结果看，2013 年具有平均产业结构比例水平的最优城市规模分别为 198.3 万人和 210.6 万人，高于模型 I 和模型 II。

模型 V 的被解释变量是用生活成本指数调整的人均 GDP，代入 MS 得到 2013 年具有平均产业结构比例水平的最优城市规模为 225.1 万人；模型 VI 的被解释变量是用 CPI 调整的劳动生产率，2013 年具有平均产业结构比例水平的最优城市规模为 312.8 万人，比模型 V 的最优城市规模要大，这也说明 CPI 低估了大城市的生活成本，高估了大城市的劳动生产率。

对比模型 I 和模型 V 发现，模型 V 得到的最优城市规模（225.1 万人）要略大于模型 I（164.3 万人）；同样，对比模型 III 和模型 VI，模型 VI 得到的最优城市规模（312.8 万人）也大于模型 III（198.3 万人）。这说明用全要素生产率回归得到的最优城市规模要小于用城市劳动生产效率回归得到的最优城市规模。从深层原因看，是由于这两个模型所代表的经济含义不同所造成的：用全要素生产率作为被解释变量，得到的最优城市规模是使城市全要素生产率最高的城市规模，用劳动生产效率作为被解释变量得到的是使城市劳动生产效率最高的城市规模。而这两者存在着细微的差异，全要素生产率是指除资本和劳动之外的技术效率；而劳动生产率是指劳均 GDP，其中包含资本和技术的贡献。尽管在模型 V 和模型 VI 中，我们控制了人均资本，仍不能完全排除资本的贡献。

在我们的样本区间 2005—2013 年，中国经济的增长在很大程度上都依赖于投资的拉动。这期间粗放式的经济增长带来了劳动生产效率的提高，较大的城市规模能够负担起大规模的投资，在招商引资方面也更有优势；但是，粗放的增长方式并不能带来技术效率的同步进步，因此，使技术效率最大化的城市规模要小于使劳动生产效率最大化的城市规模。

四 最优城市规模区间分析

我们不应该认为最优城市规模就是使全要素生产率最大或者劳动生产效率最高的那一点，只要城市规模位于使生产效率最大的城市规模附近，都有理由相信该城市规模是接近最优的，称为适宜城市规模。取适宜城市规模上限为最优城市规模的95%置信区间的上限，适宜城市规模的下限为最优城市规模的95%置信区间的下限。表12-7直观地展现了最优城市规模和适宜城市规模的上下限是如何随着产业结构的变化而变动。

表12-7　　　不同产业结构水平对应的最优城市规模（模型 I ）　　单位：万人

MS	制造业与服务业产值之比									
	0.2	0.4	0.6	0.8	1	2	3	4	5	6
最优城市规模	218	191	177	168	161	141	131	124	119	115
95%置信区间下限	127	119	113	109	105	94	88	83	79	76
95%置信区间上限	308	263	241	227	217	188	175	166	160	155

表12-7是根据模型 I 的回归结果计算的不同产业结构水平对应的最优城市规模以及95%置信水平下最优城市规模的上下限。根据表12-5的统计性描述，城市的产业结构水平MS的值在0.24—10之间，实际上，只有像克拉玛依、大庆和金昌等少数资源型城市的MS值达到了6以上，受篇幅限制，只列出MS值在0.2—6之间的一些值所对应的最优城市规模。

在MS=0.2时即第三产业的产值是第二产业产值的5倍，最优城市规模为218万人，95%水平置信区间的上下限分别为308万人和127万人，我们可以认为，在95%的置信水平下，MS=0.2的城市只要规模在127万—308万人，城市规模就是适宜的。MS等于1即第三产业与第二产业产值相等时，对应的最优城市规模为161万人，最优城市规模的95%置信区间为105万—217万人。MS=6即第二产业产值是第三产业产值的6倍时，对应的最优城市规模为115万人，适宜城市规模为76万—155万人。

表12-8是根据模型 III 的回归结果计算的各产业结构下最优城市规

模与适宜城市规模的上下限。在相同产业结构下，模型Ⅲ采用 CPI 调整的 GDP 来计算最优城市规模，得到的最优城市规模比模型Ⅰ大，适宜城市规模的上下限都要高于模型Ⅰ，这也说明了 CPI 倾向于低估大城市的生活成本，高估大城市的全要素生产效率，从而得到较大的适宜城市规模。

表 12 – 8　　不同产业结构水平对应的最优城市规模（模型Ⅲ）　　单位：万人

MS	制造业与服务业产之比									
	0.2	0.4	0.6	0.8	1	2	3	4	5	6
最优城市规模	262	231	214	203	195	172	160	152	146	141
95% 置信区间下限	129	124	120	116	114	104	97	93	89	86
95% 置信区间上限	395	338	308	290	277	241	223	211	203	196

表 12 – 9 和表 12 – 10 是根据模型Ⅴ和模型Ⅵ的回归结果计算的各产业结构水平下最优城市规模与适宜城市规模的上下限。模型Ⅴ采用 COL 调整的人均 GDP 来计算最优城市规模，模型Ⅵ采用 CPI 调整的人均 GDP 计算最优城市规模，显而易见，模型Ⅴ得到的最优城市规模以及适宜城市规模的上下限要高于模型Ⅰ，模型Ⅵ得到的结果要高于模型Ⅴ且远远超过模型Ⅰ。柯善咨（2014）运用模型Ⅵ的估计方法，得到的 2008 年具有平均产业结构水平的最优城市规模为 629 万人，与本章模型Ⅵ 95% 的置信区间上限相近，如果把置信区间进一步放松到 90%，可以认为，柯善咨的结果也在本章得到的适宜城市规模区间的范围之内，也就是说，在 10% 的显著性水平下与本章的估计结果是一致的。

表 12 – 9　　不同产业结构水平对应的最优城市规模（模型Ⅴ）　　单位：万人

MS	制造业与服务业产值之比									
	0.2	0.4	0.6	0.8	1	2	3	4	5	6
最优城市规模	302	264	244	231	221	194	179	170	162	157
95% 置信区间下限	141	135	130	126	123	113	106	101	97	94
95% 置信区间上限	463	394	359	336	320	275	253	238	228	220

表 12 – 10　　不同产业结构水平对应的最优城市规模（模型Ⅵ）

单位：万人

MS	制造业与服务业产值之比									
	0.2	0.4	0.6	0.8	1	2	3	4	5	6
最优城市规模	410	363	338	321	308	272	253	241	231	224
95% 置信区间下限	139	139	138	136	135	128	123	119	116	113
95% 置信区间上限	682	586	537	505	482	417	384	362	347	335

　　基于模型Ⅰ的估计系数，本章还分析了各城市在目前的产业结构水平下适宜城市规模的上下限，并列举出了城市规模超过适宜城市规模上限以及城市规模低于适宜城市规模下限的城市（见表 12 – 11）。

表 12 – 11　　　　2013 年各城市产业结构下最优城市规模　　单位：万人

城市	市辖区人口	最优城市规模上限	城市	市辖区人口	最优城市规模上限
上海	2293	241	长沙	366	222
北京	1965	283	厦门	364	220
重庆	1770	206	合肥	362	210
天津	1278	214	宁波	351	214
广州	1115	252	太原	346	230
深圳	1051	227	乌鲁木齐	326	235
东莞	852	221	中山	315	205
成都	773	226	唐山	309	195
佛山	725	194	福州	297	243
西安	651	229	石家庄	295	271
沈阳	636	217	兰州	284	219
杭州	630	232	南昌	280	214
汕头	537	208	南宁	274	235
哈尔滨	471	239	惠州	270	190
郑州	440	227	莆田	197	190

　　表 12 – 11 列举了样本中 2013 年市辖区人口超过适宜城市规模上限

的 30 个城市,占样本的 15.2% 。由于在构建生活成本指数时,吉林省、江苏省、山东省、云南省、湖北省的城市房价缺失,这些省份的城市未列入比较。

北京的产业结构最为高级,第二、第三产业的比值为 0.29,在该产业结构下最优城市规模为 283 万人,而 2013 年北京市辖区人口已经达到 1964.9 万,远超最优城市规模。将 $\partial \ln tfp / \partial \ln citysize = 1.187 - 2 \times 0.117 \ln citysize - 0.043 MS$ 代入后,得到北京市 2013 年的城市规模为 1964 万人,该偏导数为 -0.59,代入上海的城市规模,该偏导数为 -0.65。这说明北京、上海的市辖区人口大大超过其各自的最优城市规模,聚集的负面效应开始显现,全要素生产率随着城市规模的增加而下降。代入城市规模略微超最优城市规模的莆田的城市规模,该偏导数为 -0.07 与 0 比较接近,基本上可以认为,在该城市规模下城市的全要素生产率达到最大值。

本章样本中,城市规模低于适宜城市规模下限的城市有 107 个,占样本的 54%,表 12 - 12 列出了其中的部分城市。城市规模最小的黑河市辖区只有 12 万人口,全要素生产率对城市规模的偏导数为 0.579,适当地扩张城市规模会大大提高城市的全要素生产率。

表 12 - 12　　　　　2013 年各城市产业结构下最优城市规模　　　　单位:万人

城市	市辖区人口	最优城市规模下限	城市	市辖区人口	最优城市规模下限
黑河	12	113	邢台	91	99
鹰潭	22	105	焦作	92	102
金昌	23	77	蚌埠	93	99
嘉峪关	23	79	葫芦岛	95	98
朔州	30	96	临汾	95	112
…	…	…	锦州	96	103
宣城	87	107	牡丹江	97	106
安康	87	108	桂林	100	111
辽阳	88	100	韶关	100	109
广元	88	98	永州	103	104
渭南	88	101	巴中	104	110
开封	90	110	宜春	106	108

本章小结

一　关于城市规模与工业企业生产率

本章利用企业层面的微观数据分析了城市规模对企业生产效率的影响，总体而言，企业的生产效率与城市规模呈倒"U"形关系。本章的一个重要发现是，由于行业的异质性，不同行业所对应的最优城市规模并不相同，而且有的行业工业企业的生产效率与城市规模无关，少数行业工业企业生产效率与城市规模正相关，少数行业工业企业与生产规模负相关。例如，印刷业和记录媒介的复制，电力、热力的生产和供应业等行业的最优城市规模人口在 400 万以上，而农副食品加工业、木材加工制造业等行业的最优城市规模人口在 150 万以下。企业应根据自身所处的行业特点选择最适合的城市：对于农副食品加工行业，120 万人口左右的城市生产效率是最高的，进入 400 万人口规模的大城市显然不是最优选择，而对于电力、热力的生产和供应业，进入人口规模为 400 万左右的大城市生产效率显然要比进入 120 万人口的中小城市高。

上述结论对我国城镇化的重要政策含义是：把所有工业行业都集中在巨型城市并不是最优配置，应根据行业的特点进行布局，一些行业应该配置在小城市，促进大、中、小城市协调发展。

二　关于城市规模与城市生产率

中国城镇化水平距发达国家仍有一段距离，但是，特大城市的城市规模已经远超世界上其他城市，城镇化率低与"城市病"问题并存。要达到 2030 年城镇化率 65% 的目标，每年要新增 2000 万城市人口，新增城市人口如何在空间上配置显得至关重要。本章研究了地级以上城市的生活成本指数、真实产出和适宜城市规模，对人口的空间配置有实际参考价值。

本章还建立了城市规模与生产率关系的计量模型，利用全国 192 个（吉林、山东、江苏、云南、贵州、西藏等省份由于数据缺失太多，不在本章样本之列）地级及以上城市的数据进行计量分析，证实了城市规模与城市生产率的倒"U"形关系，并且发现最优城市规模还与城市产业结构相关。用真实生活成本指数调整后，得到 2013 年具有平均产业结构水平的最优城市规模为 164.3 万人，适宜城市规模的 95% 置信区间下限为 105 万人，上限为 217 万人。

考虑到城市体系中不同城市的等级以及各城市的产业结构比例，可以得到不同等级城市的最优城市规模和适宜城市规模的上下限。北京城市等级最高，其适宜城市规模上限为 283 万人，因为北京的人口规模远超过了其适宜规模水平。同样，上海、天津、重庆和广州等城市的人口都远超适宜城市规模上限。人口超过适宜城市规模上限的城市有 30 个，占样本的 15.2%；城市规模低于适宜城市规模下限的城市有 107 个，占样本的 54%；其余 30.8% 的城市在适宜城市规模区间范围之内。

从上述结论看，似乎只有 15.2% 的城市的人口规模超过最优城市规模，很容易得出中国的大城市还不够多的结论。但是，如果我们再进一步计算这部分城市的人口占总城市人口的比例会得到完全不同的结论。在本章样本包含的 199 个城市中，样本包含的城市的总人口为 3.5 亿，人口超过适宜城市规模上限的 30 个城市总人口为 2.2 亿。也就是说，有 63% 的城市人口都生活在人口超过适宜城市规模的城市。

综合上述研究结果，我们得出的重要结论是：我国城市发展极不平衡，北京、上海等巨型城市和特大城市规模过大，远超过了其适宜规模水平，而另有超过一半的城市规模过小。要提高城镇化质量、有效地解决城镇化水平低和特大城市"城市病"严重的矛盾，必须限制特大城市和巨型城市规模，鼓励中小城市发展，促使中小城市承载起吸纳农村转移人口的重任。

第四篇

从人才与新兴产业空间布局
分析我国城镇化对策

第十三章　主要发达国家高技术
创新中心的空间布局

　　随着美国硅谷在高新技术产业领域取得巨大的成功，世界各国竞相效仿，涌现出一批高科技产业园，例如，英国的剑桥科技园、法国的索菲亚·安蒂波利斯、日本的筑波、德国的慕尼黑和以色列的特拉维夫。这些科技产业园发展迅猛，成为推动各国产业升级和经济发展的"发动机"。关于高科技创新中心发展成功经验的研究很多，钱颖一在《硅谷的故事》一文中已做了详细的总结，其中提到的创业氛围、风险投资体系、大学和科研机构的支持以及政府的优惠政策等都是产业园取得成功的重要因素。

　　在探究发达国家高新技术创新中心及产业园的文献中，城市环境因素常常被忽略。然而，城市环境，对于位于其内部的高科技产业有着重要影响：便利的交通通勤条件能够减少高科技人才在上下班途中花费的时间，使高科技人才投入更多时间到研发工作中；高质量的城市生活能吸引更多的高科技人才来此就业，在整个城市内部形成高密度的人力资本；安静优美的工作环境能够使科研人员全心地投入研究，提高了研发人员工作效率。

第一节　高科技创新企业生产函数分析

　　创新企业是高新技术产业集群的组成元素，创新企业的竞争力主要体现在研发部门，因此，本部分将聚焦于研发部门的生产函数。采用罗默（Romer，1990）的生产函数，创新部门所有的研究人员都可以利用知识存量 A，δ 为研发效率，假设研究员 j 的人力资本为 H_j，用在研发上的劳动投入为 L_j，那么第 j 个研究人员的产出为 $\delta H_j L_j A$。如果我们将所有研发部门的产出相加，那么，研发部门的产出为 $\delta H_A L_A A$，即知识存量的变化为：

$$\mathring{A} = \sigma H_A L_A A \tag{13.1}$$

式中，H_A 为所有研究人员的人力资本 H_j 总和，表示研发部门的人力资本总量；L_A 为所有研究人员的有效劳动投入的总和。

由式（13.1）得出，一个地区创新部门的产出与研发效率、该地区的人力资本总和、该地区研发人员有效劳动投入总和与知识存量成正比。研发效率主要取决于政策、制度等因素，在研发效率一定的情况下，研发部门的产出与其他三个要素正相关。下面我们将分别对这三个要素进行分析。

一　高人力资本的科技人才要素

H_A 为该地区所有研究人员的人力资本总和，不仅取决于研究人员的数量，还与每个研究人员的科研水平有关。科技型人才与一般人才的区别在于：科技型人才拥有更高的人力资本，他们能够利用自身掌握的专业知识，对现有知识进行加工和创造，提出创新理论并转化为生产力。因此，如果一个地区能通过各种方式引入大量高科技人才，迅速提升本地区的人力资本存量，形成高密度的知识人才库，该地区的创新产出水平将会得到大幅提高。

二　科技人员的有效劳动投入

在其他条件一定的情况下，研发部门的产出与研发人员有效劳动投入 L_A 成正比。L_A 等于研究人员花费在工作上的总时间 L 减去花费在上下班途中的时间 L_c，用公式表示为 $L - L_c$。研发部门的产出可以替换为：

$$\mathring{A} = \delta H_A L A - \delta H_A L_c A \tag{13.2}$$

科研人员的精力是有限的，花费在工作上的时间 L 对各个地区来讲并无差别；而由于不同城市的交通状况不同，平均通勤时间 L_c 会有很大的差别。研究人员每天都会将一部分时间浪费在通勤的路上，对于交通状况较差的城市，浪费在通勤途中的时间更多，导致研究人员的有效劳动投入普遍低于交通状况好的城市。

三　较高的知识存量水平

高科技人才进行的一切创新活动必须是基于已有知识和信息的基础

上，如果一个地区知识存量为零，那么创新部门的产出也会为零；知识产出具有累积效应，当期的知识产出会作为增量增加到知识存量中，提高下一期的知识存量。因此，如果一个地区拥有的知识存量显著高于其他地区，该地区知识产出的速度也会显著快于其他地区，由于存在积累效应，知识产出速度的差距会越来越大。

第二节　科技人才的工作和生活特征分析

创新的过程实际上就是科研人才与知识存量这两种要素相互作用的过程，通过对创新企业生产函数的分析可以得出，一个地区创新能力如何主要取决于该地区有多少知识存量、能吸引到多少科技人才以及对知识和人才整合效率三个方面。因此，有必要对科技人才工作和生活特征进行分析。

一　科技人员更加关注生活质量

高科技人才在劳动力市场上有很强的议价能力，在物质上已经得到一定程度的满足，他们关心更多的是工作环境及生活环境是否令人满意。卡内基—梅隆大学 2000 年的一项研究表明，对生活质量因素的关注程度和受教育程度存在显著的正相关关系，即受教育程度越高者，在考虑就业时对生活质量的关注程度越高，这证明高素质人才在就业时更有可能选择生活质量水平更高的城市（韩宇，2007）。而城市的生活质量在很大程度上可以由一些自然风光诸如更长时间的光照、山景、靠近海岸线的程度及温和的气候来进行解释（Albouy，2012）。这些地方特征会内化到工资当中，为了舒适的生活环境，科技人才甚至愿意降低对工资的要求（Pierre - Philippe Combes，2007）。

二　时间对于科技人员是稀缺资源

在高科技市场，往往是"先入为主"，能抢在竞争对手前面推出新产品就能迅速占领市场。因此，高科技产业是"与时间赛跑"的产业，从事高科技产业的人员也会有压力感，常常感觉到时间不够用（格莱泽，2010）。由于科技人员劳动的特殊性，其收入也会较普通工作人员高。因此，科技人员的时间价值比普通人更高，这种差距会随着收入增长变得更为显著。对高科技人员来讲，通勤时间越长，能投入研究活动的时间越短，其工作效率就越低，因此，每天浪费大量的时间在通勤上是极为痛苦的事情。

三　科技人才的聚集具有外部性

与很多传统的经济活动不同，创新活动是集体协作的活动，需要许多科技人才团结协作。这不仅是因为创新活动所需要的知识储备量巨大，单凭个人的知识和精力难以掌握；而且，科技人才之间的交流具有正外部性，思想的碰撞更容易激发出灵感的火花。科技人才的协作会产生规模报酬递增，大大缩短了创新所需要的时间，提高了创新的效率。

四　科技人才工作选择具有高度的自主权

科技人才拥有的最重要的生产要素即隐藏于头脑中的知识与创造力，具有不可分离性。而这种生产要素对于高新技术产业是短缺资源，因此，高科技人才在职业选择方面具有高度的自主权，为了吸引高科技人才，企业甚至需要考虑高科技人才的偏好。一旦高科技人才认为，目前的工作环境缺乏吸引力，或缺乏成长机会，他们很容易通过更换企业来改善工作环境，寻求新的发展机会。

第三节　高科技产业集群和创新中心的区位选择

对传统制造业而言，较低的成本是战胜竞争对手的关键。为了降低成本，企业在选址时通常考虑土地价格、劳动力成本、运输成本、信息成本。如果制成品的运输成本较高，企业往往会聚集在离消费者较近的地方，形成克鲁格曼描述的工业化中心和农业为主的城市外围（Krugman，1991）；如果原材料运输成本较高，企业往往会选在靠近原材料市场的地方，比如，制糖业往往会选址于甘蔗、甜菜产量较高的地方。当劳动力成本成为主要成本时，为了降低成本，企业会聚集在劳动力成本较低的地区，例如，中国东部沿海地区劳动力成本上升后，我国企业开始大规模内迁，外资企业也大规模地向其他劳动力成本更低的发展中国家转移。

高科技企业主要进行的是知识创造，不需要原材料和产品运输，当互联网普及之后，信息传递成本也急剧下降，高新技术企业面临的主要成本是创新成本。因此我们认为，具备以下条件的地区更适合发展高科技产业：

一　高科技人才密集的地区

高新技术产业依靠科技人才的创造力对现有生产要素以新的方式进行组合，因此，高新技术产业最重要的要素是科技人才，高新技术企业的竞争实际上是科技人才的竞争。然而，高科技人才供给十分短缺：英国《金融时报》2012 年 11 月的报道显示，到 2020 年，全球高科技企业将面临约 4000 万的技术人才缺口，获取高科技人才成为企业考虑的首要问题。有些地方由于高校、科研院所众多，已经形成一定的集聚效应，对科技人才有较强的吸引力，将高新技术产业布局在这些地区，获取科技人才的机会也会更大。

二　市内交通便利的城市

通勤成本是人们选择工作区位的重要因素，较长的通勤时间意味着较高的货币成本，每日工作时间越长，就业者就越不愿意把时间花费在通勤上，能忍受的通勤成本越低（郑思齐，2009）。因此，对于交通拥挤、通勤时间较长的城市，高科技人才可能根本就不想去那里就业，这类城市获取高科技人才就更加困难。另外，通勤成本会通过交通费报销或者提高名义工资的方式转移到创新企业，这直接导致企业创新成本的上升。

三　生态环境好、生活质量高的城市

高科技人才对生活质量有更高的要求，在选择就业城市时，会优先选择生态环境好、生活质量高的城市，因而这些地区的高科技企业更容易获得高科技人才的青睐。同时，良好的生态环境作为一种舒适物品，能够提高这些地区高科技人才的效用水平。为了能享有本地区的生活环境，高科技人才甚至愿意降低工资要求，这降低了企业的创新成本。

结合以上分析，本章提出，高新科技产业集群应该布局在自然环境优美、交通通勤便利、生活服务完善的地区。这个地区不应该是拥挤嘈杂的特大城市，而是自然环境优美、交通便利的中小城市。

为什么城市规模太大而不利于发展高新技术产业呢？

城市规模对企业创新效率存在正反两个方面的影响：一方面城市规模扩大有利于知识与技术的空间溢出和共享公共品（Henderson，2003）；另一方面由于人口增加导致交通拥挤、地租上涨会增加企业的创新成本。当人口规模最优时，在边际上这两种力量正好抵消（Arnott，2004）。城市人口超过最优规模时，人口增加导致创新成本的提升不仅会超过集聚的正效应，还会导致创新效率下降。城市的人口规模越大，平均通勤时间越长，由此带来的创新成本就越高。对于高科技企业来讲，高新技术人才对居住条件要求更高，因此，"居住—就业"不匹配程度更高，由通勤导致的创新成本也会更高。

能否通过新建公路或增加公共交通来降低大城市的通勤时间呢？如前章所述，经济学家吉勒·杜兰顿已经证实，随着新建公路的增加，汽车行驶里程也会呈现一对一的增长，每一条新建的道路或新修建的桥梁在投入使用后都会吸引来更多的交通流量。公共交通的增加，一方面，吸引了更多的人来城市就业，这无疑增加了城市通勤的压力；另一方面，随着一部分人转向公共交通，道路将会变得更加通畅，这又会吸引一部分人购买私家车，补偿了公共交通分担掉的那一部分通勤人口。通勤对于大城市来讲确实是难以解决的问题，特别是对500万人口以上的大城市，很难通过增加公共交通来降低大城市的创新成本。

第四节　发达国家高新技术创新中心空间布局的共同特征

世界上已经有一些国家在发展高新技术上取得了很大成就。例如，美国的硅谷、英国的剑桥科技园、法国的索菲亚·安蒂波利斯、以色列的特拉维夫和德国的慕尼黑。这些高新科技产业集群发展迅猛，成为推动各国产业升级和经济发展的发动机。发达国家的高新技术产业集群经过几十年的发展已经较为成熟，其空间布局有典型的代表意义。主要发达国家的高新技术产业集群的空间布局存在以下共同特征：

一　靠近大学，与大学有密切的合作关系

一般来说，大学和科研机构密集的地方，人力资本的密集度较高。将高新技术产业园布局在大学附近，可以充分利用这些地方高度密集的人力资本，为创新企业服务。

以硅谷为例，硅谷拥有斯坦福大学、西北理工大学、圣塔克拉拉大学、旧金山大学和金门大学五所私立大学以及加州大学伯克利分校、加

州大学旧金山分校、加州大学蒙特利湾分校、加州大学圣克鲁兹分校、圣何塞州立大学、旧金山州立大学八所公立大学，其中，加州大学伯克利分校和斯坦福大学是世界公认的一流大学。

硅谷的成功与这些大学密不可分。20世纪50年代，硅谷一带只是生产苹果、核桃等农作物的农牧业区，其发展远远落后于美国的东部和中部地区，而斯坦福大学以电子领域的研究闻名。为了促进工业教育与企业的结合，斯坦福大学特纳教授主持成立了斯坦福大学研究所，斯坦福大学的很多教授在从事研究的同时，都会自己创办公司。公司将一部分股份交给学校，当公司通过资本市场退出时，学校就可以获得相应的收益。这种研创产结合的模式获得了巨大的成功，催生了如惠普、仙童、苹果等一大批高科技公司，许多老牌公司如西屋、IBM、瑞森也在该地区建立研究中心，硅谷逐渐形成了以半导体为核心的产业集群。在今天，硅谷地区的大学仍然源源不断地为硅谷输送着技术和人才。

再考察其他高科技产业园，剑桥科学园附近的剑桥大学是世界公认的顶尖大学，为了推动科研人员创业，剑桥大学出台了很多具体措施。例如，鼓励教师在企业兼职、规定专门技术的知识产权归教师所有，大大提高了教师将专利商业化的积极性；索菲亚·安蒂波利斯所在的尼斯市拥有法国最大的综合性大学——尼斯大学和多家国立科学研究中心，特拉维夫大学是以色列规模最大的大学。

从全球范围内科学园区的地理位置分布来看，48%的产业园直接位于大学园区内或与大学毗邻，39%的产业园距离大学20千米以内，只有4%的产业园距离大学20千米以上。[1]

二 分布在人口规模较小的中小城市

许多城市经济学文献认为，特大城市既是创新的发源地，也是创新产业的聚集地，中小城市只能吸引技术成熟的产业。然而，这一理论观点与现实大相径庭，主要发达国家的高新技术产业基本分布在中小城市，而非特大城市。

硅谷起先仅包含圣塔克拉拉县和圣荷西市，之后逐渐扩展，将周边的一些县也包含进来。据统计，硅谷核心地带圣何塞市人口不到100

---

[1] 国际科学园区协会2002年10月统计数据。

万，其中，科技工作者就有 43 万之多，40 多个诺贝尔奖得主、365 名美国的院士，高科技人才密度居美国之首。

剑桥科技园所在的剑桥市也是一个很小的城市，不算郊区的话，市区半径只有 3 千米左右。据统计，目前整个剑桥市人口在 12 万左右。剑桥市在城市发展过程中，一直都有严格的规划与设计，对住房绿化面积有严格的管控，每年新增建住房很少，因此剑桥市房价较贵，人口增加非常缓慢，预计到 2031 年也不过才 15 万人。索菲亚科技园也并非依托大城市而建立起来的，科技园区总人口约为 100 万；特拉维夫市人口约为 40 万，慕尼黑人口约 130 万。

全球范围内，大部分高科技产业园也都位于人口小于 50 万的小城市或邻近大城市，只有 24% 的产业园位于人口超过 100 万的大城市。这也从客观上印证了人口规模较小的中小型城市更适合发展高新技术产业。[①]

三　分布在交通便利的城市

硅谷虽然繁忙，却很少有人抱怨交通问题。这主要得益于硅谷多中心的城市布局：在硅谷几乎看不到高度聚集的商业购物中心，民居多散落在乡间，商业中心以仓储式超市为主，都分布在交通要道。民居和商业中心分散布局，一方面可以提高居民居住和就业的匹配度，在工作单位附近就业可以大大减少通勤时间；另一方面由于商业中心分散，居民可以就近购买生活物品，避免了人流的大量集中，减轻了交通压力。对外交通方面，圣何塞市拥有三条州际高速公路和多条铁路，市中心距离圣何塞国际机场只有 3 英里，市中心往北 35 英里是旧金山国际机场，可以享受到 20 多家航空公司提供的大量廉价航班。

尼斯有高速公路、铁路与欧洲各地相连，交通极为便利。尼斯的高速公路可以直接通往戛纳、马赛、巴黎、里昂、罗马、米兰等城市，从尼斯乘坐火车，向西可通过戛纳前往马赛、巴黎，向东通过摩纳哥可以至意大利。索菲亚科技园距法国位居第二的尼斯国际机场不到 10 千米，每天都有 80 个航班与世界 45 个国家联系。

慕尼黑是德国南部最大的交通中心，慕尼黑弗兰茨—约瑟夫·施特劳斯国际机场位于慕尼黑市东北部，距市中心约 40 千米，110 余

---

① 国际科学园区协会 2002 年 10 月统计数据。

家航空公司在此经营 230 余条航线，通达世界 70 多个国家。慕尼黑中央火车站是德国南部的铁路交通枢纽，从这里 3 小时可以到达富森和法兰克福，5 小时可到达苏黎世和维也纳，6 小时可到达科隆、汉堡和柏林。

四　位于生态环境良好、生活高质量的城市

城市的生态环境和生活质量是科技人才选择工作时考虑的重要因素之一，发达国家的高科技产业园都布局在生活质量较好的城市，这些城市在发展过程中也非常注重生态环境保护，实现了工业发展与生态保护的双重目标。

慕尼黑市政府有三个明确的目标：就业率、绿化率和更好的空气。从 20 世纪 90 年代开始，慕尼黑市政府在郊区实施"绿腰带项目"——对城市外围没有覆盖建筑物的土地进行绿化，保护动植物生活环境，建生态发展区和休闲文化区。现在慕尼黑郊区拥有约 5000 公顷的森林，为慕尼黑提供着丰富的生态资源，同时发挥着蓄水防风、净化空气及防止水土流失的功能，学校经常组织孩子们到"绿腰带"上的森林里，在这里接触森林、认识森林。因为生态环境良好，慕尼黑被称为"百万人的超级村庄"。

特别值得一提的是，还有索菲亚科技园所在的尼斯市及以色列的特拉维夫市。尼斯市是法国的第二大旅游城市，也是全欧洲最有名的滨海度假城市。因地处自然保护区，科技园区从建立之初就强调环保，园区内无工业、无污染，所有的建筑层高限制在四层以下。所以，时至今天，整座园区完全掩映在绿树阴中。

特拉维夫是著名的旅游城市，有着地中海明珠的美誉。在这里能格外感受到地中海的美丽，拥有 10 千米长的海岸线，沙滩干净细软，游泳服务一应俱全。特拉维夫还以拥有在中东地区异常开放和繁荣的夜生活而著称，海滨的步行道有无数的夜总会和酒吧，是特拉维夫夜生活气氛的焦点所在。特拉维夫生活品质非常高，是以色列的享乐之都。根据福布斯的统计，每 9 名以色列籍亿万富翁中有 7 名居住在以色列，其中至少有 4 人住在特拉维夫或其郊区，以色列人常说：在耶路撒冷祈祷，在海法居住，在特拉维夫玩耍。

第五节　世界知名高科技创新中心的人居环境

一　美国硅谷

硅谷的高科技产业园形成于 20 世纪 50 年代，硅谷的发展主要经历了四个阶段：60 年代以前，以国防工业为主；70 年代以集成电路为主要产品；80 年代形成以个人电脑为主的产业群；90 年进入互联网时代以后，又引领互联网产业的发展。截至 2013 年，硅谷地区聚集了16600 余家高科技公司，其中有 1000 余家将总部设在硅谷。

硅谷位于加利福尼亚北部旧金山市的圣克拉拉县，北加州第一大城市圣荷塞为硅谷的中心。硅谷背倚太平洋，面临旧金山海湾，属于温带海洋性气候，夏天不热但干燥少雨，冬天不冷，潮湿多雨，全年平均温度全年平均温度 13℃—24℃，全年日照 300 多天，气候宜人。这里污染少，拥有美丽绵长的海岸线，森林和 300 多平方千米的国家公园。硅谷生态环境优美，处处可见参天大树和翠绿的草坪，花草树木品种繁多，高低错落；花卉的品种、颜色也丰富多彩，走在这里，仿佛行走在植物的博览园。圣何塞拥有绵密的高速公路网，主要公路是三条州际高速公路和其他多条通往其他州的美国国道；铁路方面，圣何塞是西雅图与洛杉矶之间的主要停靠站点之一。

硅谷地区的交通很有特色。整个硅谷地区有 700 多万人口，是美国人口密度最大的地区之一。平均每个家庭拥有 2—3 辆小汽车，因此，又被称为"骑在车轮上的城市"，虽然车辆很多，但是，硅谷的交通系统有着不可思议的高效率，很少有人抱怨交通问题。硅谷几乎所有路口都在距离路口较长距离开启右转弯专用道，没有红绿灯的路口都会有"停车"符号，遇到这个符号，必须将车辆完全停下，这样，直行的车辆就可以快速通过；聪明的道路设计和严厉的交通法规使在这里行车遵守交通规则成为顺理成章的事情，整个交通效率自然得到了提高。

硅谷人口密度虽大，却没有繁华的都市气氛，没有高楼大厦，没有高度集聚的商业中心，民居较分散居住，商业中心以仓储式超市为主，分布在交通要道。民居和商业中心分散布局，一方面，可以提高居民居住和就业的匹配度，在工作单位附近就业，可以大大减少通勤时间；另一方面，由于商业中心分散，居民可以就近购买生活物品，避免了人流的大量集中，减轻了交通压力。由于通勤时间较短，购物消费非常便利，人们用于工作及休闲的时间也就相应地增加了。

舒适的气候条件、良好的自然环境、便利的交通条件、高效的市内交通以及分散化的城市布局都是吸引高科技人才留在硅谷创业发展的重要原因。硅谷每年吸引着全球特别是亚洲国家大批高素质人才，使其成为全美人口最多元化和素质最高的地区之一。根据 2006 年的一项人口统计，硅谷移民人口占总人口的 1/4，1/3 的高技术专家和工程师是外来移民。人才的聚集也吸引了大量外资来硅谷创业，外国移民参与创办的公司占全部高科技公司的 52.4%。

二　英国剑桥工业区

剑桥工业园是世界上重要的科技创新中心之一。它以高科技为核心的创新增长方式，促进了该地区和英国的经济发展，并成为英国新经济中枢的重要组成部分。剑桥工业园区以其在技术创新中的突出表现赢得了"硅沼"的声誉，大量高科技公司聚集在剑桥地区，在过去的 30 年里，科技园区每年增加 5000 个就业机会，园区国内生产总值年均增长率达到了 6%，大大高出英国 3.4% 的国内生产总值增长率。累计为英国创造税收 550 亿英镑，出口总值达到了 280 亿英镑。这样一个经济效益日益增加和技术日趋先进的高科技园区已经成为整个英格兰东部地区的科技中心。

剑桥位于伦敦以北约 60 英里处，往来于各地的高速运输网络四通八达，公路交通十分便捷。从剑桥火车站乘车到伊曼纽尔街下车约需 15 分钟时间，即到市中心。剑桥往返于英国各地的火车车次十分频繁，可直达伦敦、伊普斯威奇、伯明翰等和途经彼得堡到达北部地区。剑桥没有机场，一般旅客都是乘机抵达伦敦后再转车前往剑桥。伦敦的四个机场（伦敦距剑桥最近的机场是斯坦斯特德机场，距剑桥南郊仅 30 英里）都有巴士来往于剑桥的巴士总站，车程约 1.5 小时。剑桥有专线巴士往来于伦敦国王十字站和利物浦站，大约每半小时一班，车程约 1 小时 20 分钟，从维多利亚站到剑桥约需两小时。

剑桥区原先没有重工业，自然环境优美，长期以农业和低水平的服务业为主。剑桥在城市发展过程中，一直都有严格的规划与设计，对住房绿化面积有严格的管控。剑桥还制定了一系列措施来保障剑桥的生活环境，新建筑的开发地址、建筑物高度、外观、建筑材料都要符合可持续发展方式；实施"绿化带政策"，保护开敞地，确保城市特色或自然保护价值；保护娱乐休闲设施，如果新的开发导致现有休闲设施损失，必须提供至少相当于现在规模和质量的设施，必须无损市中心的活力；市中心各个购物场所的开发和变更都必须控制在一定规模，以增进城市活力为目标；保障学习和就业用地；新建道路使私家车的使用最小化，公共交通的使用最大化，必须建设人行道和自行车道。

三 法国索菲亚·安蒂波利斯科技园

索菲亚·安蒂波利斯科技园（以下简称"索菲亚科技园"）建于1969 年，经过 40 多年的发展，该园区已经成为目前欧洲最大、法国最国际化的科技园区。索菲亚科技园占地面积 25 平方公里，拥有来自世界上 60 多个国家的 1300 家高科技机构的研发型企业，在此工作的科技人员有 3 万多名。园区项目和产业主要集中在电子信息、精细化工、生命科学、环保和新能源等领域，代表着当今世界的研究方向和先进技术水平。

索菲亚科技园坐落在法国南部阿尔卑斯—滨海省尼斯市。尼斯市南邻地中海，依山傍水，气候温和，是法国仅次于巴黎的旅游度假胜地，也是全欧洲最具魅力的滨海度假城市。市内众多的历史古迹、博物馆、美术馆、游乐场所吸引着大量的游客。与美国硅谷或其他国家的科技园区不同，索菲亚科技园没有高等院校和科研机构作为起步发展的依托，而是在一片空地上从零开始。因地处自然保护区，科技园从建立之初就强调环保，科技园内无工业、无污染，所有的建筑层高限制在四层以下。所以，时至今天，整座园区完全掩映在绿树阴中。

优越的地理条件和自然人文环境、独特的旅游资源和便捷的交通为企业及居民提供了优质的生活环境，保证了科技城的天然吸引力。另外，科技园区以教育科研为核心，强调以人为本，在保持区域生态环境的前提下，不断完善交通、居住、娱乐等配套功能。尽管在土地利用效率方面受到一定质疑，但这种建设理念确保了科技园区的可持续发展，科技园区也因其宜居、宜业的环境、完善的城市功能受到了众多科技型企业和高科技人才的青睐，成为欧洲乃至全球最具吸引力的城市区域之一。

四　日本筑波科学城

筑波科学城是一个完全由政府主导的国家项目。1963 年 9 月，日本内阁会议决定，在筑波地区建设"筑波研究学园都市"。1980 年，筑波的城市基础设施建设已基本完成，按计划需要转移或新建的国立实验研究机构也已各就各位，如东京教育大学 1973 年迁到筑波，更名为筑波大学，现在已是日本著名的国立大学。后来，随着城市中心地区设施的完备，民间企业开始大量进驻，建立了工业园区。筑波科学城已经成为日本最大的研究与开发中心，也是日本最著名的知识和学术密集城市。

筑波科学城约有人口 20 万，300 家国家、私人研究机构、公司，雇用近 1300 名科学家，代表了日本最尖端科学研发水平。其研究领域包括教育、建筑、物理科学、生物、农业、环境、安全等，并且在多个领域取得了创造性突破，培养出了 4 位诺贝尔奖获得者。筑波科学城是如何吸引并留住科技人才的呢？筑波科学城从建立之初就有详细的城市规划。当下，面对钢筋水泥铸成的城市森林，不少都市人开始集体怀念与大自然和谐而居的生活。而筑波科学城的一个重要意义，就还在于它创造出了一种国际化田园生活都市形态。当时按照日本内阁会议决定，在筑波地区建设"筑波研究学园都市"，是以城市的中心地区作为"研究学园地区"，并有计划地布置实验研究机构、教育机构、商业和服务设施、住宅等，其他地区作为"周边开发地区"，实现与研究学园地区的均衡发展。

科学城选址筑波也并非偶然，主要是由于筑波地处关东平原腹地，自然风景优美，建设用地充足，而且靠近东京，最重要的一点是，这里很少有地震灾害。目前，在筑波葛城地区新建的市区，就提出了环境共生型城市的口号，通过建立水循环系统、保护大规模绿地、利用现有地形和池塘建设公园，以及建造新能源住宅等，形成一种森林与城市和谐共处的新的生活方式。现在筑波市民人均拥有公园面积达 10 平方米，超过日本人均 6 平方米的水平。在筑波市政府新的办公大楼不远处，就可以看到稻田，真正实现了随处亲近大自然。

通过保护自然环境和历史遗产，使科研人员拥有良好的生活环境，科学城在建设中将研究与教育区和周边开发区分开，研究与教育区是一个完全规划的城市区域，有南北和东西两条主干道贯穿其中，地下水系统、公园和居住区都是进行系统开发和建设的，城市中心地区有先进的基础设施如高效的地下隧道、公共中央供热制冷系统、步行街道，城市中心有大规模的商业中心、图书馆、博物馆。这些因素都成为筑波科学城吸引科技人员留在当地工作的重要原因。

五　以色列特拉维夫

特拉维夫濒临地中海。特拉维夫市区面积51.76平方千米，人口约40万，以犹太人为主，阿拉伯人仅占4%。特拉维夫由两部分组成，它的全称叫特拉维夫—雅法，雅法是古城区，虽然它只占整个城区很小的一部分，但它却是这座城市的发源地。雅法古城现在以旅游业为主，街边各种商铺里商品应有尽有，特别是小餐馆、纪念品商店、旧货店生意兴旺。特拉维夫则是一个现代、开放的城市，道路宽阔，高楼林立，以白色调为主，街上行人穿着较现代，市民多为世俗派犹太人。

特拉维夫位于沙丘地带，不适合农业，海岸也不适合开辟港口，自然资源似乎很匮乏。历史上特拉维夫一直在努力寻找经济发展的空间，直到20世纪90年代，终于取得成效。截至2011年年底，以色列拥有240家研发中心和3000余家创业公司，主要包括IT和软件、通信技术、生命科学、半导体、网络、清洁能源和其他行业，其中，IT和软件行业占30%。

目前，除美国之外，以色列拥有世界上数量最多的高新技术创业公司以及国际软件行业巨擘的研发中心，这些公司和研发中心绝大多数位于特拉维夫所在的西海岸GushDan大都市群，该市政府将特拉维夫定义为以创新为主的国际商业中心，成为推动以色列经济发展的引擎。因为高科技企业众多，特拉维夫已成为"硅溪"。

特拉维夫建在平缓的山丘上，街道微有起伏，掩映在绿树、花草中，还建有贯穿城市东西的哈雅康人工河及大森林公园。沿海10千米长的海滨大道宽阔整洁，排排棕榈树挺立，间以绿草如茵的花园、饭店。临海沙滩细软干净，一座座防波堤使波光粼粼的蓝色地中海更加平静。其海水泳场、救生员、净水冲洗全部免费服务。海滨俱乐部、咖啡屋和餐馆服务周到。这儿能格外感受到地中海的美丽，被誉为以色列最美的海滨。由于风景优美，特拉维夫又有着东地中海明珠的美誉。海滨周末到处都是各种集会，规模最大的是每年10月的"爱情大游行"，用花车、音乐宣扬爱与和平，全球有50万人参加。

特拉维夫是一座重要的旅游城市，集地中海风情与文化多元性于一身。特拉维夫有几座公园，其中，最大的是位于国王乔治街的亚尔孔公园。这里也有许多购物中心，诸如迪森高夫中心（以色列第一个购物中心）和阿兹里利中心。特拉维夫有许多旅馆，诸如皇冠广场酒店、喜来登酒店、四季酒店、但酒店、希尔顿酒店。特拉维夫还以拥有在中东地区异常开放和繁荣的夜生活而著称，海滨的步行道上有无数的夜总会和酒吧，是特拉维夫夜生活气氛的焦点所在。特拉维夫在以色列以"不眠之城"著称。

六　德国慕尼黑

慕尼黑高科技工业园区于 1984 年由慕尼黑市政府和慕尼黑商会共同投资成立，开办之初就受到企业界的普遍欢迎，到 1990 年，园区面积就扩大了两倍，目前园区拥有 300 多家电子公司。慕尼黑位于多瑙河支流伊萨尔河畔，是德国著名的历史古城。慕尼黑总面积 210.4 平方千米，总人口约 130 万，是德国第三大城市。慕尼黑水陆交通十分便利，气候温和，环境优美，也是国家著名的旅游城市之一。

德国是自行车王国，慕尼黑拥有近 80 万辆自行车，几乎是每人一辆。慕尼黑在工业化过程中非常注重对生态环境的保护和文化传承，市政府认为，城市的美好不在于版图的扩张，而在于城市生活质量的提高。慕尼黑还是德国的艺术重镇。拥有 3000 多家画廊、50 多座博物馆、4 座歌剧院、3 个世界级交响乐团、数不尽的书店……仅有 130 多万人口的慕尼黑，却享有如此众多的文化艺术设施。走在慕尼黑干净的街道上，经常可以看到即兴表演，他们并非是流浪艺人，其中很多是来自欧洲其他国家的音乐爱好者，他们迷恋这座城市对艺术的包容，来这里寻找知音，发现灵感。温和的气候、良好的生态环境使慕尼黑成为一座宜居城市，自行车文化放慢了慕尼黑的生活节奏；艺术升华了慕尼黑的魅力，让这座宜居城市变得更加优雅。

七　德国弗莱堡

弗莱堡是德国南部和瑞士、法国交界处的一座内陆小城市，人口约 20 万。但是，由于弗莱堡拥有一些重要的国家级学术科研机构，这座城市成为德国南部一个明星城市。

（一）弗莱堡的科研机构

弗莱堡拥有全欧洲最大的太阳能开发利用研究机构，已经形成了太阳能研究所、太阳能企业、供货商和服务部门一体化的太阳能经济网络。弗莱堡是德国著名的大学城，创建于 1457 年的弗莱堡大学则是德语国家中历史最悠久的大学之一。弗莱堡大学的建筑并不集中，而是散布在市区各处，可以这么说，弗莱堡的城市和大学紧紧融合在一起，人们很难分清，究竟哪里是大学，哪里是城市。在弗莱堡全城 20 万人口中，将近 1/10 是大学生，大量年轻学子的存在，使弗莱堡这座古老的小城也充满了青春的活力。

（二）弗莱堡的环境

弗莱堡，拥有林地 5138 公顷，林地面积占市辖区总面积的 43%，是德国拥有最多林地的城市之一，是绿色城市的典范。此外，弗莱堡在环境保护、交通规划、历史建筑保护、垃圾处理等也颇具特色。通过保护自然环境和历史遗产以及科学的垃圾处理，使弗莱堡有着良好的生态环境，良好的生态环境为在这里就业的人才提供了舒适的生活、工作环境，工作效率也得到了提高，因而吸引着国内外高科技人才来这里就业。

本章小结

通过对高新技术产业生产函数和高科技人才的特点分析发现，城市人居环境通过以下三种途径影响了高科技产业集群的发展：城市的生活质量影响高科技人才的工作地点选择，进而影响城市的人力资本存量；城市的交通影响科技人才的有效劳动投入时间；城市的大学及科研院所数量影响该地区的知识存量。

无论从理论分析还是从主要发达国家产业集群的实例分析，都证明了高新技术创新中心应该分布在生态环境好、生活质量高、交通便利以及科研机构密集的中小城市。在中国发展较滞后的中西部地区，有很多区位条件较好的中小城市，这些城市生态环境良好、交通便利，如果以适当的政策加以引导，将高科技创新中心从特大城市转移到这些中小城市，创新的成本会大大降低，研发效率也会得到提升。

第十四章　重点大学毕业生工作地点
选择倾向

从发达国家高科技产业园的发展经验看，科技人才在科学技术创新活动中起着至关重要的作用。但是，我国高端人才普遍不愿意去中小城市就业，这与欧美等发达国家高端人才工作地点选择有着重要的差异。

本章基于 2016 年华中科技大学本科毕业生就业地点选择的问卷调查数据，分析重点大学毕业生就业地点选择的影响因素，通过重点大学毕业生就业地点选择视角，探寻其背后引导高端要素合理、均衡流动的政策含义。

第一节　大学生就业地点调查与
数据分析处理过程

一　数据来源与调查过程

（一）样本

本节所用数据来源于 2016 年华中科技大学本科毕业生就业地点选择的问卷调查。调查对象为华中科技大学全日制大四本科生，调查采用分层抽样和问卷发放形式获得调查数据。各院系抽样人数根据院系人数占比确定。本次调查共发放问卷 500 份，有效问卷 488 份，问卷有效率 97.6%。

（二）问卷调查

华中科技大学本科毕业生就业地点选择的问卷调查主要包括以下内容：

第一，大学生就业地点的意愿选择与实际选择，包括是否愿意去中部省会城市、地级城市、县级城市就业以及实际就业地点。

　　第二，本次调查通过文献查找、咨询专家、预调查等方式确定影响大学生就业地点选择的影响因素。主要包括职业规划、医疗、教育、环境、生活品质、心理因素等方面，并根据上述几个方面设计相关调查问题。

二　变量定义

（一）因变量

　　本节的因变量有以下 6 个：愿意去中部省会城市工作、愿意去中部地级城市工作、愿意去中部县级城市工作、愿意去中部省会城市工作但实际上没有去、愿意去中部地级城市工作但实际上没有去、愿意去中部县级城市工作但实际上没有去。

（二）自变量

　　本节的自变量主要涉及大学生择业时的职业规划、个人心理因素，以及就业地点的医疗、教育、环境、生活品质等方面的因素。各变量的定义、赋值及描述性统计见表 14 - 1。

表 14 - 1　　　　　　　　　变量定义、赋值及描述性统计

变量	定义	均值	标准差
因变量			
Y_1 = 愿意去中部省会城市工作	1 = 愿意；2 = 有点愿意；3 = 不太愿意；4 = 很不愿意	1.95	0.956
Y_2 = 愿意去中部地级城市工作	1 = 愿意；2 = 有点愿意；3 = 不太愿意；4 = 很不愿意	2.54	0.969
Y_3 = 愿意去中部县级城市工作	1 = 愿意；2 = 有点愿意；3 = 不太愿意；4 = 很不愿意	3.05	0.836
Y_4 = 愿意去中部省会城市工作但实际上没有去	1 = 是，0 = 否	0.54	0.500
Y_5 = 愿意去中部地级城市工作但实际上没有去	1 = 是，0 = 否	0.59	0.494
Y_6 = 愿意去中部县级城市工作但实际上没有去	1 = 是，0 = 否	0.72	0.455
自变量			
Y_1 和 Y_4 的自变量	—	—	—

续表

变量	定义	均值	标准差
X_{19} = 在中部省会城市工作，更难取得事业上的成就	1 = 很认同；2 = 认同；3 = 有点认同；4 = 不太认同；5 = 很不认同	3.15	1.018
X_{20} = 在北上广深工作几年后，再回到中部省会城市工作是一个较好的选择	1 = 很认同；2 = 认同；3 = 有点认同；4 = 不太认同；5 = 很不认同	2.71	0.924
Y_2 和 Y_5 的自变量	—	—	—
X_1 = 中部地级城市的街道普遍存在脏乱差	1 = 很认同；2 = 认同；3 = 有点认同；4 = 不太认同；5 = 很不认同	3.01	0.908
X_2 = 中部地级城市的业余生活很单调	1 = 很认同；2 = 认同；3 = 有点认同；4 = 不太认同；5 = 很不认同	3.20	0.917
X_3 = 中部地级城市的教育水平很差	1 = 很认同；2 = 认同；3 = 有点认同；4 = 不太认同；5 = 很不认同	3.34	0.928
X_4 = 中部地级城市的医疗水平很差	1 = 很认同；2 = 认同；3 = 有点认同；4 = 不太认同；5 = 很不认同	3.19	0.884
X_5 = 中部地级城市的生活质量很低	1 = 很认同；2 = 认同；3 = 有点认同；4 = 不太认同；5 = 很不认同	3.44	0.863
X_6 = 绝大多数大学生不愿意到中部地级城市工作	1 = 很认同；2 = 认同；3 = 有点认同；4 = 不太认同；5 = 很不认同	2.92	0.905
X_7 = 大学生在中部地级城市，难找到适合的工作	1 = 很认同；2 = 认同；3 = 有点认同；4 = 不太认同；5 = 很不认同	3.35	0.902
X_8 = 到中部地级城市工作，让大学生觉得没面子	1 = 很认同；2 = 认同；3 = 有点认同；4 = 不太认同；5 = 很不认同	3.52	0.867
X_9 = 到中部地级城市工作，很难取得事业上的成就	1 = 很认同；2 = 认同；3 = 有点认同；4 = 不太认同；5 = 很不认同	3.41	0.907
X_{21} = 在北上广深工作几年后，再回到中部地级城市工作是一个较好的选择	1 = 很认同；2 = 认同；3 = 有点认同；4 = 不太认同；5 = 很不认同	2.96	0.963
Y_3 和 Y_6 的自变量	—	—	—
X_{10} = 中部县级城市的街道普遍存在脏乱差问题	1 = 很认同；2 = 认同；3 = 有点认同；4 = 不太认同；5 = 很不认同	2.93	0.926
X_{11} = 中部县级城市的业余生活很单调	1 = 很认同；2 = 认同；3 = 有点认同；4 = 不太认同；5 = 很不认同	2.93	0.946
X_{12} = 中部县级城市的教育水平很差	1 = 很认同；2 = 认同；3 = 有点认同；4 = 不太认同；5 = 很不认同	2.95	0.963

续表

变量	定义	均值	标准差
X_{13} = 中部县级城市的医疗水平很差	1 = 很认同；2 = 认同；3 = 有点认同；4 = 不太认同；5 = 很不认同	2.83	0.913
X_{14} = 中部县级城市的生活质量很低	1 = 很认同；2 = 认同；3 = 有点认同；4 = 不太认同；5 = 很不认同	3.14	0.922
X_{15} = 绝大多数大生不愿意到中部县级城市工作	1 = 很认同；2 = 认同；3 = 有点认同；4 = 不太认同；5 = 很不认同	2.59	0.921
X_{16} = 大学生在中部县级城市，难找到适合的工作	1 = 很认同；2 = 认同；3 = 有点认同；4 = 不太认同；5 = 很不认同	2.87	1.00
X_{17} = 到中部县级城市工作，让大学生觉得没面子	1 = 很认同；2 = 认同；3 = 有点认同；4 = 不太认同；5 = 很不认同	3.03	0.957
X_{18} = 到中部县级城市工作，很难取得事业上的成就	1 = 很认同；2 = 认同；3 = 有点认同；4 = 不太认同；5 = 很不认同	2.99	0.979

三 就业地点分布

从表 14 - 2 可知，总体样本中愿意去中部省会城市、地级城市和县级城市工作的比例分别为 69.50%、42.9% 和 17.20%。大学生去中部城市工作意愿随城市行政级别呈现递减趋势。在实际填写具体工作地点的 267 份样本中，大学生愿意去中部省会、地级和县级城市工作的比例分别为 69.29%、43.82% 和 17.29%，而实际上去中部省会城市、地级城市和县级城市工作的比例分别为 32.20%、18.00% 和 4.86%。这说明最终选择去中部城市工作的大学生比例小。

表 14 - 2　　　　　　　　大学生去中部城市就业意愿

城市级别	样本	愿意		有点愿意		不太愿意		很不愿意		合计	
		频率	百分比（%）	频率	百分比（%）	频率	百分比（%）	频率	百分比（%）	频率	愿意百分比（%）
省会	愿意	204	41.80	135	27.70	118	24.2	31	6.40	488	69.50
	愿意*	115	43.07	70	26.22	67	25.09	15	5.62	267	69.29
	实际	60	22.47	26	9.73	15	4.09	2	0.74	267	32.20

城市级别	样本	愿意		有点愿意		不太愿意		很不愿意		合计	
		频率	百分比（%）	频率	百分比（%）	频率	百分比（%）	频率	百分比（%）	频率	愿意百分比（%）
地级	愿意	92	18.90	117	24.00	203	41.60	76	15.60	488	42.90
	愿意*	54	20.22	63	23.60	111	41.57	39	14.61	267	43.82
	实际	24	9.00	24	9.00	42	15.73	13	4.87	267	18.00
县级	愿意	37	7.60	47	9.60	257	52.70	146	29.90	488	17.20
	愿意*	19	7.14	27	10.15	143	53.76	77	28.95	267	17.29
	实际	6	2.24	7	2.62	58	21.72	31	11.61	267	4.86

注：本表中"愿意"是总体样本 488 份中愿意去中部城市工作的比例；"愿意*"是指在已填工作地点的 267 份问卷中有意愿去中部城市工作的比例，而"实际"是从已填工作地点的 267 份样本中筛选出实际上去中部城市工作的比例。因四舍五入，表中百分比之和有时不等于 100%。下同。

对于总体样本与已填写实际工作地点的样本中有去中部地区城市工作意愿相比，他们对于去中部省会城市、地级城市和县级城市意愿差别都不大，可见，大学生对于中部地区城市就业意愿判断比较一致。而在实际就业地点选择中，笔者发现，对于实际上去中部省会城市工作的大学生比例只有 32.20%，去中部地级城市和县级城市的实际就业比例更小，只有 18.00% 和 4.86%，表明大学生就业意愿地与实际就业地存在较大的偏差。那么，对于影响大学生意愿就业地和实际就业地之间的差距因素下文将会进一步分析。

表 14-3 报告了样本中实际就业地点的分布情况，61.4% 的大学生更偏好于东部地区城市，这也进一步印证了前文的观点，实际就业地点与就业意愿存在较大差距。那么是什么因素导致大学生不愿去中部地区城市呢？下面通过对问卷数据的整理，进一步分析影响中部地区城市认同度的情况。

表 14-3　　　　　　　实际工作地点分布情况

		频率	百分比（%）	有效百分比（%）	累计百分比（%）
有效	非东部地区城市	103	21.1	38.6	38.6
	东部地区城市	164	33.6	61.4	100.0
	合计	267	54.7	100.0	

续表

	频率	百分比（%）	有效百分比（%）	累积百分比（%）
缺失	221	45.3		
合计	488	100.0		

四　影响中部地区城市就业意愿因素认同分布

表 14 - 4 报告了各影响因素受到大学生认同分布情况。对于中部省会城市，X_{20} 和 X_{19} 分别得到 77.71% 和 57.08% 的认同。表明多数大学生认为，在中部省会城市较难取得事业上的成就，而东部地区发展机会较多；而也考虑到在东部地区的压力，在东部地区工作几年后有一定的经验后，回到中部省会城市将是一个比较好的选择。反映大学生有倾向于愿意先到经济发达地区闯荡和积累一定经验的心态。

表 14 - 4　　　对中部省会、地级、县级城市观点认同情况分布　　　单位：%

	变量	很认同百分比	认同百分比	有点认同百分比	认同合计百分比
中部省会城市	X_{20}	8.33	35.65	33.75	77.71
	X_{19}	5.63	22.29	29.17	57.08
中部地级城市	X_6	5.13	27.72	39.22	72.07
	X_{21}	6.88	26.04	35.21	68.13
	X_1	4.52	24.23	38.40	67.35
	X_4	3.69	17.01	38.52	59.22
	X_2	3.48	20.29	32.38	56.15
	X_3	2.66	17.01	30.74	50.41
中部县级城市	X_{15}	12.11	33.19	39.04	84.34
	X_{13}	7.52	27.97	40.08	75.57
	X_{10}	5.43	27.56	38.20	71.19
	X_{11}	6.07	26.57	38.49	71.13
	X_{12}	6.68	26.10	35.28	68.06
	X_{16}	7.95	31.17	28.66	67.78
	X_{18}	7.93	21.92	35.70	65.55
	X_{17}	6.47	22.9	33.61	63.05
	X_{14}	3.13	23.38	33.19	59.71

对于中部地级城市来说，认同度较高的前三位分别是 X_6、X_{21} 和 X_1 分别得到 72.07%、68.17% 和 67.13% 的认同；接着是 X_4、X_2 和 X_3 分别得到 59.22%、56.15% 和 50.41% 的认同，反映大多数大学生认为中部地级城市的生活环境、医疗和教育水平较低以及业余生活较为单调等影响了去中部地级城市就业的意愿，但也有较多的大学生认同先去东部较为发达地区工作几年后回到中部地级城市工作是一个较好的选择，说明中部地级城市对一部分先去东部地区就业的大学生还是具有吸引力的。

对于中部县级城市，大学生对于 X_{15} 认同度最高，比例为 84.34%，这一因素的高认同度也反映了大学生地点选择存在"同群效应"；X_{13} 得到 75.57% 的认同，X_{10} 得到 71.19% 的认同，X_{11} 认同率为 71.13%，X_{12} 认同百分比为 68.06%，X_{16} 认同率为 67.78%，X_{18} 认同率为 65.55%，X_{17} 认同率为 63.05%，X_{14} 认同率为 59.71%。表明重点大学的大学生认为中部县级医疗水平低、生活环境差、业余生活很单调、医疗水平低以及未来发展机会少等影响大学生工作意愿，从而导致很多重点大学的大学生不愿意去中部县级城市就业，这也印证了前面发现愿意去中部县级城市工作人数较少的结论。

在对影响大学生就业意愿的认同分布情况进行分析后，为进一步研究大学生就业选择，现在对大学生实际找工作会考虑的因素进行分析。由表 14-5 结果知，大学生在实际找工作时着重考虑的因素是未来发展机会，占 25.4%，工资待遇占 24.5%，紧跟其后，这两个因素累计占比为 49.9%。房价和住房压力排在第三位占 17.9%，也是就业地点选择会考虑的因素。从这里可以看出，由于大学生在就业过程中会着重考虑未来发展机会和工资待遇，而目前我国东部地区工资水平较中部地区较高，这也是造成意愿就业与实际就业地点产生差距的重要因素之一。另外，房价和住房压力排在第三位，而东部地区的房价和住房压力高于中部地区，在东部地区工作几年后房价和住房压力会明显突出，这也符合大多数大学生认同先去东部地区工作几年后再回到中部省会城市、地级城市工作是一个较好的选择这一观点。

综上所述，重点大学的大学生对中部省会城市、地级城市和县级城市影响因素的认同程度都有所不同，以及由于在实际找工作中会着重考

表 14 – 5　　　　　　　　大学生找工作时会着重考虑的因素

着重考虑因素	样本量	百分比（%）	个案百分比（%）
房价和住房压力	274	17.9	56.4
市内交通便利性	155	10.1	31.9
是否有亲戚朋友	112	7.3	23.0
工资待遇	375	24.5	77.2
未来发展机会	389	25.4	80.0
距离父母的距离	221	14.4	45.5
上述因素都不考虑	4	0.3	0.8
总计	1530	100.0	314.8

虑未来发展机会、工资待遇及房价和住房压力，因此，在实际就业地点选择上与意愿就业地存在差距。故笔者在下一章将对这两类情况进行实证分析。

第二节　大学生就业地点选择
影响因素实证分析

实证分析主要包括两部分：第一部分分析影响大学生意愿就业地点的因素；第二部分分析造成意愿就业地点和实际就业地点不一致的影响因素。

一　意愿就业地点的影响因素分析

本部分的因变量和自变量均为有序的类别变量，故采用有序Logistic模型分析影响大学生就业地点意愿的因素。有序 Logistic 回归模型的表达式为：

$$P(Y_j = t \mid X_i) = \frac{1}{1 + e^{-(\alpha_r + \beta_x X_i)}} \tag{14.1}$$

式中，$Y_j (j = 1, 2, 3)$ 是因变量，分别表示愿意去中部省级城市、地级城市和县级城市意愿；t 反映意愿程度（$t = 1$ 愿意、$t = 2$ 有点愿意、$t = 3$ 不太愿意、$t = 4$ 很不愿意）；X_i 表示第 i 个自变量，$i = 1, 2, \cdots, 21$，α_r、β_x 为常数。进一步建立累计 Logistic 模型：

$$Logit(P_{jt}) = \ln \frac{P(Y_j \leq t)}{P(Y_j \geq t+1)} = \alpha_r + \beta_z X_i \qquad (14.2)$$

式中，$P_{jt} = P(Y_j = t)$，$t = 1$，2，3，4；X_i 表示影响意愿的因素，$\beta_z(z = 1，2，\cdots，21)$ 是一组与自变量 $X_i(i = 1，2，\cdots，21)$ 相对应的回归系数，α_r 是模型的截距项。在得到 α_r 和 β_z 的参数估计后，某种特定情况（如 $Y_j = t$）发生的概率就可以通过以下等式得到：

$$P(Y_j \leq t \mid X_i) = \frac{e^{-(\alpha_r + \beta_z X_i)}}{1 + e^{-(\alpha_r + \beta_z X_i)}} \qquad (14.3)$$

表 14 - 6 第 2—4 列报告了显著影响大学生就业地点选择意愿的因素，回归结果表明 X_{19} 和 X_{20} 都对大学生到中部省会城市工作的意愿具有显著的负向影响。表明大学生越认同 X_{19} 和 X_{20}，就越不愿意去中部省会城市工作。说明经济发展水平越高的地区，越容易吸引大学生就业。大多数大学生在择业的过程中较为理性，注重长远规划，认为经济发展水平越高的地区，就越具有发展机会。

表 14 - 6　　　　　　　　　　　回归结果

变量	Y_1	Y_2	Y_3	Y_5	Y_6
X_{19}	-0.338 *** (-3.87)				
X_{20}	-0.256 *** (2.66)				
X_2		-0.337 ** (-2.57)			
X_6		-0.295 *** (-2.58)			
X_8		0.231 * (1.86)			
X_{11}			-0.348 *** (-2.54)		
X_{13}			-0.405 *** (-2.82)		

续表

变量	Y_1	Y_2	Y_3	Y_5	Y_6
X_{15}			-0.233^* (-1.89)		
X_5				-0.613^* (-1.80)	
X_{12}					-2.039^* (-1.70)
X_{16}					1.922^{**} (2.13)
样本量	480	478	475	115	43

注：（1）括号内为相应变量 t 统计量。其中，＊表示在 10% 的显著性水平下显著，＊＊表示在 5% 的显著性水平下显著，＊＊＊表示在 1% 的显著性水平下显著。（2）为节省篇幅，本节只报告显著变量并省略常数项，不显著的变量（如 Y_4 等）不在表中呈现，如有需要请向作者索取。

X_2 和 X_6 对大学生到中部地级城市工作的意愿具有显著的负向影响，X_8 对大学生到中部地级城市工作的意愿具有显著的正向影响。说明大学生越觉得认同 X_2 和 X_6 就越不愿意去中部地级城市工作；越不认同 X_8 的观点就越不愿意去中部地级城市工作。表明大学生虽然并不认同去中部地级城市工作会没面子，但综合其他影响因素后，大学生最终选择仍是不愿去中部地级城市工作。同时，回归结果还表明，大学生择业存在"同群效应"。

X_{11}、X_{13} 和 X_{15} 对大学生去中部县级城市工作的意愿具有显著的负向影响。说明大学生越认同 X_{11}、X_{13} 和 X_{15}，就越不愿意去中部县级城市工作。这表明大学生比较重视居住地的生活多样化程度和医疗水平。同样，回归结果也表明，大学生择业存在"同群效应"。

为了更直观地反映上述结论，表 14-7 第 2—8 行报告了各显著变量的认同分布情况。由表 14-7 第 2—8 行可知，对去中部省会城市工作意愿具有显著影响的因素 X_{19} 和 X_{20}，分别得到 57.08% 和 77.71% 的认同。对去中部地级城市工作意愿具有显著影响的因素 X_2、X_6 和 X_8，分别得到了 56.15%、72.07% 和 40.00% 的认同。对去中部县级城市工作意愿具有显著影响的因素 X_{11}、X_{13} 和 X_{15}，分别得到了 71.13%、

75.57%和84.34%的认同。反映"同群效应"变量的 X_6 和 X_{15} 分别得到了72.07%和84.34%的认同，表明去中部县级城市就业的意愿受到"同群效应"的影响更大。

表14-7　　　　　　　各显著变量影响因素的认同分布情况　　　　　单位:%

被解释变量	显著变量	很认同 百分比	认同 百分比	有点认同 百分比	不太认同 百分比	很不认同 百分比	认同合计 百分比
Y_1	X_{19}	5.63	22.29	29.17	36.88	6.04	57.08
	X_{20}	8.33	35.63	33.75	21.46	0.83	77.71
Y_2	X_2	3.48	20.29	32.38	40.57	3.28	56.15
	X_6	5.13	27.72	39.22	25.87	2.05	72.07
	X_8	1.46	12.71	25.83	52.08	7.92	40.00
Y_3	X_{11}	6.07	26.57	38.49	25.52	3.35	71.13
	X_{13}	7.52	27.97	40.08	23.17	1.25	75.57
	X_{15}	12.11	33.19	39.04	14.41	1.25	84.34
Y_5	X_5	1.71	9.40	28.21	52.99	7.69	39.32
Y_6	X_{12}	2.27	22.73	40.91	34.09	0	65.91
	X_{16}	4.55	31.82	34.09	27.27	2.27	70.45

二　就业意愿地和实际就业地不一致的影响因素分析

本次调查发现，原本愿意到某城市工作的大学生，其实际工作地点与意愿地却不一致。那么，是什么因素造成这种偏差呢? 本部分考察了这些影响因素。由于因变量只有 0 和 1 两种取值，故应建立二元 Logistic 回归模型。在二元 Logistic 回归模型中，因变量设为 Y_j（$j = 4$、5、6），Y_j 服从二项分布，取值为 0 和 1，自变量为 X_1、X_2……X_{21}。二元 Logistic 回归模型表达式如下:

$$P(Y_j = 1) = \frac{EXP(\beta_0 + \beta_1 X_1 + \beta_2 X_2 + \cdots + \beta_n X_i)}{1 + EXP(\beta_0 + \beta_1 X_1 + \beta_2 X_2 + \cdots + \beta_n X_i)} \qquad (14.4)$$

或者表示为 LogitP（$Y_j = 1$）$= \beta_0 + \beta_1 X_1 + \beta_2 X_2 + \cdots + \beta_n X_i$。与线性回归模型相同，$\beta_0$ 是常数项（或称截距），β_n（$n = 1, 2, \cdots, 21$）

是 X_i（$i = 1, 2, \cdots, 21$）所对应的偏回归系数。X_i 表示造成就业意愿地与实际就业地偏差的影响因素。

本节将已填写实际就业地点的 267 份样本分成三组分别为：愿意去中部省会城市工作但实际上没有去、愿意去中部地级城市工作但实际上没有去和愿意去中部县级城市工作但实际上没有去。表 14 – 6 第 5—6 列报告了回归结果。结果表明，造成去中部省会城市就业意愿与实际就业地点选择偏差的因素均不显著，故 Y_4 没有列出。造成去中部地级城市就业意愿与实际就业地点选择偏差的因素只有 X_5，X_5 对中部地级城市就业意愿与实际地点选择偏差具有显著的负面影响，表明越不认同 X_5，就越愿意并且实际去中部地级城市，即愿意去中部地级城市而实际上没有去中部地级城市这种偏差发生的概率越小。造成去中部县级城市就业意愿与实际就业地点选择偏差的显著因素有 X_{12} 和 X_{16}。X_{12} 对中部县级城市的选择偏差具有显著的负向影响，表明大学生越认同 X_{12}，就越不愿意去，即这种工作意愿地与实际工作地偏差发生的概率越大。X_{16} 对中部县级城市的选择偏差具有显著的正向影响，表明大学生越不认同 X_{16} 的观点，就越不愿意去中部县级城市工作。同时，表明大学生虽然并不认同去中部县级城市工作会没面子，但综合其他影响因素后，大学生最终选择仍是不愿去中部县级城市工作。表 14 – 7 后三行展示了各显著变量的认同分布，有显著影响的因素 X_5、X_{12} 和 X_{16} 分别得到了 39.32%、65.91% 和 70.45% 的认同。

本章小结

本章基于 2016 年华中科技大学大学本科毕业生就业地点选择的问卷调查数据，研究大学生就业地点选择的影响因素，调查发现：①不少大学生选择首先到东部城市就业，认为相比北上广深，在中部省会城市工作更难取得事业上的成就，在北上广工作几年后，回到中部省会城市工作是一个较好的选择。②大学生就业意愿随城市行政级别的下降而下降。③大学生认为中部地级城市业余生活很单调，以及认为"绝大多数重点大学的大学生不愿到中部地级城市工作"对大学生到中部地级城市工作的意愿具有显著的负向影响。④主观上认为"中部县级城市业余生活单调、中部县级城市医疗水平很差以及绝大多数重点大学的大学生不愿到中部县级城市工作",对大学生去中部县级城市工作的意愿具有显著的负向影响。⑤即便部分大学生愿意去中部县级城市就业,但中部县级城市难以找到合适的工作的这种观念往往使实际工作地与意愿工作地不一致。⑥大学生择业存在"同群效应"。

第十五章　中西部区位条件较好地区推进县域经济与城镇化实践研究

——以湖北区位条件较好地区县域发展为例

在我国巨型城市房价过高、交通拥挤、人居环境改善困难、收入差距拉大等"城市病"问题日益突出的现实条件下，促进中西部区位条件较好的县域经济和城镇化健康发展，既是有效地减少生产和人口向特大城市尤其是东部地区巨型城市过度聚集的重要途径，也是实现大、中、小城市和小城镇协调发展的重要途径。

武汉"8+1"城市圈以及湖北江汉平原地区，交通便利、自然条件优越，人力资源丰富，距离武汉这个特大城市也较近，是湖北省区位条件较好的地区，同时也是中西部区位条件较好的地区之一。为了深入研究中西部区位条件较好地区县域经济和城镇化发展的现状、制约因素和有利条件，进而提出科学合理的举措，在查阅相关资料的基础上，我们对武汉"8+1"城市圈以及湖北江汉平原地区内的一些县域，如麻城市、松滋市、汉川市等县级市内的一些企业、工业园区和小城镇，如麻城市的龟峰山茶场、龟峰山风景区，松滋市的松滋神农食品有限公司、松滋金融中心等单位进行实地调研、考察，为科学地剖析中西部区位条件较好地区的县域经济和城镇化发展的影响因素、破解县域经济和城镇化发展难点收集第一手资料。本章通过分析这些资料，结合课题组已有的研究成果，我们提出了相应的政策建议。

第一节 县域经济和城镇化发展
现状与制约因素

一 县域经济和城镇化发展现状

湖北区位条件较好的县域经济发展的现状主要是综合实力较弱，发展水平较低；银行资金大量外流；产品质量难以满足中国消费结构升级的现实需求；抵御经济下行风险的能力较差；城镇建设与新农村规划滞后。

（一）综合实力较弱，发展水平较低

近年来，湖北区位条件较好地区县域经济的整体发展水平是上升的。2013年，湖北区位条件较好地区所属县级市的GDP、人均GDP和人均财政收入都比2012年有显著增加。其中，2013年，GDP增速最快的汉川市为19.35%，增速最慢的麻城市为8.77%，均超过2013年中国GDP增长速度的7.7%。

但是，湖北区位条件较好地区县域经济的综合实力并不强，与全国、先进省县域经济相比都存在较大差距。2013年，湖北区位条件较好地区县级市的人均GDP的均值和人均财政收入的均值分别为31560元和1668元，比全国值分别低10245元和7822元。我们选择湖北区位条件较好地区县级市人均GDP和浙江省人均GDP都处于中位数的县级行政区域进行对比分析，湖北区位条件较好地区选择的是应城市，浙江省选择的是瑞安市，2013年，应城市的人均GDP为30258元，只是瑞安市（52008元）的71%。同样，我们选择湖北区位条件较好地区县级市人均财政收入和浙江省人均财政收入都处于中位数的县级行政区域进行对比分析，湖北区位条件较好地区选择的是汉川市，浙江省选择的是慈溪市，2013年，汉川市的人均财政收入为1278元，只是慈溪市（15766元）的8.11%。根据世界银行的标准，人均GDP低于1035美元的为低收入国家和地区；人均GDP为1035—4085美元的为中等偏下收入国家和地区；人均GDP为4085—12616美元的为中等偏上收入国家和地区；人均GDP不低于12616美元的为高收入国家和地区。按照美元与人民币当年（1美元=6.28人民币）的汇率，在湖北区位条件较好地区的县级市当中，只有大冶市、赤壁市、潜江市属于中等偏上收入地区，其他县域均属于中等偏下收入地区。

（二）银行资金大量外流：湖北区位条件较好地区县域普遍面临的困境

湖北区位条件较好地区县域经济发展的一个主要障碍，是资本缺乏或资本形成不足，这势必会阻碍经济的持续发展。金融机构的存贷比是衡量资金外流的重要指标，存贷比数值越小，说明贷款余额占存款余额的比重越小，资金外流越严重。目前，中国人民银行规定商业银行的存贷比不能超过75%，而对于湖北区位条件较好地区县域地区来说，存贷比大多偏低，存贷比超过50%的县（含县级市）有4个，其余的县均低于50%，其中仙桃、潜江和天门3个省直管市也低于40%。从存贷比的数据可以看出，湖北区位条件较好地区县域普遍存在资金外流的现象。由于种种原因导致湖北区位条件较好地区县域资金大量流失，使县域中小企业贷款难上加难，形成金融"空洞化"现象。金融"空洞化"是指金融机构、金融资本出于趋利避害的目的，从一地向另一地转移，从而造成该地金融资本严重匮乏的一种经济现象。资金融通是现代经济发展的核心环节之一，金融资本的多少以及配置方式、方向在某种程度上可以决定一个地区经济发展状况，金融"空洞化"对于经济发展有至关重要的不利影响。

湖北区位条件较好地区县域资金大量外流，主要是资金趋利性动机的主导作用所致。一是由于湖北区位条件较好地区县域地区相对省份内外大城市和发达地区而言，资金投入的风险与收益不匹配，资金回报率相对较低，使湖北区位条件较好地区县域资金流向收益高、风险小的地区，即从县域城镇流向大城市，从不发达地区流向发达地区。二是国有商业银行经营重点集中在城市和发达地区，贷款权限上收导致资金上存。商业银行出于经营战略考虑，将资金集中投向大城市、大企业，从而导致县域地区的金融资源也随之向发达地区转移。三是金融渠道不畅，"失血"严重。国有商业银行采取"垒大放小"的经营策略，收缩县级金融机构及其相关业务，对县域经济发展主力军的中小企业的信贷总量大幅减少，资金被大量抽走、外流。

（三）县域产品质量难以满足中国消费结构升级的现实需求

随着人均收入水平的提高和消费结构的转型升级，以及科学技术的日益发达，人们对产品质量、功能的要求越来越高，对产品更新换代的速度要求也越来越快，尤其对第三产业产品与服务的需求越来越高。但是，县域经济所提供的产品种类和产品质量难以满足人们的需求，导致人们对县域产品的购买欲望较低。比如香水，人们青睐法国生产的香水，而对湖北省汉川市生产的香水购买欲就很低。

从产品的技术含量来看，湖北区位条件较好地区县域企业多为中小企业，用于开发新技术的资金非常有限，只能满足于一般性的工艺研究，无力开发新技术，具有自主知识产权的关键技术和技术储备严重不足。由于研发创新水平普遍不足，湖北区位条件较好地区县域的大多数企业，产品科技含量、技术层次和质量普遍较低、结构单一且以低端市场为主，产品升级以及更新换代的能力较差，从而制约了湖北区位条件较好地区县域特色经济的产品升级和更新换代。

总体上看，湖北区位条件较好地区县域经济主要以传统产业为主，产品的科技含量低，导致所提供的产品质量不高，渐渐跟不上市场需求的步伐，最终阻碍了湖北区位条件较好地区县域中小企业和县域经济的持续发展。

（四）湖北区位条件较好地区县域经济抵御经济下行风险的能力较差

1. 品牌建设能力差

许多县域没有根据自身的资源、区位等优势，确立自身的产业发展定位，从而造成地区产业结构趋同。另外，县域经济还存在产业集群整体竞争力不强、产品市场占有率不高、精加工产品少、大众产品多、品牌建设能力差、特色优势竞争力不明显等问题，形成不了有竞争力和知名的品牌。

例如，湖北省松滋市的松滋神农食品有限公司成立于 2003 年 4 月 18 日，但其产品松滋鸡直到 2012 年才进行商品注册。多家湖北区位条件较好地区县域企业负责人认为，企业刚成立时市场发展尚不明朗，注册商标似乎没有意义。"2000 元的注册费并不昂贵，说来还是意识问题"，曾为九牧王、匹克等知名企业做过法律顾问的武汉律仁知识产权事务所律师苏国森说。他还指出，九牧王、匹克等品牌也是从代工做起，曾和很多湖北区位条件较好地区县域企业在同一起跑线，但是，这些企业勇于转型，花大成本培育商标品牌，赚取高附加值。

2. 县域经济处于价值链的低端

县域工业大多是一些传统产业，粗加工产品多，精加工产品少，大众产品多，名牌产品少。湖北区位条件较好地区县域特色经济发展缓慢，本地资源没有得到充分利用，有的资源处于闲置状态，有的只是以低附加值的原材料形式出售，有的也只是低效率的利用。由于产品具有较低的技术含量，且处于产业链的低端，使县域企业抵御经济下行的风险能力较差。以湖北省松滋县为例，该县城北工业园区共 26 家企业，在 2015—2016 年经济下行压力较大的情况下，只有 5 家企业在正常运营，其他全部处于开工不足的困境之中。

（五）湖北区位条件较好地区县域的城镇建设与新农村规划滞后

1. 城镇建设

近年来，随着经济和社会发展，湖北区位条件较好地区县域城镇化虽然有所发展，但城镇化质量仍有待进一步提高。

从城镇扩张模式来看，低水平重复建设，盲目扩张城镇规模，滥占土地，不切实际地搞大广场、大马路，修建办公楼，不少历史文化名城遭到严重破坏，大规模毁坏历史文化遗产的事件时有发生。

从县域城镇建设布局来看，湖北区位条件较好地区县域城镇建设的建筑质量差、建筑没有特色、布局不美观，镇里面的马路狭窄，而且一些摊贩就在马路旁边摆摊经营，形成"马路即市场，市场即马路"的景象，不仅影响了交通，也影响了美观。

从县域城镇基础设施来看，湖北区位条件较好地区县域现有城镇的基础设施等条件还比较落后。城镇的教育设施、邮电通信状况、园林绿化、居民小区停车场及防灾减灾机制等都不能适应未来经济发展和城镇化的要求。由于急功近利等原因，关系到投资环境、生产生活环境改善，以及卫生、污水处理和垃圾处理等多年才能见效的环境工程、生态建设被忽视了，关系到长远发展目标和制度建设的基础性工作被放弃了。

从县域城镇污染来看，湖北区位条件较好地区县域的企业中化工厂、钢铁厂、造纸厂等污染严重的企业较多，而这些企业往往又都是当地政府重要的税收大户，政府对于这些企业的污染行为有时往往会视而不见，对当地的环境造成了严重的污染。

2. 新农村建设

湖北区位条件较好地区县域的城镇自身没有得到很好的发展，而且对于周边农村地区的带动作用也明显不足，新农村建设也相对滞后。突出表现在以下几个方面：

（1）湖北区位条件较好地区县域广大村镇规划的科学合理性远远落后于村镇建设高速度发展的要求，没有形成一套完整的村镇规划与管理体系。湖北区位条件较好地区一些县域的新农村建设，在乡村规划与设计上不以"村"为单位，没有以某一特定村的详尽研究为基础，设计不直接与特定环境和村民相关，只是套用图纸，盲目引进城市规划理念，模仿城镇小区建设，乡村自然特征缺失严重，农村建设用地浪费大，只见新房，不见新村新貌。

（2）在湖北区位条件较好地区县域的农村地区，由于规划滞后，新农村建设对于一些基层干部来说，就是"面子工程"，大搞形式化，更多地追求村庄建设外观的整齐划一，而忽略了与其相配套的供水、电力、交通、通信、广播电视等基础设施建设。例如，湖北省汉川市的乡村道路质量普遍低下，道路技术等级整体偏低、路面较窄、路况较差；水利设施的部分工程标准低、质量差，利用率低；信息化建设比较滞后，普遍没有网络接收的条件，上网费、建网费比较贵，很多农民获取信息难度大。

（3）湖北区位条件较好地区县域的许多乡镇行政村的规划主体意识不强，持"无所谓有、无所谓无"的态度，导致乱占、乱挖、乱填、乱堆的现象十分突出，居民点分散或占用大量农田，或破坏自然山系、水系，不但造成新农村失去原有的自然风貌，也造成新的地质灾害隐患。近些年，随着湖北区位条件较好地区县域的农村旅游资源的迅猛开发和农家乐服务业的迅速发展，不少景点及景点周边的饮用水水源、水库受到了不同程度的破坏，失去原有自然风味。

（4）一些农村地方政府干部为了追求经济的发展速度，为一些淘汰的环境违法项目和污染企业说情、协调关系，大开方便之门，使一些污染工业布局于城镇周边的农村。大量未经处理的污水倾注河流、渠道、水库、洼淀，不仅使地表水环境日趋恶化，而且还严重影响了地下水水质。在许多地方，原本清澈见底、鱼虾随处可见、给几代人带来无限欢乐的河流，现在已变得臭气熏天，鱼虾绝迹，人畜都不能饮用。使用污水灌溉的田地，轻者粮食品质下降，中者大面积减产，重者甚至颗粒无收。

总之，湖北区位条件较好地区县域经济发展的现状是综合实力较弱，发展水平较低；银行资金大量外流；产品质量难以满足中国消费结构升级的现实需求；抵御经济下行风险的能力较差；城镇建设与新农村规划滞后。

二　县域经济和城镇化发展的制约因素

2015 年的"中央一号文件"强调"中国要富，农村必须富"；"中国要美，农村必须美"；中国要强，农业必须强"。但是，目前县域经济发展面临着资金、技术、人才等方面的制约因素。

（一）资金不足

资金外流造成资金不足，已成为制约县域经济发展的一个重要因素。县域工业大多是一些中小企业，出于安全考虑，很多金融机构只愿意将钱贷给当地的大企业、大集团，而资金紧张的当地中小企业，因资信较差，争取不到银行贷款。例如，湖北省松滋市的松滋神农食品有限公司总经理介绍说，目前，公司的资金缺额总共是 3000 万元，向亲戚、熟人的借款已近乎不可能，银行融资渠道由于抵押品的原因也基本被堵死，唯一的出路是向松滋市金融中心借款，这一项目正在启动中。

（二）研发能力低

企业研发能力是企业满足市场需求，实现技术、产品以及服务的创新，提高企业竞争力关键因素。县域企业规模小、资金相对不足，加上缺乏战略眼光，研发投入相对过少，研发能力较低。例如，湖北省松滋市的松滋神农食品有限公司，总资产 6000 万元，具有自己组建的研发部门和团队，共有研发人员 8 人，研发的骨干是一位转业军人，有着多年的厨师经验，擅长于食品加工的研发工作。这家企业和华中农业大学具有紧密的技术合作关系，能进行高温杀菌和零下 35° 及零下 18° 的低温冷冻处理，生产原味、安全健康和绿色环保的火锅鸡、卤制鸡、盐焗鸡、冷鲜鸡等多种口味的松滋鸡。但是，由于研发资金的不足，对于盐焗鸡的腌制油炸缩水的技术攻关还在探索之中，特别是盐焗鸡生产操作的标准化研究更是进展缓慢。

研发能力一般以研发费用、研发费用占财政支出比重和研发费用占销售额比重来表示。2013 年，湖北区位条件较好地区内县域的研发费用普遍偏少。研发费用占财政支出比重大多不足 2%，最少的是武穴市，其比重只有 0.76%。研发费用占销售额比重均不及 1%，最少的是应城市和汉川市，其比重只有 0.23%。我们选择湖北区位条件较好地区县级市研发费用和浙江省都处于中位数的县级行政区域进行对比分析，湖北区位条件较好地区选择的是麻城市，浙江省选择的是永康市。2012 年，麻城市研发费用为 4995 万元，占财政支出的 1.21%，占销售额的 0.57%；永康市研发费用为 20167 万元，占财政支出的 5.60%，占销售额的 1.44%。说明与东部沿海县域地区相比，湖北区位条件较好地区县域企业对研发能力的提升重视不够，其销售的产品科技含量低、产品质量低，不能满足消费者的现实需求。

（三）设计能力不足

产品的性能、质量及其外包装的设计决定了产品的价值，包装设计是提升产品附加值和竞争力的关键环节。然而，湖北区位条件较好地区县域企业大多集中在初级加工、批发零售、餐饮等传统产业，现代工业、现代服务业和新业态不多，企业产品设计创新的能力不足，服务大众的意识不够。例如，湖北省松滋市的松滋神农食品有限公司生产的松滋鸡，其产品在质量方面比较有保证，但在形式上如商标、品牌、包装的设计方面存在不够美观等问题，尤其是在附加产品外包装上，没有经过科学的市场调查，包装设计缺乏人性化，市场定位不明晰，难以吸引高端消费人群，影响了其产品销售。

（四）制造工艺不够合理

如果说产品的质量是企业生存的根本，制作工艺则是保证产品质量的方法和手段，也是企业提高生产效率、降低生产成本的基本条件。但县域许多企业管理者不重视工艺升级，技术人员的工艺理论与实际脱节，以致编制的工艺规程不合理而影响产品质量。例如，湖北省松滋市的松滋神农食品有限公司生产的盐焗鸡，虽然有着严格的整鸡屠宰、冷冻、盐制腌制、煨、卤、沸腾缩水等生产工艺环节，每道工序的配料、辅料的来源都有许可证，都能做到可追溯，每批产品的生产流程都有记载。但在沸腾缩水工艺阶段，由于时间控制、火候、温度等方面掌握得不够，影响了盐焗鸡的口感。

（五）供应链管理差

如果说工业经济时代强调的是产品竞争，客户追求的是质优价廉，那进入知识和信息经济时代后，更多强调的是产业链竞争，供应链上下游企业面对的是共同的客户，只有让他们满意，上游企业销售出更多的产品，与此配套的企业才可能有更多的业务。

高效的供应链必须要以物流作为重要的基础，而交通的便捷与否又决定了物流的速度与质量。有些县域不通铁路和高速公路；有些县域的村村通水泥路工程还未完成，已完成的县域也普遍反映道路仅通到了村部；有些县域并没有物流园区，例如湖北省松滋市，共有城东、城南、城西和城北 4 个工业园区，但没有一个物流园区来为企业的运输作支撑，湖北省松滋市的松滋神农食品有限公司在急需物流的时候，都要被迫从省会城市武汉调车，由于距离的原因，1 吨货物需要多花 80 元的运输成本，这显然加大了企业的经营成本，不利于企业的发展。

（六）营销能力

营销并不只是简单的产品销售过程，营销观念核心已从产品、生产导向转移到消费者导向，企业应根据消费者需求进行经营。做好营销建设对县域中小企业的意义，主要表现在发现和满足消费者的需求，指导企业经营决策，为企业的产品和服务确立独特的市场定位，积极开拓市场，同时确保企业销售渠道的畅通。但是，众多的县域企业创立时间短、规模小，整体的营销水平比较低，主要表现在以下几个方面：

1. 管理者的市场营销观念落后

市场营销观念是市场营销活动的指导思想，决定企业所从事市场营销活动和采取的营销手段。大多数县域企业管理者对市场营销认识不够，对市场营销的重视不足，将营销等同为推销，习惯于用行政管理手段来管理企业的市场营销活动，导致营销效果不明显，营销成本增加。

2. 市场营销专业人员缺乏

目前，县域企业在从事市场营销活动过程中普遍存在的问题是营销人才的匮乏。市场营销人员的专业技术不高，素质偏低已经成为县域企业发展的主要困境。营销人才的匮乏是由县域企业的实力和规模等自身因素导致的：一方面，县域企业不会高薪聘请资深的营销专家；另一方面，县域企业也不会投入大量的资金来对营销人员进行专业培训，这就导致了县域企业营销人员的专业技术水平较低，素质普遍不高，对营销知识和现代市场经济理论的理解不深，无法适应多变的市场环境和消费者需求。

3. 市场营销管理混乱

市场营销管理是一个系统而全面的管理体系，主要包括市场调研、营销策划、营销实施等。县域企业的市场营销呈现出随着市场变化而任意变化的规律，缺乏整体而系统的战略管理。县域企业从事的营销活动只是根据营销人员的感觉和经验，根本没有进行市场调研和有效性分析，草率地制定营销目标和营销策略，最终造成营销战略上的重大失误，使企业处于销售困境之中，更谈不上持续快速的发展。

4. 忽视网络营销

随着互联网技术迅速发展，网络已经融入人们生活领域的各个方面，成为人们生活的重要组成部分，这也为企业的市场营销提供了机会和平台。但是，大多数县域企业仍然采用传统的营销模式，很少采用网络营销的方式，忽视了网络营销在现代市场中的重要性。例如，湖北省松滋市的松滋神农食品有限公司生产的松滋鸡，是湖北省主要特产之一，而这家企业的销售主要还是通过传统渠道进行，并没有通过淘宝、天猫、京东、微信、微博等网络手段进行产品销售，影响了其产品知名度的提升。

（七）员工素质偏低

受到种种因素的影响，各种人才要么流向东部沿海地区，要么集中于省会等核心城市，县域发展所需要的专业人才、技术人才、管理人才等严重缺乏。这在很大程度上影响了县域经济的持续快速发展。另外，县域地区的劳动力技能培训也比较落后，各县域劳动技能培训经费缺口较大，培训渠道不宽，整体水平不高。除了近年来中国推行的农村劳动力转移免费培训外，县域劳动者很少有自费培训的意识，这大大限制了县域企业员工素质的提高和企业的长远发展。

例如，湖北省松滋市的松滋神农食品有限公司的员工分为管理人员、技术人员、研发人员和普通工人等几类。其中，管理人员要求是本科以上学历。技术人员要求有中级以上职称，尽管给予年薪30万元的待遇，也招不到一个优秀技术骨干来松滋市长年工作。为首的研发人员是一位在外漂泊多年、返乡心切的转业军人，整个研发团队的积极性不高，研发投入的精力不够，不愿意加班加点，达不到公司的期望。这家企业最多的是普通工人，其中屠宰场78人、加工厂45人。普通工人主要来自周边的失地农民或返乡照看小孩的农民，这些普通工人都接受岗前 1 周的培训，但他们的平均年龄较大，接受新生事物的能力有限，教育水平偏低，这些员工缺乏洗手消毒、坚守岗位、按规范操作的意识，导致其业务水平和工作效率非常低下，影响了企业的长远发展。这家企业总经理说，如果按满分 100 分来评估，研发团队只达 70 分，年轻的普通工人可以达 70 分，年龄大的普通工人只达 60 分，与满意员工（85 分）的距离还相当远，因此该员工的整体素质急需提高。

（八）企业家经营管理水平不够

企业家经营管理水平直接关系着企业的发展路径、运营效率和企业的未来。对于县域企业来说，企业家的经营管理水平不高的现象较为突出，已经成为制约县域企业发展的重要因素。例如，湖北省松滋市的松滋神农食品有限公司的普通工人大多是兼职的农民，虽然生产过程中的每道工序都有录像监控，每个工序都要抽查和签到，规定不能串岗，如果违反，员工要被克扣基本工资（绩效工资没有）。但即使这样，这家企业的总经理仍然认为员工管理难度很大，比如，这家企业是合伙制企业，领导层意见不一，生产操作没有标准化，导致员工无所适从；这些普通工人是兼职，公司面临着买不买保险、签不签合同、处罚轻与重的两难选择。据统计，这家企业不按操作规程进行操作的现象达 40% 以上。公司的领导层面临着如何提高员工的积极性、如何使操作标准化、惩罚制度的建立、提高员工业务技能等多重管理问题。

（九）企业文化建设能力不足

大多县域地区对外文化交流有限，因此，至今仍然保持比较传统的生活习俗和思维方式，思想观念保守。延续几千年的农耕文化的特点，一方面是勤劳、淳朴；另一方面是远见不足、观念落后。"文化传统、观念保守"经常会在县域经济发展战略中找到痕迹，受传统的小农经济意识的影响，守土观念严重，思想长期受计划经济体制束缚，缺乏流动的开放意识，这非常不利于现代企业的文化建设。

例如，湖北省松滋市的松滋神农食品有限公司的员工难以管理的原因，一是这些员工大多是农民工，思想观念保守，不愿意接受新生事物，特别是操作的标准化，认为这是管理者有意为难员工。二是公司的管理者没有重视企业文化建设，没有向员工传播企业的宗旨、指导思想，没有制定统一的企业口号和宣传企业文化让员工精神饱满、胸怀大志地去工作。结果是员工没有统一的思想指导，只是"干一天活、拿一天钱"，丝毫不关心企业的未来与发展。

总之，县域经济发展面临的制约因素，主要是资金、技术（研发能力低、设计能力不足、制造工艺不够合理）和管理人才（供应链管理差、营销能力、员工素质偏低、企业家经营管理水平不高、企业文化建设能力不足）等方面。

第二节　县域经济和城镇化发展有利的内、外部条件

一　县域经济和城镇化发展有利的内部条件

资源较丰富且拥有特色资源是绝大部分县域经济发展的共同优势。所谓资源，主要包括劳动力资源、土地资源、矿产资源、旅游文化资源、自然特色资源、能源资源等。另外，一些县（市）由于交通便利、历史文化悠久，具有明显的区位优势和文化优势。湖北区位条件较好地区县域除上述县域经济发展的优势外，县域工业园区已具有吸引投资的基础条件，这对湖北区位条件较好地区县域经济的发展非常有利。

（一）劳动力资源丰富

劳动力资源丰富，劳动力成本相对较低，能够为第二、第三产业发展提供充足的劳动力支持。特别是在近年来的劳务输出过程中，劳动力的技能和素质得到了一定程度的提高，为县域经济发展创造了后发优势。湖北是人口大省，2014年年末，湖北省常住人口5799万（指常住本省半年以上人口）。湖北区位条件较好地区县域范围的人口达2051.82万，占整个湖北省人口的35.38%以上，为其经济发展提供了丰富的劳动力资源保障。

（二）自然资源优势

1. 土地资源

湖北区位条件较好地区县域总面积35653.81平方千米，耕地872174.76公顷和林地439.66万公顷，分别占湖北省总量的19.18%、25.58%和57.85%。水域用地833710.68公顷，占湖北省的37.65%，其中，鄂州境内拥有大小湖泊133个，水域面积65万亩，是著名的"百湖之市""鱼米之乡"。其中，全国十大名湖之一的梁子湖方圆300

多平方千米，湖中有岛，岛中有湖。目前，湖北区位条件较好地区内县域城镇建设的土地相对宽松，如 2012 年仙桃市、潜江市和天门市的土地面积分别是 2538 平方千米、2004 平方千米和 2622 平方千米，建成区面积分别仅有 67 平方千米、50 平方千米和 80 平方千米，所占土地总面积的比重分别为 2.64%、2.50% 和 3.05%，未来可用于城镇建设的土地可谓较丰裕。

2. 矿产资源

湖北区位条件较好地区县域范围的铜、磷矿石、镁、锑、钨、钼、锌、铅、钴、金、银储量丰富，在全国占有一席之地，例如，孝感市的膏、盐、磷矿产资源丰富，被誉为"孝感三宝"，就地加工、转化利用空间很大，特别是为资源型工业的建设和发展提供了得天独厚的有利条件。

3. 水资源

湖北区位条件较好地区县域范围内有长江、汉江、富水水系、大冶湖、保安湖、梁子湖、西梁湖、斧头湖、黄盖湖、大岩湖、蜜泉湖、天门河，大小河流纵横交错，水网纵横，湖泊密布，水资源十分丰富。

4. 旅游文化资源

湖北区位条件较好地区县域既有鄂东文化、楚文化，又有黄梅戏、楚剧、汉剧、采花戏、花鼓戏、文曲戏、皮影戏、提琴戏等；既有楚河汉街等世界自然与文化遗产，又有长江、东坡赤壁、双峰山、西塞山、九宫山、天堂寨等自然风光秀丽的绿色旅游景观；既有原始生态的积淀，又有一批文化底蕴深厚的人文旅游景点，还有麻城烈士纪念园、黄麻纪念园、闻一多纪念馆等中国红色革命传统旅游景区，这些都为发展文化旅游经济提供了良好的基础。

（三）区位优势明显

湖北区位条件较好地区县域区域优势明显，沪汉蓉高铁，向东途经鄂州、黄石的一些县市，与东部地区的上海、江浙一带紧密相连，向西途经天门、仙桃、潜江的一些县市，连接了广阔的西部地区；武广高铁途经咸宁的一些县市，连接了广东这个改革开放的前沿大省；京广铁路、京珠高速、京广高铁，途经孝感的一些县市，与祖国首都、政治经济文化中心北京相连。另外，中国第一大河流——长江流经湖北区位条件较好地区内黄冈市辖区下辖的团风、浠水蕲春武穴、黄梅等县市，黄石下下辖的阳新等县市，使湖北区位条件较好地区县域成为海陆交通、物流、人流、信息流的集散中心，原材料供给市场广阔，成本下降，为产品销售给"一带一路"周边的省份及其沿途所经的国家创造了非常有利的条件，给湖北区位条件较好地区内县域经济发展带来了新的机遇。

（四）县域工业园区基础设施完善，具备吸引投资的条件

基础设施建设加快，信息畅通，交通便捷；教育事业全面发展，人口整体素质的较大提高，这些为湖北区位条件较好地区县域的第二、第三产业发展奠定了强有力的基础。目前，湖北区位条件较好地区内众多的县域已经建有工业园区，完善的土地税收优惠措施、优厚的招商引资政策、、方便快捷的政府信息交流平台、廉洁高效的服务型政府，为大批内外资企业提供了良好的投资环境。例如，黄石市的阳新县，基础设施日益完善，阳新大道等 4 条总长 10.5 千米的骨干道路建成通车，总长 16 千米的"三纵两横"路网和莲花湖一桥、莲花湖风景区等工程建设快速推进。目前已建有滨江工业园并获批省级工业园区，新港物流工业园等工业园区，为该县经济发展打下了良好的基础。

总之，县域经济的发展，不仅具有自身的各种自然资源优势，以及区位优势和旅游文化优势，而且经济发展以工业园区为载体，能够凭借较为丰富便宜的土地、税收优惠等政策，吸引更多的内外资企业。

二　县域经济和城镇化发展有利的外部条件

湖北区位条件较好地区县域经济发展除了拥有有利的内部条件，也具有较多有利的外部条件，主要表现在以下三个方面：

（一）潜在的人才资源较丰富

湖北区位条件较好县域地区几十年工业发展实践造就了一批具有勤劳奋进、吃苦耐劳精神的企业家队伍，具有一定专业技术的科技人才队伍和能工巧匠队伍；在精耕细作的条件下，锻炼出了一批种、养殖能手，为加快湖北区位条件较好地区县域经济发展提供了较丰富的人才资源保障。

以武汉为中心的湖北区位条件较好地区人力资本资源也较为丰富，武汉市在校大学生和研究生人数位列全球城市第一名，利用武汉的辐射作用，县域经济可以充分发挥其能动性，以优惠政策等措施吸引大学生前来就业或者创业。此外，湖北区位条件较好地区内的一些县域

外出经商人员比较多，积累了经商的成功经验，随着务工人员回乡，为湖北区位条件较好地区县域经济的发展提供了丰富的潜在人才资源储备。

从相关县域走出了一批在中国乃至世界都知名的企业家，例如，来自湖北黄冈的信中利国际控股有限公司创始人汪潮涌，同样也是来自黄冈的奇虎360创始人周鸿伟、来自仙桃的小米科技创始人雷军、来自汉川的一加手机创始人刘作虎等，这些商界精英、成功人士往往有着强烈的家乡情怀，渴望为家乡发展做出自己的贡献，带动一方百姓富裕。相关县域可以制定相关政策，积极游说、吸引、鼓励这些企业家回家乡建立工厂，创办企业，带动家乡百姓走向小康生活。

（二）中国大城市已具备较丰富的资金、人才和技术实力

目前，东部地区经济已经进入工业化中后期，随着东部沿海地区的发展，生产和人口不断地向沿海地区集中，导致地租房价上涨、交通拥挤、劳动力成本日益上涨，当重要资源和生产成本超过企业的收益时，东部劳动密集型、资源密集型产业为了降低成本，开始大量地向中西部地区寻找商机。从目前中国经济发展的情况分析，湖北区位条件较好县域地区面临很好的机遇，凭借自身独特的区位、土地资源、劳动力资源等优势，可以与中国大城市尤其是沿海大城市的资金、人才和技术形成一种有机的结合，为东部沿海城市提供了良好的投资机会，以及产业向中部地区转移的有利条件。

资金、人才和技术是制约县域经济发展的关键因素。湖北区位条件较好地区县域经济要实现跨越式发展，就要面对经济全球化的趋势，紧紧抓住与沿海地区城市、"泛珠三角""泛长三角"等区域经济合作的机遇，加强"东引西联"，扩大民间投资。湖北区位条件较好地区县域在承接东部产业转移中，要抢占"地利"先机，尽可能引进更多的东部地区民间投资。利用西部开发需要东部大通道的契机，极力争取国家投资，搞好东部、中部、西部地区对接的交通等基础设施建设，营造区位优势，为湖北区位条件较好地区县域经济发展创造良好的硬环境。在众多中部地区县域的工业园区内，在政府积极的引导下，承接了很多东部沿海地区的产业转移。例如湖北省松滋市的松滋金融中心，就是从深圳"回到家乡"的一家典型的金融中介公司，为松滋市的本土企业发展提供了有力的资金支持。

（三）世界经济低迷为县域经济引进发达国家资金、人才和技术提供了机遇

当前世界经济持续低迷，欧元区经济复苏尚需时日，欧洲老牌发达国家政府缩减公共支出，居民降低消费率，企业的资本回报率低，导致生产、资金、人才和技术显得相对过剩。而由于中国东部沿海地区几十年的发展，投资机会受到很大影响，于是有些外资把眼光转向了中西部地区。湖北区位条件较好县域地区有利的区位、交通条件，良好的基础设施，悠久的文化底蕴，为引进外资创造了有利的条件。2011 年，阳新县实际利用外资 1916 万美元，其中，中央预算内投资项目 123 个，总投资 4.5 亿元；2012 年，大冶市实际利用市外资金 106.7 亿元，共引进项目 209 个；2014 年，潜江市实际利用外资 5390 万美元；2014年，仙桃市现有外商投资企业 79 家，其中著名的外资企业有：中国台湾旺旺集团、中国香港利丰纺织、中国香港恒迪集团、美国莎拉莉公司、法国塞隆集团、美国二发公司。

总之，县域经济的发展，除可利用自身潜在的有利条件外，还可以利用扩大对外开放、国内和国际资本由沿海向中西部地区转移的机遇，引进国内外资金、人才和技术，加快发展。

第三节　建设县域全球融资引智平台，盘活县域资源的设想与意义

一　县域经济融资引智难的困局

资金之于企业，犹如血液之于人体，企业在发展过程中，随时可能会面临资金短缺问题，县域企业更是如此。县域企业以中小企业居多，基本上是通过自有资本或自主筹集资金的形式来组织初期生产，后续发展受资金制约很大，往往会出现严重的资金不足的情况。传统的解决办法是向银行等金融机构申请贷款，但商业银行对贷款企业普遍实行了严格的授权授信管理制度，同时这些机构对企业的经营管理、设计研发等流程也有较高要求，一般不会轻易放贷。县域中小企业普遍起点不高，建立初期组建的管理、研发团队缺乏人才，导致企业生产经营水平较低，难以达到银行的融资门槛。即使部分企业能够融入资金，其成本也

过高，因为银行等金融机构在面对企业存在经营管理风险的情况下会提高贷款利率。县域企业大多位于价值链的底端，原本利润就小，加之融资难、融资贵，利润更加微薄，企业生存面临着严重的困难。

企业要提升管理、研发团队效率，必须引入对应高端人才。但企业融资困难，发展受限，没有足够的资金满足高层次人才的薪资要求，县域生活环境也难以匹配高层次人才对高端生活品质的需求，发达地区的人才不愿意进来，也就形成了县域企业引智困难的局面。

人才缺失使县域企业经营管理水平低下，诸多方面都难以达到银行等金融机构的融资条件，而企业想引进人才，提高经营管理水平，必须融入资金。这样一来，县域企业就陷入了融资引智两难的困局。

就县域域情来讲，大部分县域在一定程度上都有着特色资源，也有一批潜力很大的企业，隐含投资机会很大，但县域企业在经营管理上存在的巨大缺陷使企业即使拥有许多优质资产（比如企业的应收账款和特色资源等资产）也依旧融资困难。在得不到融资的情况下，县域企业想引进人才，改变经营现状又十分困难，如此反复，不利条件不断积累，县域企业，甚至整个县域经济发展都将进入恶性循环。放眼国内发达地区，东部沿海城市地价高企，劳动力成本抬升，企业扩展与再投资空间狭小，一些机构投资者也开始转移目光，大量资本、技术、人才正谋求出路，寻找良好的投资机会和合作伙伴，这就为破解县域经济发展难题提供了可能。

二　设想：打造融资引智综合体

虽然政府会给予本地企业政策、资金扶持，但作用有限。银行贷款审核过程十分复杂，需要抵押、担保等一系列条件。企业在履行完银行要求程序后，贷款额度也只有抵押资产的一部分，即使能解决当务之急，企业日后再需要融资时也困难重重，这使县域企业面临着资金面上的巨大风险。面对内部有资源、有特色，隐含投资潜力巨大但缺少资本，而县域外部一线、二线特大城市 P2P、信托、资产管理公司等正为资本寻找合理投资机会的现状，如果能想出合适的办法，促进上述要素结合，必将产生巨大的经济效益。

据统计，国内 P2P 平台已超过 1400 家，2013 年，整个行业线上交易额在 1100 亿元左右，线下交易额在 700 亿—800 亿元；2014 年，总规模更是达到 2012.6 亿元。高盛公司预计，到 2024 年，中国的 P2P 规模将达到 2 万亿元。如果能将 P2P 的资金引入到实体经济中，特别是县域实体经济中，将促进县域经济大发展，具有巨大的社会效益和经济效益。对于上述资本要素来讲，若让其主动到县域寻找机会，信息的搜寻、评估都会产生极高的成本，经济最终还是会回到资源配置扭曲、效率低下的状态。由经济学相关理论可知，市场的出现为要素流通提供了场所，降低了经济运行的"摩擦阻力"，提高了经济效率。县域经济发展正是需要一个能让县域内部优质资源与特大城市资金、人才、技术等要素结合起来的"市场"——县域全球融资引智平台。

县域全球融资引智平台不同于普通招商平台或人才引进平台，而是一个同时集成了融资引智功能的综合体。普通招商平台侧重于招商引资，对县域企业融资作用不大。一般的人才引进平台则偏重于引进技术型人才，且为其提供的工作、生活环境不尽如人意，人才"来了又走"的现象屡见不鲜。当前县域企业在缺乏技术型人才的同时，更缺乏专业的管理人才。企业传统融资引智办法在实施上也存在问题，或是融资引智不同步，或是同步但未有效结合。县域全球融资引智平台将同时对县域企业融资引智，以融资为推手，为企业引进人才。具体操作是：在对有融资要求的企业进行融资的同时，平台利用掌握的全球人才信息数据，为企业匹配、引进一流的经营管理团队和研发团队，帮助企业改善经营管理和生产效率，提高产品质量和品牌竞争力，为贷款资金安全提供有力保障。其结果是融资引智平台和县域企业取得"双赢"。

县域全球融资引智平台引入的是一种融资引智机制，既能帮助企业解决融资难题，又能为如何盘活县域企业的优质资源提供完备的解决方案，能授县域企业以"鱼"的同时授之以"渔"。向企业"输血"并不是县域全球融资引智平台的最终目的，也不符合县域经济持续稳定发展的要求，该平台建设的最终目的是要帮助县域企业摆脱困境，使其获得持续的"造血"功能，进一步盘活县域优质资源，促进地区经济快速发展。

三　意义：打通连接县域优质资源与特大城市优质资源的任督二脉

总体来说，县域全球融资引智平台的构建将有利于解决县域经济融资难的困局。尽管丰裕的劳动力资源、土地矿产等自然资源为县域经济发展提供了条件，但资金严重外流，技术、人才缺乏，都大大制约了县域经济的发展。县域全球融资引智平台打通了连接县域优质资源与特大城市优质资源的任督二脉，架起了县域企业同发达地区资金、人才沟通的桥梁，打破了县域企业亟须融资引智而一线大城市金融机构大量资金却在苦寻出路的尴尬局面。县域融资引智平台建设还将改善当前县域经济资金流失、经济贫血的症状，促进大城市大量资金进入县域实体经济，盘活县域优质资源，促进县域经济健康发展，为全面建成小康社会、实现中国梦打下坚实基础。

第四节　县域全球融资引智平台盘活县域资源的运营机制

一　盘活县域资源的手段：引进一流金融团队，实施优质资产证券化

盘活县域资源，主要在于增加县域优质资产的流动性。县域企业多处于价值链底端，以原材料生产为主，下游的采购商往往规模较大，因此，市场力量很大，具备很强的谈判能力。应收账款本来是企业一项非常优质的资产，但因其流动性较差，往往会给县域中小企业带来很大的压力。现实生产销售活动中，县域企业为提高销售量，往往会使用不同期限的销售结算模式。这一模式能扩大企业的销售，也能增加企业账面资产，但这一资产主要是资金占用较大的应收账款。生产活动的不连续性会使应收账款占比较大的县域企业出现资产流动性问题，而一旦企业资金周转困难，便出现了矛盾：企业应收账款属于企业优质资产，而银行贷款条件苛刻，不仅不能以应收账款作为贷款抵押，而且只能按抵押资产比例予以贷款，因此，企业资金需求也无法充分满足，生产将难以正常进行。明明是优质资产，却因为流动性不强、银行贷款门槛高等造成企业融资困难，这是金融资源未得到最优配置的典型情况。县域全球融资引智平台将充分运用金融机制，盘活县域企业优质资产。该平台引入的金融机制核心在于增强企业资产流动性，而资产证券化是提高资产流动性的有效手段。

资产证券化是指将缺乏流动性的资产，转换为在金融市场上可以自由买卖的证券，使其具有充足的流动性，是通过在资本市场和货币市场发行证券筹资的一种直接融资方式。资产证券化的前提是未来能产生稳

定的现金流量。广义的资产证券化是指某一资产或资产组合采取证券资产这一价值形态的资产运营方式，它包括以下四类：

（1）实体资产证券化：实体资产向证券资产的转换，是以实物资产和无形资产为基础发行证券并上市的过程。

（2）信贷资产证券化：就是将一组流动性较差的信贷资产，如银行贷款、企业应收账款，经过重组形成资产池，使这组资产所产生的现金流收益比较稳定并且预计今后仍将稳定，再配以相应的信用担保，在此基础上把这组资产所产生的未来现金流的收益权转变为可以在金融市场上流动、信用等级较高的债券型证券进行发行的过程。

（3）证券资产证券化：即证券资产的再证券化过程，就是将证券或证券组合作为基础资产，再以其产生的现金流或与现金流相关的变量为基础发行证券。

（4）现金资产证券化：是指现金的持有者通过投资将现金转化成证券的过程。

狭义的资产证券化仅仅是指信贷资产证券化。信贷资产证券化的具体做法是：发起人将证券化资产（如应收账款）出售给一家特殊目的机构（Special Purpose Vehicle，SPV），或者由 SPV 主动购买可证券化的资产，然后 SPV 将这些资产汇集成资产池，相关机构对标的资产采用担保等方式提高信用，评估机构对标的资产形成的证券进行评级，证券公司再以该资产池所产生的现金流为支撑在金融市场上发行有价证券融资，最后用资产池产生的现金流来清偿所发行的有价证券。

证券化过程主要有四个节点：

A：在未来能够产生现金流的资产（应收账款等）；

B：上述资产的原始所有者（信用等级太低，没有更好的融资途径）；

C：枢纽（受托机构）SPV；

D：投资者（机构或个人投资者）。

证券化过程可描述为 B 把 A 转移给 C，C 以证券的方式销售给 D。最后结果是 B 低成本地（不用付息）拿到了现金，D 在购买以后可能会获得投资回报；C 获得了能产生可见现金流的优质资产。具体的交易结构见图 15 - 1。

SPV 是整个环节的枢纽，由其进行资产组合，将 A 与破产等问题隔离开来，降低风险，保证投资者利益。

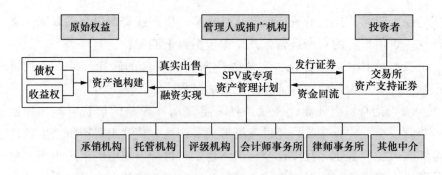

图 15 – 1 资产证券化交易结构

二 县域全球融资引智平台运营机制

前文提到，县域企业与外部优秀资本之间缺乏结合的平台，导致自身发展受限，传统的融资渠道（银行）"输血"门槛较高，"输血"量不够，也仅仅是资金方面的援助，没能为企业提供综合解决方案，而后者对企业的影响将更为深远，也决定了整个县域经济的生命力。

县域全球融资引智平台是一个汇聚了 SPV、评级、发行、会计、法律、担保等机构，减少沟通成本，发挥集聚优势，为企业提供更为完备的金融、管理服务的平台。平台不仅能证券化县域优质资源（具体由相关机构执行），还将汇聚国内外发达地区的资本、技术、人才，协助解决县域企业在生产、经营、销售等方面遇到的问题，为企业提供一系列综合解决方案。县域全球融资引智平台功能如图 15 – 2 所示。

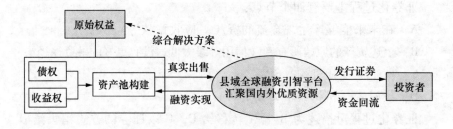

图 15 – 2 县域全球融资引智平台功能

县域全球融资引智平台将在县域优质资源与外部要素间搭建桥梁。一方面，融资引智平台将为分散要素提供结合场所，促进要素的合理配置，提升县域经济发展水平。另一方面，平台为县域经济提供保障，做大做强县域企业，为地区经济输入持久的动力。到后期，平台逐步发展完善，对地区经济信息充分了解，可进一步为县域企业提供担保，融入外部资金，解决企业有融资需求但无担保的问题，为企业提供更全面的服务。

"融资＋综合解决方案"是县域全球融资引智平台的突出特点，融资引智是该平台的主要作用。传统的融资方案只能缓解县域经济发展"贫血"的症状，并不能根治这一病症，而全球融资引智平台能盘活县域优质资源，让县域经济逐步获得自动"造血"功能，保证县域经济生命力长久不衰，授之以"鱼"不如授之以"渔"。

第五节　湖北松滋县域融资引智平台
（松滋金融中心）案例

一　松滋市融资引智平台的做法：政府积极引导市场，搭台唱戏

松滋市位于湖北省西南部，处于平原和丘陵结合地区。松滋市现有两个工业园区，分别为城东工业园区和临港工业园区，有白云边、飞利浦等骨干企业，还有双七水泥、三盟机械、金犀牛服饰、神舟纺织、丽源科技、湖北海兴、启星化工等一批县域民营企业。

受到宏观经济与地区资源局限影响，近年来，诸多企业都遇到了资金问题，而传统融资渠道融资又十分困难。鉴于此，松滋市委市政府主动出击，积极寻求当地在发达地区一线城市已经创业成功的优秀金融人才支持，通过"政府引入国内一流金融团队之智、金融团队引入先进经营管理技术之智"的举措，充分发挥市场机制作用，使一批企业重回正轨，创造了可观的经济效益。

二　实践案例

案例一：以松滋市启星化工有限公司（以下简称启星化工）为例。该公司主要生产磷酸化肥的原料，客户是国内知名的两家上市化工企业：史丹利化肥有限公司（以下简称史丹利）和湖北兴发化工集团（以下简称兴发）。在销售过程中，兴发和史丹利以其市场地位，提出账期为六个月的附加销售条款。事实上，史丹利和兴发各有自身的融资平台，两家公司为减少财务成本，提出账期提前的条件是启星化工负担

提前支付账款所产生的利息，这一利息一般较高，对于启星化工这样的县域企业无疑是较大负担。下游企业利用自身市场地位压迫上游县域企业，造成上游企业生存困难，这一现象在县域十分普遍。

在此之前，松滋市内诸多企业都出现过融资难问题，也一直得不到有效解决。在传统融资渠道走不通的情况下，当地政府因地制宜，积极寻找当地在一线城市创业成功的优秀金融人才支持，成功引入深圳华商安融商业保理有限公司（以下简称华商安融保理）金融团队进驻松滋。华商安融保理注册地为深圳前海，当前在国内处于行业领先地位，该公司与国内多家P2P融资平台存在合作，有着一流的金融团队，具备许多优质资源。更重要的是，华商安融保理总经理为湖北松滋人，对家乡有难以割舍的情怀，渴望为家乡发展做出贡献。

面对较高的财务成本和资金周转不顺的两难，启星化工向华商安融保理寻求解决办法。华商安融保理指出，启星化工通过将应收账款权转移给华商安融保理，华商安融保理再通过证券化应收账款、发行相应证券等操作来获得融资，这一方案也获得了启星化工的同意。于是华商安融保理联合启星化工同史丹利和兴发交涉，提出华商安融保理可以代两家公司（史丹利、兴发）提前支付这一应收账款，只需两家公司同意启星化工将应收账款的收款权转让给华商安融保理。史丹利和兴发并不需要提前支付账款，只需同意两家公司（史丹利、兴发）的支付对象变更，因此，这是多方共赢的方案，最终四家公司顺利达成了协议。华商安融保理在拿到应收账款权后，对其进行了一系列证券化处理，之后通过发行证券来募集资金，启星化工顺利地融资两千万人民币。

华商安融保理主要通过与外部融资平台对接获得资金，比如阿里P2P平台。融资过程中，阿里要求启星化工做增信，即需要启星化工提供担保。但如果企业有担保，则可直接向银行申请贷款，并不需要寻求融资平台的帮助。在此种情况下，华商安融保理出于对启星化工的充分了解以及史丹利和兴发对启星化工的肯定，积极与阿里P2P平台沟通，联合史丹利和兴发为启星化工提供担保，帮助启星化工解决了担保问题，最终顺利实现了融资。

案例二：以松滋市双七水泥有限公司为例。该公司前身为国有松滋水泥厂，在国有企业改制浪潮中，由民营企业家接手。投资人由于投资预算管理能力欠缺，导致固定资产投资进行到一半便因资金不足而中止。面对申请银行贷款条件无法达到，陷入自身资金不足以继续支持建设的尴尬局面，投资人一筹莫展。适逢政府引导国内一流金融团队进驻松滋，投资人遂向该金融机构提出融资申请。

金融团队通过研究宏观经济走势，预判国家将大兴基础设施建设，推断水泥需求必将增加，而松滋周边地区仅此一家水泥企业。正是看中了水泥行业发展前景和双七水泥在松滋周边地区的战略地位，该金融团队对双七水泥有限公司进行了仔细审核，准备给予融资帮助。但审核中，金融团队发现，企业投资人经营管理能力欠缺，融资后恐出现巨大的经营风险，于是在决定注资2.5亿元人民币之前提出一项条件：须推选出一位经营领导能力强者担任公司CEO，帮助改善公司经营状况。公司股东进行商议，推举出了一位合格的经营管理者，最终金融机构进行了注资，使得该企业顺利生产。在进行合作的同时，金融团队利用自己积累的广阔客户资源，帮助企业积极与葛洲坝集团接洽，促成葛洲坝集团对双七水泥有限公司的收购。现在，双七水泥有限公司年纳税达到6000万元，成为当地纳税大户。

三　案例启示

上述两个案例揭示了当前县域经济面临的突出问题：一方面，县域企业存在迫切融资需求，也有优质资产，但其经营管理、财务规划都不完善，不符合现代企业规范化管理的要求，企业增信十分困难；另一方面，县域外部一线城市的融资平台对县域企业了解不充分，也无法为其制订企业安全融资所需要的综合解决方案，存在巨大的沟通成本。针对这种情况，需要有一个既熟悉当地企业经营状况，又能与县域外部一线城市的融资机构对接，且具备先进的管理经验，能为企业提供全面解决方案的一个综合融资引智平台。

四　抢占区域农村金融制高点：松滋市金融中心

为进一步抢占区域农村金融制高点，以成功案例为依托，松滋市委市政府联合华商安融保理团队，在松滋市设立了全国首个县域全球融资引智平台——松滋金融中心。金融中心的建成，能在松滋市形成一个金融企业服务于产业的聚集力量，通过金融中心的集聚效应，有效地促进实体产业发展，同时促进金融资金与产业资金良性互通。松滋市金融中心拟选址在松滋市贺炳炎大道中段、贺炳炎大道以西、玉玲北路以北地段，由社会投资主体以公开招标方式获得土地使用权。金融中心将引进银行、保险、证券、期货等分支机构，还将引进发展规范的会计、律师、评估、信誉评级、拍卖、股权投资、担保、民间融资等机构，同时以金融中心为依托，推进国有资本、社会资本与专业机构合作，创办互联网金融平台，并使之成为企业股权交易、股权融资需求信息发布及农村土地流转、评估、交易的平台。另外，通过积极引导电子商务、信息软件设计与研发的高端企业和团队进入，最大限度地聚集一批发展现状良好的企业，逐步培育和壮大产业集聚群。通过构造金融中心，建立人才引进培育留用机制，打造人才集聚群。为企业的长足发展提供坚实的智力支持。

第六节　扩大县域全球融资引智平台试点

松滋市引入优秀金融团队、建设融资引智平台的举措，在有效地解决了企业融资难题的同时，还顺利地借助金融团队的智慧改进了企业经营管理中存在的问题，增强了企业的生命力，保证了企业的长足发展，为当地经济注入了活力。松滋县域全球融资引智平台实践成功有以下四个方面的原因：

第一，本土企业拥有优质资产。

第二，当地有一批优秀人才在一线城市发展，拥有发达地区的优质资源，也愿意为家乡发展贡献力量。

第三，政府主动出击，积极引导。

第四，发挥市场机制在资源配置上的决定性作用，充分利用民营企业家的卓越智慧。

实践案例在松滋市取得成功绝非偶然，松滋市经济发展所面临的困境具有普遍性，所有县域经济都会遭遇。湖北松滋金融中心的初步建设，已经为当地经济带去了切实利益，有效地解决了部分企业的融资难题，促进了地区经济的发展。松滋实践案例为推广县域全球融资引智平台试点提供了实践支持。

在经济新常态下，国内经济下行压力巨大，传统的政府主导型投资驱动战略带来的巨额负债使继续实行这种经济增长模式已不可能，民间资本进入投资领域将是首要选择。近年来，国家鼓励和引导民间资本进入基础产业及基础设施领域，鼓励和引导民间资本进入市政公用事业及政策性住房建设领域，鼓励和引导民间资本进入社会事业领域，这为推广县域全球融资引智平台试点提供了政策支持。

改革开放在引入国外优质资源、创造大量财富的同时，也为国内培养了大量优秀金融人才。随着人口流动的加快，广大中西部地区必然有一批身处改革开放一线、熟悉资本运作、具备广阔市场资源的人才存在，这些人才普遍愿意为家乡发展贡献才智，这为推广县域全球融资引智平台试点提供了人才与资源支持。

全面建成小康社会的根本在于妥善解决"三农"问题，县域作为"三农"问题聚集区，是全面建成小康社会的前沿阵地。发展县域经济，盘活县域资源是关键。建设县域全球融资引智平台，以金融为推手，为县域经济输入优质人才、资本、技术，能使县域经济获得长足的、稳定的发展。

县域全球融资引智平台功能能否完全发挥最终取决于三个要素：

第一，物质吸引。只有满足人才在当地必要的物质需求，消除后顾之忧，人才才会愿意来到县域。

第二，文化吸引。当地应创造与高端人才相适应、与其物质文化和精神文化需求相一致的条件，使人才和企业有共同的愿景，如此，人才方会发挥主动性和创造性，积极为企业发展贡献才智。

第三，政府引智、引资政策与方式。政府只有采取合适的政策，为人才、资本提供稳定的环境，人才、资本才会常驻，当地经济才会有长足发展。

在经济下行压力较大的背景下，鉴于上述分析，我们建议扩大县域全球融资引智平台试点，以平台为依托，汇聚国内外优质资源，同时发挥市场在资源配置过程中的决定性作用，着力发展县域经济，为夺取全面建成小康社会的伟大胜利奠定坚实基础。

第七节　在区位条件较好的县域重点镇建立国家级学术机构试点

县域经济发展主要面临着缺乏高端人才、资本和先进科学技术等问题。虽然县域地区可以通过承接东部地区的产业转移来实现发展，但这些产业主要是东部地区的污染产业和落后产能，对县域地区的环境可能会造成较大的伤害，而且如果按照这种发展路径，县域经济难以实现跨越式发展，有可能会永远落后于城市经济。

根据前章所述，尤其第十三章和第十四章的研究可知，主要发达国家高科技产业园、大学和科研机构多布局在区位条件较好的中小城市，我国中西部地区区位条件较好的中心城市由于缺乏良好的就业机会，难以吸引高端人才。通过在县域重点镇建立国家级学术机构，既可以解决人才和技术问题，又可以带动产业升级，从而逐步突破县域经济发展的"瓶颈"，为县域经济发展带来新动力，有助于实现县域经济跨越式发展。

在我国特大城市"城市病"日益严重的情况下，为了提高我国城镇化质量，促进经济持续健康发展，我国应该借鉴国际经验，在中西部区位条件较好的县域重点镇布局一批高科技产业园、创新中心和著名高校的分校。在湖北区位条件较好地区，也应该寻找自然条件比较好、交通区位便利、人口规模比较小、自然环境优雅的县域重点镇，设立国家级科研机构和著名高等院校的分校。

例如，可在黄石市阳新县试点建设国家级科研机构。阳新县地处长江中游南岸，幕阜山脉北麓，国土面积2780平方千米，2014年，总人口105.94万。阳新县东临长江，有狭长小平原，中小湖泊较多，被誉为"百湖之县"。境内有省级生态旅游风景区——仙岛湖、七峰山，有著名的烈士陵园——湘鄂赣边区鄂东南革命烈士陵园。阳新县的交通十分便利，大广高速和杭瑞高速两条国道主干线在阳新境内有100千米；武九铁路阳新县境有57千米，为国家一级干线；每15分钟有一班汽车到达省城武汉。因水产养殖业发达，阳新县可以试点建设水产养殖国家级科研机构，作为引进高端人才的高技术平台。

在区位条件较好的县域，建立国家级学术科研机构可以取得以下一系列重要的社会和经济效益。

一 引入一批高端消费者

国家级学术机构的建立会吸引大量高端人才，这些人才收入较高，消费需求旺盛，尤其是对服务消费的品质有较高的要求。而服务业恰恰是县域经济发展的薄弱环节，与大城市相比，县域地区的服务业发展一般落后10—20年。大量的高端人才进驻县域国家级学术科研机构，会提高对县域高品质服务业的需求，从而带动县域第三产业质量的提升，促进县域地区服务业的转型升级。

二　拉动小城镇房地产行业发展

大量高端人才到小城镇居住生活，会大大拉动小城镇房地产行业发展。首先，大量人才的流入会提高对住房的需求数量；其次，高端人才对住房质量的要求更高，为了满足高端人才对住房质量的要求，开发商会更加注重住宅小区的规划和小区内部及周边配套环境的建设，从而提升小城镇的整体居住环境。

三　带来消费和行为示范作用

当前，县域地区居民的消费意识和消费观念还比较落后，对产品和服务的质量意识缺乏。另外，县域居民还存在各种不文明的生活习惯，例如，不注重卫生、环境保护意识不强、不注重保护街容街貌等。高端人才受教育水平较高，且很多具有国外留学背景，具有较先进的消费观念和文明的生活习惯，更加注重生活质量和环境保护。所以，随着大量高端人才到县域地区生活，在消费观念和生活习惯方面会对县域居民起到较好的示范作用，从而有利于促进县域居民形成良好的消费习惯和生活习惯。

四　带来文化和科技信息，提高县域的科技文化水平

县域居民主要是用方言进行交流，很少使用普通话交流，用英语等外语交流的就更少了。方言的大量使用既不利于外来人员与当地居民之间进行交流，从而会阻碍各类信息的传播，也不利于县域经济的发展。而国家级学术机构的人员来自全国甚至全球，这些人员不仅用普通话交流，而且使用英语等各种外语进行交流，是各行业、各领域的先进代表。大量高端人才的到来，会促使县域当地居民使用普通话，甚至学习外语，为县域居民带来丰富的现代文化和科技信息，使县域居民可以享受现代化的文化信息，进一步提高自身修养。

五　带动周边产业发展，增加县域就业

学术机构的设立必然会吸引一些相关产业发展和各类人才集聚，产业和人口的集聚又会促进各种服务业的发展，从而会增加县域地区的劳动力就业。另外，高端人才对服务业的质量要求较高，为了满足高端消费者需求，县域服务业必然会加强对服务业员工的培训，提升劳动力的专业技能，进一步提高当地劳动者的素质。

六 助推县域产业结构和技术结构升级

国家级学术机构是中国技术创新的重要来源地。一般情况下，学术机构开发新技术会率先应用于机构所在地区的产业或者企业，所以，在县域地区建立国家级学术科研机构，把学术机构开发的新技术率先应用于县域经济发展，提升县域地区的科技水平，促进县域技术结构升级。另外，学术机构的工作人员或者培养的学生也可以依靠当地较好的科技环境和基础设施进行创业，从而促进县域产业结构的优化升级。以德国弗莱堡为例，弗莱堡太阳能产业发达的重要原因就是因为当地拥有全欧洲最大的太阳能开发利用研究机构，该机构发明的新技术可以率先应用于当地产业的发展。

第八节 汇集一流规划人才，创新县域
小城镇和新农村建设机制

如前所述，建设规划滞后是中国小城镇和新农村建设面临的主要问题。很多农村小城镇建设和村庄改造建设缺乏长远规划，或者简单地让农民"洗脚上楼、集中居住"，使乡村文化消失殆尽，或者小城镇沿马路而建，形成了一大批"马路城镇"，或者无序开发，小城镇和村庄建设存在较严重的脏、乱、差问题。湖北麻城市龟峰山茶场聘请国内外一流规划人才，对整个龟峰山风景区和小城镇及新农村建设进行总体规划，既保有农村风貌，又具有时代特征；既不破坏当地自然风光生态环境，又经过人工雕饰使农村自然风光更加美丽、生态环境更加怡人，取得了良好经济效益和社会效益。

湖北麻城龟峰山茶场小城镇和新农村建设的经验可以总结为：以特色产业拉动、国际一流的规划团队进行整体规划、加强组织领导、引入战略投资者等几个方面，我们可以把这些经验归结为龟峰山模式，该模式对湖北区位条件较好地区县域小城镇和新农村建设具有重要的借鉴意义。

一 龟峰山模式

（一）龟峰山茶场的自然条件

湖北省国营龟山茶场，位于麻城市东部、大别山中段，距麻城市区

23 千米。龟峰山农场于 1958 年建场；2006 年 12 月，与龟峰山风景区管理处合并，实行"一套班子，两块牌子"合署办公。茶场面积 116 平方千米，辖 12 个农业生产大队、3928 户、13680 人。

龟峰山茶场有分布集中、保存完好、连片面积达 10 万多亩的古杜鹃群落，每年 4—5 月，万亩红杜鹃竞相开放，整个龟峰山景区变成了红色的花的海洋。然而，由于没有开发和宣传，很多人并不知道有此美景。另外，景区基础设施也较为落后，从山脚到山顶的小路崎岖陡峭，行路难、停车难、吃饭难、如厕难，让一些慕名而来的赏花游客叫苦不迭。村民以茶叶为主要产业，2007 年人均年收入不到 2000 元。

从 2007 年起，龟峰山旅游景区开启了发展新阶段。首先，进行管理体制改革。设立龟峰山风景区管理处，由原来龟山乡的股级单位变为由麻城市直管的正科级事业单位，管理处的主要职责就是景区的旅游开发。其次，在资金上予以保障。先后投资上亿元，景区面貌焕然一新，各种基础设施不断完善。2007 年，龟峰山景区成功创建为国家 3A 级旅游景区；2009 年，又被评为国家 4A 级景区和湖北省旅游度假区。以旅游业为龙头，当地形成了旅游商品、农家乐、旅游运输等产业链，拓宽了旅游富民兴镇道路，龟峰山村人均收入快速增长，全镇有 3000 多人吃上了旅游饭。

（二）以特色产业拉动小城镇和新农村建设

龟峰山以茶叶产业、旅游业带动了小城镇和新农村建设，创造了产业发展、生态保护等多重收益，为中国小城镇和新农村建设提供了典型的示范。

"十二五"期间，特别是 2013 年以来，龟山茶场新一届领导班子确定了"擦亮杜鹃名片，开发玄武峡谷，做活特色产业，挖掘长寿文化，打造 5A 景区"的发展思路，逐步形成了茶产业和旅游业并驾齐驱的产业发展新格局。特色产业的发展，既为小城镇和新农村建设打下了坚实的经济基础，也带动了农村基础设施的改造，美化了人居环境。

1. 特色产业为小城镇和新农村建设打下了坚实的经济基础

（1）茶产业——"岩绿"香荆楚。茶产业是龟山茶场的传统支柱产业，出产的"龟山岩绿"茶生长在海拔 600—1000 米半高山地带，它条索紧细，锋毫显露，色泽翠绿，栗香持久，滋味醇厚回甜，汤色碧绿清亮，被视为茗中极品。

20 世纪六七十年代，龟山茶场茶园面积不断扩大，一度达到 6000 亩，出产的"龟山岩绿"被列为湖北四大名茶之一，备受消费者青睐，产品供不应求。但在推进市场经济的过程中，龟山茶场的茶叶一度出现茶叶贱卖、毁茶抛荒现象。为切实提高茶产业经济效益，把茶产业真正建成支柱产业，新一代茶场人高扬农垦精神，顶住压力，脚踏实地，借力发展，积极探索，采取如下有效措施：

第一，强化基地建设，夯实发展基础。与浙江大学茶学系结成战略合作联盟，共同打造教学科研实践基地，邀请专家教授到现场技术指导，加大茶园科学管理力度，巩固"鄂茶 1 号"品种改良成果。2014年，新发展良种无性系茶园 200 亩，全场可采摘茶园面积超过 5000 亩。经过一系列规范化管理和技术指导，茶园亩产鲜叶由原来的不足 300 千克提升至 400 千克以上，亩均收入达到 8000 元。

第二，实施龙头带动，巩固利益联动。2013 年 9 月，龟山茶场控股成立麻城市龟峰山岩绿茶叶有限公司，吸收全场 8 个茶叶专业生产大队入股，吸收 2300 余户茶农共同参与，建立"公司+基地+茶农"式的现代农业发展模式，以质量求生存，以管理求发展，不断完善农垦农产品质量追溯建设系统，规范生产加工流程，引进清洁自动化生产线，聘请专家改进生产加工工艺，联合研发"龟山岩绿"高端养生茶。

第三，整合资源优势，强化品牌建设，全方位拓展市场营销。为拓展市场渠道，龟峰山岩绿茶叶有限公司吸收湖北首家专业茶文化推广公司——楚天茶道文化中心入股经营，强化"龟山岩绿"线上线下品牌营销，大力实施"走出去"发展模式。以麻城市打造"龟山岩绿"公共茶叶品牌为契机，举办首届"麻城龟山岩绿茶文化旅游节"依托"人间四月天，麻城看杜鹃"旅游资源优势，推出花与茶有机统一新组合。经过努力，"龟山岩绿"于 1988 年获农业部优质产品称号，1992年获无公害产品认证，2007 年获得 QS 认证，2011 年通过有机茶认证，2012 年获国家地理标志保护产品，2013 年成为湖北省首家通过农业部总结验收的农垦农产品质量追溯系统建设项目，2014 年喜获"湖北老字号"荣誉。

（2）旅游业——杜鹃惊世界。"人间四月天，麻城看杜鹃"。2008年首届麻城杜鹃文化旅游节，龟峰山杜鹃花以其"分布最集中、林分结构最纯、种群面积最大、树龄最古老、保存最完好、株型最优美、景观最壮丽"，一举惊爆世人眼球。

在麻城市委市政府和省、市农垦管理部门重视支持下，龟峰山风景区用三年时间，一举实现了从无 A 级到 3A 级再到 4A 级的景区建设"三级跳"。2013 年以来，管理处重点围绕创建国家"5A"级景区，实现从一季游向四季游、一日游向多日游、单纯赏花游向休闲度假养生游转变。龟峰山风景区因此也获得了无数个荣誉，比如，湖北省先进景区、湖北省旅游名村、湖北省省级旅游度假区、湖北省十大优秀旅游景区、灵秀湖北十大旅游新秀、大别山（黄冈）国家地质公园等称号相继落户，国家级名片"中国映山红第一城"等。

由于措施得当，龟山茶场和龟峰山旅游业实现了跨越式发展，茶产业效益得到迅速提升。2015 年，春茶产值突破 5000 万元，其中精制茶均价创 480 元/斤历史新高。"十二五"期间，龟峰山的旅游业蓬勃发展，游客人数呈现"井喷式"增长：2013 年 55 万人，2014 年 68 万人，2015 年超过 80 万人；门票收入：2012 年 1200 万元，2013 年 1800 万元，2014 年 2300 万元，2015 年突破 3000 万元；2013 年龟峰山的旅游业总收入 2.7 亿元，2014 年为 3.2 亿元，2015 年达 3.8 亿元。茶产业和旅游业的收益使龟峰山的小城镇和新农村建设有了坚实的经济基础。

2. 特色产业带动了小城镇和新农村建设基础设施的改造

龟峰山特色产业的发展，也带动了小城镇和新农村设施的建设。三年来，龟峰山累计投资 3000 余万元，新建 5 千米旅游步道，原有 5 千米旅游步道统一由 1.2 米扩宽至 2 米，依照 3 星级标准改造景区厕所，全面完善环卫设施和供水管网，农村基础设施也得到了改善，达到"净化、绿化、亮化、美化"的目标；对农户房屋室内外进行改造，不仅发展"农家乐"，还重点发展"洋家乐"。

（三）国际一流的规划团队进行整体规划

龟峰山汇集了北京和韩国等国内外专门的规划人才，对熊家铺、刘家垸、"韩养村"等小镇或农村进行了整体规划，使之既保有农村风貌，又具有时代特征；既不破坏当地自然风光生态环境，又经过人工雕饰使农村自然风光更加美丽。

1. 熊家铺文化旅游小镇

聘请韩国 A 级设计师崔德基先生规划设计，作为 2014 年麻城市五大建设工程之一，涉及 4 个行政村，21 个自然垸，先后完成河道整治、立面装修、管线地埋、绿化亮化、景观配套等 7 个方面、11 大建设项目。目前，主体工程基本完工，一个"风貌古朴（自然）、功能现代、产业绿色、文明质朴"的文化旅游小镇——茶溪古镇横空出世，引来众多游客纷纷驻足拍照，流涟忘返。

2. 刘家垸美丽乡村

经韩国规划师的指导，刘家垸村在保持鄂东传统村落风格的同时，重点强化村庄环境整治和垸前屋后绿化、美化、亮化，新建排水沟 4000 米，整治河流 200 米，清理塘堰 7 座，拆除破旧厕所、猪圈、牛棚 3600 平方米，建设旅游公厕 3 座，架设太阳能路灯 30 盏，栽种杜鹃、樟树、乌柏等苗木 2 万余株，绿化草坪 1500 平方米，建垃圾池 8 个，配分类回收垃圾桶 60 个，聘垃圾清扫保洁员 5 名，建立完善了环境整治长效处理机制。

3. 发展"洋家乐"：韩养村

2013 年，韩国设计师崔德基先生在景区工作之余，对景区的发展充满信心，个人投资 3500 万元自建韩式风格养生村。一期工程占地面积 34 亩，分设行政办公区、酒店度假区，建有行政办公楼、酒店、电影院、KTV、中、西餐厅、韩餐厅、韩式美容院、奢侈品店等各类建筑 26 栋，建筑面积达 7500 平方米。

（四）组织领导得力

湖北省国营龟山茶场 2006 年 12 月与龟峰山风景区管理处合并，实行"一套班子，两块牌子"合署办公。现在是"三块牌子（龟山风景区管理处、国营龟山茶厂和景区下的旅游公司），一套班子"。

领导班子的重新整合，有利于科学地规划发展旅游观光的区域，以此使农村建设重点突出，有效地防止了各地盲目地发展、重复建设甚至破坏性的建设；有利于整合农垦旅游项目资金，支持休闲观光旅游的基础设施建设，例如，用危改资金支持农家乐、洋家乐建设，以此来带动小城镇和新农村的建设；可以有效地整合资金，聘请国内外知名专家科学编制休闲观光旅游规划，科学规划小城镇和新农村，使小城镇和新农村特色化、差异化。

（五）引入战略性投资者

旅游宾馆服务业是制约乡村旅游发展的"瓶颈"，农民自发经营的农家乐常常难以满足大城市游客对生活品质的要求。为了彻底提高龟峰山旅游宾馆服务业的质量，龟峰山景区积极招商引资，引入了洪山宾馆的战略投资者——湖北省高新技术投资有限公司在龟峰山设立洪山宾馆龟峰山店，为龟峰山的旅游业发展，提供优质的宾馆服务。

二　龟峰山模式的借鉴意义

龟峰山模式是湖北区位条件较好地区县域经济发展的典型模式之一，具有重要的借鉴意义。

首先，充分发挥县域经济的特色资源。每个县都有特色资源，而如何发挥好特色资源就变成了一个难题。如果县域的特色资源不能有效开发，只是一种潜在的资源，不能变成优质资源。龟峰山模式成功的原因之一就是有效地开发当地的杜鹃、茶叶等特色资源，让潜在资源变成了优质资源。

其次，加强组织领导，引进一流规划团队。引入国内外一流规划团队可以解决县域经济发展规划滞后、人才短缺的问题。一流的规划团队借助于国际先进的规划理念，并结合当地的特色资源和环境，制定科学规划，指导、推动县域经济发展。引入一流规划团队离不开组织领导，加强组织领导，对县域发展的大方向进行把握，争取更多的政策支持，并可有效地防止各地盲目地发展、重复建设等问题。龟峰山景区在开发之初，就邀请韩国 A 级设计师、华中师范大学旅游规划等专家进行规划的编制，有效地指导了景区的开发和管理。规划团队对景区的发展思路、目标、旅游形象、旅游市场的定位、营销策略、产品设计、保障机制等进行科学制定，这对景区的发展有很大的指导作用。

最后，寻找战略投资伙伴。资金缺乏是县域地区发展较为普遍的问题，如何寻找资金支持当地经济建设是县域经济发展的难题。虽然县域地区有丰富的特色资源，但如果得不到资金的支持，特色资源也难以发挥拉动经济增长的作用。龟峰山景区通过引进战略投资伙伴的方式，借助战略投资伙伴的资金优势，有效地开发当地的特色资源，值得广大县域地区学习。

湖北区位条件较好地区小城镇和新农村建设可以借鉴龟峰山的经验，利用湖北区位条件较好地区县域秀丽的山水、众多的湖泊，已有的自然景点（如阳新县的仙岛湖、七峰山），以及中国红色旅游景点（如阳新县的湘鄂赣边区鄂东南革命烈士陵园），结合小城镇和新农村建设的思想，汇集国内外的规划人才，以特色产业带动小城镇和新农村建设等为特征的"龟峰山"模式，打造既有传统文化又有时代特征、既有生态怡人又有现代设施的小城镇和新农村。

第十六章　本书结论与我国城镇化对策

第一节　本书结论

一　关于经济增长的本质与城市化及城市发展的国外经验

（一）基于"以人为本"理念的经济增长本质的界定

在库兹涅茨（1971）和米山（1967）等现有文献基础上，本书对经济增长的本质进行了理论探索，认为闲暇、美丽的自然风光、幽静整洁的人居环境也是经济活动的重要供给和产出，而且随着物质财富的不断积累和人民生活水平的逐步提高，闲暇、美丽的自然风光、幽静整洁的人居环境的经济价值也将不断提升。

基于"以人为本"的发展理念，本书从两个视角对经济增长的本质进行了新的界定。从供给结构视角来看，本书给经济增长下的定义是：一国经济增长是指该国生产数量和种类更多、质量更好的产品、闲暇、美丽的自然风光和人居环境能力的长期上升。这个定义有三个构成要素：数量和种类更多的产品、质量更好的产品和美丽的人居环境、闲暇和自然风光。据此，一国经济增长可分为三个阶段：数量型增长阶段、数量型向品质型增长转型阶段和品质型增长阶段。我国已经完成了数量型增长阶段，正处于由数量型增长向品质型增长艰难转型阶段，我国与发达国家的差距突出表现在人居环境、闲暇和产品质量上，而不是产品数量和种类上。

从更广义的视角来看，过大的贫富差距降低了人们的主观幸福感，违背了共同富裕的社会主义经济增长目标；忽视美满婚姻的经济增长实践最终可能导致结婚率和生育率大幅下降，人口严重老龄化，人们主观幸福感下降，经济增长难以持续。经济增长的本质还应该包含在发展经济的过程中，防止出现过大的贫富差距和过多的"剩男剩女"。

（二）基于"以人为本"经济增长本质定义的城市化和城市发展的国外经验

日本模式和德美模式是两种典型的经济增长模式，前者经济增长过程是以"国家功能高度集中"为特征的，后者是以"国家功能"比较分散为特征的。两种典型的经济增长模式会产生三种典型的城市化模式：以"特大城市＋快速交通系统＋高房价＋远郊区睡城"的日韩模式、"特大城市＋'贫民窟'"的拉美模式和大、中、小城市协调发展的德国模式。日韩和拉美两种城市化模式将产生有违经济增长本质的巨型城市。东京面临上下班通勤成本过高、普通劳动者闲暇时间相应难以提高、房价过高等问题；中国香港面临房价过高、低收入者居住困难等问题；马尼拉和里约热内卢面临交通拥挤、"贫民窟"泛滥等问题。

从城市化发展经验可知，生产和人口过度集中于特大城市，是第二次世界大战后各国城市化的一个比较普遍的现象，根据经济增长本质和现有城市经济学理论的分析，这种过度集中不利于一国经济持续健康增长。

二　关于巨型城市过度膨胀的原因分析

第一，从理论上提出了聚集不经济传导机制失灵问题，并证明了该问题在中国的存在性。

城市适宜规模是由聚集经济和聚集不经济相互作用形成的。聚集经济主要表现为厂商生产效率的提高，聚集不经济主要表现为城市房价和工人生活成本的提高。通过劳动力市场的工资谈判，大城市工人会向厂商要求更高的名义工资来补偿大城市更高的生活成本，大城市更高的名义工资提高了厂商的投资成本，阻止了资本和人口向大城市的过度聚集，这就是聚集不经济的传导机制。

但是，在类似中国这样的发展中国家，大城市工人的工资谈判能力很弱，他们可能无法要求厂商根据大城市更高的生活成本调整并提高其名义工资，进而将大城市高房价、高通勤成本转嫁给厂商，并提高厂商的投资成本。当大城市更高的房价和生活成本不能形成大城市厂商更高的投资成本时，聚集不经济传导机制失灵问题就产生了，此时，资本和人口将会在巨型城市过度聚集。本书采用对农民工的调查数据，证明了中国存在聚集不经济传导机制失灵问题。

第二，针对中国普遍存在的大城市人均财政支出远高于中小城市这一现象，本书通过数值分析发现，非均等财政支出将导致巨型城市，并降低整个社会的福利。

第三，关于我国对外开放的空间布局，本书实证研究发现，中国劳动力市场和土地市场特征造成的聚集不经济传导机制失灵，导致拥挤成本不但不会阻止 FDI、进出口贸易的聚集，反而会产生反向扭曲效应，即拥挤成本会促进 FDI、进出口厂商的聚集。

三　关于我国城市的适宜规模

第一，我国的城市体系存在严重的"特大城市过大、中小城市过小"问题，造成了我国城市体系的严重失衡。

以城市真实全要素生产率作为地级以上行政级别城市适宜规模的衡量标准，发现我国人口超过适宜规模上限的地级以上城市有 30 个，占 199 个研究样本的 15.1%；城市规模低于适宜规模下限的地级以上城市有 107 个，占 199 个研究样本的 53.8%。上海、北京、天津、重庆、广州、深圳、东莞、成都、佛山、西安、沈阳、杭州、汕头、哈尔滨、郑州等城市的人口规模已经大大超过适宜城市规模的上限，约有 63% 的城市人口生活在人口规模过大的城市。以城市名义全要素生产率、人均真实 GDP、人均 GDP 为衡量指标，得到了相似的结论。

我国城市体系的严重失衡既导致我国巨型城市"房价和交通成本过高、人居环境恶化"等"城市病"日益严重，又造成一大批中小城市缺乏对资本和人口的吸引力。本书对全要素生产率的研究进一步表明，城市体系失衡还将严重阻碍我国城市创新能力和全要素生产率的持续提升，阻碍我国经济由粗放型向品质型增长方式的转型。

第二，我国劳动力市场、土地市场特征以及目前的财政体制决定，仅靠市场机制难以解决我国城市体系严重失衡问题，要实现大中小城市和小城镇协调发展，必须采取倾斜性政策，支持区位条件较好的中小城镇发展。

第三，由于行业异质性，城市规模对不同行业的工业企业全要素生产率有着不同的影响，不应该把所有的工业企业都聚集于大城市或特大城市，对于某些行业的工业企业适宜布局在小城市，有些适宜布局在中等城市，有些大、中、小城市皆可。

在本书研究的 38 个行业中，有 19 个行业的工业企业生产效率与城市规模呈倒"U"形曲线变化，但不同行业的工业企业对应的最优规模相差较大。食品制造业，家具制造业，通信设备、计算机及其他电子设备制造业、电气机械及器材制造业等行业的工业企业生产效率与城市规模关系不大，黑色金属矿采选业、有色金属矿采选业、饮料制造业、纺织鞋帽业、烟草制品业、化学原料及制造品、医药制造业、橡胶制品业、黑色及有色金属等行业、仪器仪表制造业的企业生产效率与城市规模没有关系，城市规模对煤炭开采和采选业有着显著的负影响。

第四，采用基于"一篮子"标准化商品的生活成本指数和基于房价的生活成本指数，对城市名义收入进行调整计算城市真实收入比较发现，一方面，许多中小城市的人均真实收入高于北京、上海、深圳、广州等特大城市的人均真实收入；另一方面，还有更多中小城市的真实收入低于特大城市的真实收入。这一结论进一步证明我国城市体系发展失衡，存在"大者过大、小者过小"问题。

第五，以武汉城市圈内特大城市武汉、中等城市孝感、小城市孝昌和县域小城镇小河为例，研究发现，大中城市居民对公共服务的总体满意度明显低于小城市和小城镇居民，小城市居民对公共服务的总体满意度相对最高。在具体公共服务项目上，小城市和小城镇居民对公共治安的满意度高于大中城市居民；小城镇居民对公共交通的满意度很高，但对社会保障的满意度最低，小城镇居民和城市居民在公共服务满意度上的差距主要表现在社会保障方面；大中城市居民对公共治安及公共交通满意度与小城市、小城镇差距较大，其他具体项目上无明显优势，这是导致大中城市居民公共服务总体满意度偏低的重要原因。

从主观幸福感来看，小城市居民主观幸福感最强。在分量指标上，小城市居民社会信心、收入满意度和家庭气氛三项得分显著最高，人际交往得分也高于大中城市。这是小城市居民主观幸福感最强的重要原因。计量分析表明，居民公共服务满意度和攀比性住房消费显著影响居民主观幸福感。因此，从政策层面上看，城镇化过程中我国需要注重发展小城市，加强基本公共服务建设，按照不同城市对大户型住房征收不同的房产税，以增强居民主观幸福感，促进经济健康发展。

第六，通过计量分析，本书发现，城市规模越大，贫富差距就越大；而且，城市规模越大，城市适龄青年结婚成本越高，其个体结婚概率就越低。贫富差距过大和结婚率过低都不利于经济健康发展，因此，从经济增长的本质和长远目标来看，有必要对巨型城市规模进行严格控制，并鼓励区位条件较好的中小城市发展。

四　关于中小城镇的发展

第一，从空间视角来看，我国掉入"中等收入陷阱"的威胁主要来自中西部地区和中小城市，中小城市是我国提升城镇化质量，全面建成小康社会的关键。

从区域来看，中国掉入"中等收入陷阱"的威胁主要来自中西部地区。2015 年，北京、上海、天津、江苏和浙江人均 GDP 已超过或十分接近 1.26 万美元这一世界银行界定的高收入国家或地区标准，辽宁、福建、广东、山东、内蒙古人均 GDP 已超过 1 万美元。这表明，拥有5.1 亿人口的上述 10 个省份已经基本跨越了"中等收入陷阱"。但除内蒙古外的中西部各省份人均 GDP 离高收入地区标准还有较大差距，且除内蒙古、重庆、吉林和湖北外，其他中西部地区省份人均 GDP 均低于 7900 万美元的全国平均水平。

从城市来看，中国掉入"中等收入陷阱"的威胁主要来自中小城市，尤其是中西部地区中小城市。2015 年，北京、上海、广州、深圳、苏州、武汉、长沙等特大城市的人均 GDP 均超过了 1.26 万美元，郑州、长沙、成都和南昌的人均 GDP 也已超过 1 万美元。但众多的中小城市，尤其是中西部地区的中小城市离高收入地区标准还有较大差距。例如，2015 年，怀化、许昌、荆州、信阳的人均 GDP 分别为 4200 美元、4700 万美元、4400 美元、8000 美元，属于中等收入地区。

第二，总结主要发达国家高技术创新中心的空间布局，结合创新部门特征的理论分析，本书发现，城市环境对于高技术产业有着重要影响：便利的交通通勤条件能减少高科技人才上下班花费的时间，高质量的城市生活能吸引更多的高科技人才前来就业，美丽的人居环境能降低创新成本。主要发达国家的多数高技术创新中心都布局在人居环境优美、交通便利的中小城市或小城镇。例如，剑桥大学和剑桥工业园、世界领先的太阳能研究机构弗劳恩霍夫研究院太阳能系统研究所在德国南部小城弗莱堡。

第三，我国重点一、二线特大城市对高端创新要素具有吸引力，但是其创新成本高，"城市病"严重，中小城镇尤其是县域中小城镇对高端人才没有吸引力，经济增长缺乏持久的推动力。缺乏合适的就业机会、择业上的"同群效应"、主观上认为中小城市业余生活单调等因素是阻碍重点大学毕业生选择去中小城市工作的主要原因。

第四，资金外流、高端人才短缺是阻碍中西部区位条件较好地区县域经济和城镇化健康发展的主要原因。在区位条件较好的县域建设融资引智平台和国家级研究机构，汇集一流规划人才，创新县域小城镇和新农村建设机制，是推进县域经济和城镇化健康发展的有效途径。

第二节　我国城镇化对策

一　坚定树立新的城市和城镇化发展理念

光靠几个重点一、二线城市难以实现我国城镇化和经济持续健康发展。切实把中小城镇当作促进我国城镇化和经济健康发展的重要载体及新的空间，坚决扭转我国城镇化和经济发展对几个重点一、二线城市的严重依赖。不少学者以东京、首尔甚至东南亚和拉美一些国家和地区巨型城市持续扩张为依据，认为继续发展巨型城市符合世界城市发展的规律。本书认为，我国巨型城市和特大城市全部超过了其适宜的规模，阻碍了其全要素生产率的提高和技术进步。东京、首尔以及东南亚和拉美一些国家和地区巨型城市发展产生的"城市病"及其对整个国家经济健康增长的阻碍恰恰应该引起我国的高度重视，并尽力避免。

二　坚定改革偏向大城市的财政体制机制

我国大、中、小城市和小城镇严重的"非均等财政支出"实质上是偏向大城市的财政体制和机制造成的。包括土地收入分配制度在内的财政体制机制拉大了大城市与中小城镇之间的财力差距，使巨型城市拥有了巨大的财力。巨型城市政府为了城市 GDP 的增长，不顾巨型城市已有的严重的"城市病"，动则花费数千万元、数亿元甚至更多的资金补贴吸引投资者，兴建高科技产业园，严重干扰了资本和人才等资源在城市间的合理配置，造成了我国城市体系的严重失衡，一方面，巨型城市持续扩张，"城市病"持续恶化；另一方面，中小城镇发展滞后，对资本和人才缺乏吸引力。

不改革偏向大城市的财政体制机制，我国城市体系的失衡将更为严重，巨型城市的"城市病"将更为严重，贫富差距问题将更为严重，城市剩男剩女问题将更为严重，各类城市改变人居环境的努力将更为困难，特大城市和中小城市的发展差距将更为突出，我国各类城市的创新成本将更为高昂，整个国民经济将难以实现由数量型向品质型增长阶段的根本转变。

三　坚定采取倾斜性政策，支持区位条件较好的中小城镇实现跨越式发展

采取倾斜性政策，在区位条件较好的中小城镇布局高技术创新中心，符合高技术产业的发展规律，是主要发达国家布局高技术创新中心的重要经验。例如，剑桥大学和剑桥工业园就在剑桥这个 12 万人的小城市，斯坦福大学和硅谷也是在一个没有工业基础的农业区兴建起来的。

中小城镇发展滞后是我国掉入"中等收入陷阱"的主要威胁。在区位条件较好的中小城镇兴建高技术创新中心是实现中小城镇跨越式发展的有效途径。在当前中小城镇对高端创新要素缺乏吸引力、公共服务设施不健全、经济发展普遍缺乏动力的情况下，有必要采取倾斜性政策，鼓励区位条件较好的中小城镇跨越式发展。

一批区位条件较好的中小城镇实现跨越式发展，有利于彻底改变我国城市体系失衡的现实，有利于我国大、中、小城市和小城镇人居环境的改善，有利于减轻巨型城市的"城市病"，有利于提高各类城市的全要素生产率，有利于我国经济摆脱当前经济下行的压力，推进我国城镇化和经济健康发展。

四　坚定把过度聚集于巨型城市的第二、第三产业分散到中小城镇

在 20 世纪 60 年代，巴黎地区聚集了法国 21% 的熟练产业工人、39% 的专业和管理人员、48% 的合格工程师、72% 的研发人员。为鼓励中小城市发展，促进经济健康持续增长，法国政府采取了鼓励先进生产要素向中小城市转移和聚集的政策。一是明令禁止在巴黎、里昂、马赛等地区新建和扩建工厂，不执行者将给以重罚；二是设立"地方化奖金"，鼓励中央机构向外省迁移；三是奖励在落后地区扩建和新建工厂的企业，并发展各类现代服务业。空中客车总部落户 43 万人口的法国南部城市图卢兹就是这一政策的代表性成果之一。我国目前先进生产要素聚集于巨型城市的情形与 20 世纪 60 年代的法国十分相似。

我国劳动力市场和土地市场的特征决定了聚集不经济传导机制在我

国存在严重的失灵，仅靠市场机制，我国城市体系的失衡会更为恶化，因此，要实现资源在大、中、小城市间合理配置，促进大、中、小城市协调发展，政府必须弥补市场失灵，坚定把过度聚集于北京、上海、深圳、广州、武汉、杭州、郑州等巨型城市的第二、第三产业分散到区位条件较好的中小城镇。

五　坚定以大、中、小城市和小城镇的人居环境建设为重要抓手，提高我国城镇化质量，推动我国经济由数量型向品质型转型增长

人居环境是我国各类城市与发达国家的发展差距最突出的表现，也是我国城镇化和经济持续健康发展的难点。在人居环境方面，各类规模城市既存在着一些共性问题，如城市自然风光没有得到很好的保护和合理利用，城市自然环境受到不同程度的破坏；不同规模城市存在着不同的问题，特大城市和巨型城市主要表现为房价过高、交通拥挤，上下班通勤时间过长，大量农民工和外来人口住房困难，"蜗居""蚁族"问题突出，农民工难以实现市民化；中小城市和小城镇主要表现为缺乏合理的城市规划，街道和小区脏乱差问题比较普遍。

当前，中小城镇由于缺乏产业支撑，对人口吸引力不足，房地产业面临去库存的压力；重点一、二线城市房地产业又面临房价过高，居民购买力不足，房地产泡沫较为严重的风险，广大居民进一步改善居住条件的潜力不大。为了我国城镇化和经济及房地产行业的健康发展，必要采取倾斜性政策，支持区位条件较好的中小城镇发展第二、第三产业，增强对人口的吸引力。这样，既有利于降低中小城镇房地产库存的压力，又有利于规避大城市高房价的压力，有效地改善进程农民工及其他人口的住房问题。

只有当众多的中小城镇的第二、第三产业发展起来，并具备足够的竞争力之后，我国居民的人居环境才能持续改善。仅靠几个重点一、二线城市，我国城镇居民的人居环境将长期难以改善，我国的房地产业发展道路将越走越窄，难以实现持续健康发展。我国城镇化和经济将失去房地产业和人居环境行业这一重要支撑。

参考文献

［1］曹红颖：《我国基本公共服务均等化标准体系及转移支付效果评价》，《经济研究》2012 年第 6 期。

［2］陈斌开、杨依山、许伟：《中国城镇居民劳动收入差距演变及其原因：1990—2005》，《经济研究》2009 年第 12 期。

［3］陈利锋、范红忠、李伊涵：《生产与人口的集中促进了经济增长吗？——来自日本的经验和教训》，《人口与经济》2012 年第 6 期。

［4］陈璐：《性别、婚姻和主观幸福感》，博士学位论文，复旦大学，2013 年。

［5］陈钊、万广华、陆铭：《行业间不平等：日益重要的城镇收入差距成因——基于回归方程的分解》，《中国社会科学》2010 年第 3 期。

［6］陈钊、徐彤：《走向"为和谐而竞争"：晋升锦标赛下的中央和地方治理模式变迁》，《世界经济》2011 年第 9 期。

［7］戴永安：《中国城市化效率及其影响因素——基于随机前沿生产函数的分析》，《数量经济技术经济研究》2010 年第 12 期。

［8］鄂璠：《2011—2012 中国幸福小康指数——影响幸福感的三大因素：收入、健康、婚姻》，《小康》2012 年第 11 期。

［9］范红忠：《我国大城市生产和人口过度集中的原因分析》，《城市问题》2009 年第 11 期。

［10］范红忠、李国平：《对我国生产与人口分布现状与问题的比较分析》，《预测》2003 年第 6 期。

［11］范红忠、李名良：《城市规模与中国城镇适龄青年个体结婚概率》，《中国人口科学》2015 年第 5 期。

［12］范红忠、连玉君：《家庭内部和家庭外部的农村剩余劳动力》，

《世界经济》2010 年第 11 期。

[13] 范红忠、岳国宝:《中国、美国国家功能集中度比较分析》,《经济与管理研究》2010 年第 9 期。

[14] 范红忠、张婷、李名良:《城市规模、房价与居民收入差距》,《当代财经》2013 年第 12 期。

[15] 范红忠、周启良:《农户土地种植面积与土地生产率的关系》,《中国人口·资源与环境》2014 年第 12 期。

[16] 傅十和、洪俊杰:《企业规模、城市规模与集聚经济》,《经济研究》2008 年第 11 期。

[17] 高春:《1998—2003 城市生产效率:基于包络技术的实证研究》,《当代经济科学》2007 年第 29 期。

[18] 高颖、张秀兰:《北京市近年婚配状况的特征及分析》,《中国人口科学》2011 年第 6 期。

[19] 格莱泽:《创意阶层的崛起》,中信出版社 2010 年版。

[20] 郭庆旺、贾俊雪:《地方政府行为、投资冲动与宏观经济稳定》,《管理世界》2006 年第 5 期。

[21] 国家统计局:《我国农民工监测报告》,2012 年。

[22] 韩琦:《用心灵和情感撰写的拉丁美洲历史——读〈丰饶的苦难:拉丁美洲笔记〉》,《拉丁美洲研究》1999 年第 2 期。

[23] 韩宇:《美国高技术城市成功因素探析》,《厦门大学学报》(哲学社会科学版)2007 年第 4 期。

[24] 何立新、潘春阳:《破解中国的 "Easterlin 悖论":收入差距、机会不均与居民幸福感》,《管理世界》2011 年第 8 期。

[25] 何志扬:《城市的经济社会问题与城市化战略的调整》,《城市问题》2009 年第 3 期。

[26] 何志扬:《城市化道路国际比较研究》,博士学位论文,武汉大学,2009 年。

[27] 亨德森:《中国的城市化:面临的政策问题与选择》,《城市发展研究》2007 年第 4 期。

[28] 侯风云:《中国农村人力资本收益率研究》,《经济研究》2004 年第 12 期。

[29] 黄季煜、刘莹:《农村环境污染情况及影响因素分析》,《管理学

报》2010 年第 11 期。

［30］江涛：《收入差距推迟婚姻吗？——理论与经验证据》，《经济评论》2013 年第 2 期。

［31］江小涓、李辉：《我国地区之间实际收入差距小于名义收入差距——加入地区间价格差异后的一项研究》，《经济研究》2005年第 9 期。

［32］姜全保、李晓敏、Marcus W. Feldman：《中国婚姻挤压问题研究》，《中国人口科学》2013 年第 5 期。

［33］金相郁：《城市全要素生产率研究：1990—2003》，《上海经济研究》2006 年第 7 期。

［34］金相郁：《韩国国土规划的特征及对中国的借鉴意义》，《城市规划汇刊》2003 年第 7 期。

［35］金相郁：《最佳城市规模理论与实证分析：以中国三大直辖市为例》，《上海经济研究》2004 年第 7 期。

［36］柯善咨：《中国城市与区域经济增长的扩散回流与市场区效应》，《经济研究》2009 年第 8 期。

［37］柯善咨、赵曜：《产业结构、城市规模与中国城市生产率》，《经济研究》2014 年第 4 期。

［38］李国平、范红忠：《生产集中、人口分布与地区经济差异》，《经济研究》2013 年第 11 期。

［39］李敏纳、覃成林、李润田：《中国社会性公共服务区域差异分析》，《经济地理》2009 年第 6 期。

［40］李瑞林、李正升：《巴西城市化模式的分析及启示》，《城市问题》2006 年第 4 期。

［41］李实、罗楚亮：《中国收入差距到底有多大？——对修正样本结构偏差的尝试》，《经济研究》2011 年第 4 期。

［42］梁婧、张庆华、龚六堂：《城市规模与劳动生产率：中国城市规模是否过小?》，《经济学》（季刊）2015 年第 3 期。

［43］梁燕、金勇进：《顾客满意度模型的样本量研究》，《统计研究》2007 年第 7 期。

［44］卢现祥、李晓敏、卢青：《湖北省城乡公共服务均等化：现状、问题与对策》，《学习与实践》2009 年第 11 期。

[45] 鲁晓东、连玉君：《中国工业企业全要素生产率估计：1999—2007》，《经济学》（季刊）2012 年第 11 期。

[46] 陆铭、陈钊：《城市化、城市倾向的经济政策与城乡收入差距》，《经济研究》2004 年第 6 期。

[47] 陆铭、陈钊：《首位城市该多大？——国家规模、全球化和城市化的影响》，《学术月刊》2014 年第 5 期。

[48] 宁光杰：《中国大城市的工资高吗？——来自农村外出劳动力的收入证据》，《经济学》（季刊）2014 年第 3 期。

[49] 彭代彦、赖谦进：《农村基础设施建设的福利影响》，《管理世界》2008 年第 3 期。

[50] 漆畅青、何帆：《亚洲国家城市化的发展及其面临的挑战》，《世界经济与政治》2004 年第 11 期。

[51] 钱颖一：《硅谷的故事》，《经济社会体制比较》2001 年第 1 期。

[52] 青木昌彦：《中国城市化面临的三大挑战》，《上海经济》2010 年第 4 期。

[53] 任强、安体富：《中国公共服务均等化水平指标体系的构建——基于地区差别视角的量化分析》，《财贸经济》2008 年第 6 期。

[54] 任强、郑维东：《婚姻市场挤压的决定因素》，《人口学刊》1998 年第 5 期。

[55] 谭旭峰：《剑桥科技园区发展告诉我们什么?》，《中国高新区》2004 年第 6 期。

[56] 谭旭峰、孟庆华：《日本筑波科学城——现代科技的乌托邦》，《中国高新区》2004 年第 9 期。

[57] 汤凤林、雷鹏飞：《收入差距、居民幸福感与公共支出政策——来自中国社会综合调查的经验分析》，《经济学动态》2014 年第 4 期。

[58] 万广华：《中国农村区域间居民收入差异及其变化的实证分析》，《经济研究》1998 年第 5 期。

[59] 王鹏：《收入差距对中国居民主观幸福感的影响分析——基于中国综合社会调查数据的实证研究》，《中国人口科学》2011 年第 3 期。

[60] 王守坤：《中国转移支付体制的公共服务均等化效应：分布演进

与计量检验》,《经济经纬》2012 年第 4 期。

[61] 王小鲁:《中国城市化路径与城市规模的经济学分析》,《经济研究》2010 年第 10 期。

[62] 王小鲁、樊纲:《中国收入差距的走势和影响因素分析》,《经济研究》2005 年第 10 期。

[63] 王小鲁、夏小林:《优化城市规模推动经济增长》,《经济研究》1999 年第 9 期。

[64] 王章辉、黄柯可:《欧美农村劳动力的转移与城市化》,社会科学文献出版社 1999 年版。

[65] 王智波、李长洪:《婚姻匹配结构与主观幸福感——来自中国大样本微观数据的实证研究》,《南方人口》2014 年第 4 期。

[66] 王宗萍:《透视出生性别比偏高现象》,《人口研究》2003 年第 5 期。

[67] 吴要武、刘倩:《高校扩招对婚姻市场的影响:剩女?剩男?》,《经济学》(季刊) 2014 年第 1 期。

[68] 邢春冰:《农民工与城镇职工的收入差距》,《管理世界》2008 年第 5 期。

[69] 邢占军:《沿海某省城市居民主观幸福感纵向研究》,《心理科学》2005 年第 5 期。

[70] 邢占军:《中国城市居民主观幸福感量表简本的编制》,《中国行为医学科学杂志》2003 年第 6 期。

[71] 邢占军、金瑜:《城市居民婚姻状况与主观幸福感关系的初步研究》,《心理科学》2003 年第 6 期。

[72] 邢占军、王宪昭、焦丽萍等:《几种常用自陈主观幸福感量表在我国城市居民中的试用报告》,《健康心理学杂志》2002 年第 5 期。

[73] 杨建军、李王鸣、王纯彬:《日韩城市化特征与浙江省的比较研究》,《地理学与国土研究》1998 年第 2 期。

[74] 杨振:《中国人口与经济空间分布关系研究》,博士学位论文,兰州大学,2008 年。

[75] 姚俊:《流动就业类型与农民工工资收入——来自长三角制造业的经验数据》,《中国农村经济》2010 年第 11 期。

[76] 姚水安:《大中小城市居民的名义收入与真实收入》,《城市问题》2013 年第 8 期。

[77] 禹静、刘靖、邢春冰:《收入差距与城镇女性的婚姻选择》,《南方经济》2012 年第 9 期。

[78] 张会萍、闫泽峰、刘涛:《城市公共服务满意度调查研究——以宁夏回族自治区银川市为例》,《财政研究》2011 年第 9 期。

[79] 张家唐:《拉美的城市化与"城市病"》,《河北大学学报》(哲学社会科学版) 2003 年第 9 期。

[80] 张军、吴桂英、张吉鹏:《中国省际物质资本存量估算:1952—2000》,《经济研究》2004 年第 10 期。

[81] 张连城、赵家章、张自然:《高生活成本拖累城市生活质量满意度提高——中国 35 个城市生活质量调查报告》,《经济学动态》2012 年第 7 期。

[82] 赵大友、胡晓明:《索菲亚·安蒂波利斯科技园的成功经验对宜昌建设区域科技中心的启示》,《三峡文化研究》2010 年第 10 期。

[83] 赵宇、姜海臣:《基于农民视角的主要农村公共品供给情况——以山东省 11 个县(市)的 32 个行政村为例》,《中国农村经济》2007 年第 5 期。

[84] 郑思齐、曹洋:《居住与就业空间关系的决定机理和影响因素——对北京市通勤时间和通勤流量的实证研究》,《城市发展研究》2009 年第 6 期。

[85] 郑文晖:《拉美城市化的发展特点及启示》,《科技风》2008 年第 4 期。

[86] 郑昭、楚尔鸣、刘婷等:《论构建农村小城镇核心竞争力》,《管理世界》2007 年第 10 期。

[87] 周庆元:《PPS 和简单随机抽样估计效率的实证检验》,《统计与决策》2014 年第 1 期。

[88] 周阳:《基于生活成本调整的真实产出和中国地级以上城市的适宜规模研究》,博士学位论文,华中科技大学,2012 年。

[89] 朱玉春、唐娟莉、郑英宁:《欠发达地区农村公共服务满意度及其影响因素分析——基于西北五省 1478 户农户调查》,《中国人

口科学》2010 年第 2 期。

[90] Abdel – Rahman, H. and M. Fujita, "Product Varieties, Marshallian Externalities and City Size", *Journal of Regional Science*, Vol. 2, 1990, pp. 165 – 183.

[91] Ades, A. and Glaeser, E. , "Trade and circuses: Explaining urban giants", *Quarterly Journal of Economic*, Vol. 110, 1995, pp. 195 – 227.

[92] Albouy, D. , "Are Big Cities Bad Places to Live? Estimating Quality of Life across Metropolitan Areas", *University of Michigan and NBER*, *Working Papers*, 2012.

[93] Albouy, D. , "Evaluating the Efficiency and Equity of Federal Fiscal E-qualization", *Journal of Public Economics*, Vol. 96, 2012, pp. 824 – 839.

[94] Almas, I. , "International Income Inequality: Measuring PPP bias by estimating Engel curves for food", *The American Economic Review*, Vol. 102, No. 2, 2012, pp. 1093 – 1117.

[95] Alonso, W. , "The Economics of urban size", *Papers of the Regional Science Association*, Vol. 26, 1971, pp. 67 – 83.

[96] Arnott Richard, "Does the Henry George Theorem Provide a Practical Guide to Optimal City Size?", *American Journal of Economics and Sociology*, Vol. 63, 2004, pp. 1057 – 1090.

[97] AU, C. C. and Henderson, J. V. , "Are Chinese cities too small?", *Review of Economic Studies*, Vol. 73, 2006, pp. 549 – 576.

[98] AU, C. C. and Henderson, J. V. , "How migration restrictions Limit agglomeration and producivity in China", *Journal of Development Economics*, Vol. 80, 2006, pp. 350 – 388.

[99] Barro, R. and Sala – i – Martin, X. , "Convergence across states and regions", *Brookings Papers on Economic Activity*, No. 1, pp. 82 – 107.

[100] Barro, R. and Sala – i – Martin, X. , "Regional growth and migration: A Japan – usa comparison", *Journal of Japanese and International Economics*, No. 6, 1992, pp. 312 – 46.

[101] Baum – Snow, N. and Pavan, R., "Understanding the City Size Wage Gap", *Review of Economic Studies*, Vol. 79, 2012, pp. 88 – 127.

[102] Becker, R. and Henderson, J. V., "Intra – industry specialization and urban development", *Economics of Cities: Theoretical Perspectives*, Cambridge University Press, 2000.

[103] Benni, B. S., "Status of public services in Karnataka competitive district level analysis", *Journal of Services Research*, special issue (February), 2008, pp. 147 – 164.

[104] Black, D. and Henderson, J. V., "The Theory of Urban Growth", *The Journal of Political Economy*, Vol. 107, 1999, pp. 252 – 283.

[105] Boadway, R. and Flatters, F., "Efficiency and Equalization Payments in a Federal System of Government: A Synthesis and Extension of Recent Results", *Canadian Journal of Economics*, Vol. 15, 1982, pp. 613 – 633.

[106] Bosker, M. and Brakman, S., Garretsen, H. and Schramm, M., "Relaxing Hukou: Increased Labor Mobility and China's Economic Geography", *Journal of Urban Economics*, Vol. 72, 2012, pp. 252 – 266.

[107] Bradburn, N., "The Structure of Psychological Wellbeing", Chicago: Aldine, 1969.

[108] Brandt, L. and Holz, C. A., "Spatial price differences in China: Estimates and implications", *Economic Development and Cultural Change*, Vol. 55, No. 1, 2006, pp. 43 – 86.

[109] Brueckner, J. K., "A test for allocative efficiency in the local public sector", *Journal of Public Economics*, Vol. 19, 1982, pp. 311 – 331.

[110] Buettner, T. and Holm – Hadulla, F., "City Size and the Demand for Local Public Goods", *Regional Science and Urban Economics*, Vol. 43, 2013, pp. 16 – 21.

[111] Chun – Chung Au and J. Vernon Henderson, "Are Chinese Cities Too Small?", *The Review of Economic Studies*, Vol. 73, 2006, pp. 549 –

576.

[112] Chun – Chung Au and J. Vernon Henderson, "How migration restric-
tions limit agglomeration and productivity in China", *Journal of De-
velopment Economics*, Vol. 80, 2006, pp. 350 – 388.

[113] Craig, S. G. , "The impact of congestion on local public good pro-
duction", *Journal of Public Economics*, Vol. 32, 1987, pp. 331 –
353.

[114] Curran, L. B. , Wolman, H. , Hill, E. W. and Furdell, K. , "E-
conomic wellbeing and where we live: Accounting for geographical
cost – of – living differences in the US", *Urban Studies*, Vol. 43,
No. 13, 2006, pp. 2443 – 2466.

[115] Daron Acemoglu, "A Microfoundation for Social Increasing Returns in
Human Capital", *Quarterly Journal of Economics*, Vol. 111, No. 3,
1996, pp. 779 – 804.

[116] David Albouy, "Are Big Cities Bad Places to Live? Estimating Quali-
ty of Life across Metropolitan Areas", *NBER Working Paper*, 2008.

[117] Davis, J. C. and Henderson, J. V. , "Evidence on the political e-
conomy of the urbanization process", *Journal of Urban Economics*,
Vol. 53, 2003, pp. 98 – 125.

[118] Desmet, Klaus, Esteban Rossi – Hansberg, "Urban Accounting and
Welfare", *American Economic Review*, Vol. 103, No. 6, 2013,
pp. 2296 – 2327.

[119] Diener, E. , Diener, M. and Diener, C. , "Factors Predicting the
Subjective Well – being of Nations", *Journal of Personality and Social
Psychology*, Vol. 68, 1995, pp. 653 – 663.

[120] Diener, E. , Suh, E. M. , Lucas, R. and Smith, E. , "Subjective
Well – being: Three Decades of Progress", *Psychological Bulletin*,
Vol. 125, No. 2, 1999, pp. 276 – 302.

[121] Diener, R. , Emmons, R. A. and Larsen, R. J. et al. , "The Satis-
faction with Life Scale", *Journal of Personality Assessment*, Vol. 49,
No. 1, 1985, pp. 71 – 75.

[122] Dixit, A. and Stiglitz, J. , "Monopolistic Competition and Optimum

Product Diversity", *American Economic Review*, Vol. 67, 1977, pp. 297 – 308.

[123] Duranton, G. and Turner, M. A. , "The Fundamental Law of Road Congestion: Evidence from US Cities", *American Economic Review*, Vol. 101, No. 6, 2011, pp. 2616 – 2652.

[124] Ersson, F. and Forslid, R. , "Tax Competition and Economic Geography", *Journal of Public Economic Theory*, No. 5, 2003, pp. 279 – 303.

[125] Fan C. Cindy and Scott, Allen J. , "Industrial Agglomeration and Development: A Survey of Spatial Economic Issues in East Asia and a Statistical Analysis of Chinese Regions", *Economic Geography*, Vol. 79, No. 3, 2003, pp. 295 – 319.

[126] Fenge, R. and Meier, V. , "Why Cities Should Not Be Subsidized", *Journal of Urban Economics*, Vol. 52, 2002, pp. 433 – 447.

[127] Frey, B. S. and Stutzer, A. , "Happiness and public choice", *Public Choice*, Vol. 144 (3 – 4), 2010, pp. 557 – 573.

[128] Fujita, M. and Ogawa, H. , "Multiple equilibrium and structural transition of non – monocentric urban configurations", *Regional Science and Urban Economics*, Vol. 12, 1982, pp. 161 – 196.

[129] Fujita, M. , *Urban Economic Theory: Land Use and City Size*, New York: Cambridge University Press, 1989.

[130] Glaeser, E. L. , Kallal, H. D. and Scheinkman, J. A. et al. , "Growth in cities", *Journal of Political Economy*, Vol. 100, No. 2, pp. 1126 – 1152.

[131] Olley, G. S. and Pakes, A. , "The Dynamic of Productivity in the Telecomunications Equipment Industry", *Econometrica*, Vol. 64, 1996, pp. 1263 – 1297.

[132] Hansen, N. , "Impacts of small and intermediate – sized cities on population distribution: Issues and responses", *Regional Development Dialogue*, Vol. 11, 1990, pp. 60 – 76.

[133] He, C. F. , "Information Costs, Agglomeration Economies and the

Location of Foreign Direct Investment in China", *Regional Studies*, Vol. 36, No. 9, 2002, pp. 1029 – 1036.

[134] Helpman, E., "The Size of Regions", In: Pines, D., Sadka, E. and Zlcha, I. (eds.), *Topics in Public Economics, Theoretical Analysis*, Cambridge: Cambridge University Press, 1998, pp. 34 – 54.

[135] Helsley, R. and Strange W., "Matching and Agglomeration Economics in a System of Cities", *Journal of Urban Economics*, Vol. 20, 1990, pp. 189 – 212.

[136] Henderson J. Vernon, "The sizes and types of cities", *The American Economic Review*, Vol. 64, 1974, pp. 40 – 56.

[137] Henderson, J. V., *Urban Development: Theory, Fact and Illusion*, Oxford University Press, 1988.

[138] Henderson, V., "The urbanization process and economic growth: The so – what question", *Journal of Economic Growth*, Vol. 8, No. 1, 2003, pp. 47 – 71.

[139] Henderson, V., "Urbanization in developing countries", *The World Bank Research Observer*, Vol. 17, No. 1, 2002, pp. 89 – 112.

[140] Hui – Lin Lina, Hsiao – Yun Lia and Chih – Hai Yang, "Agglomeration and productivity: Firm – level evidence from China's textile industry", *China Economic Review*, Vol. 22, 2011, pp. 313 – 329.

[141] Huruya Hiroka, "The Development of Tokyo's Rail Network", *Japan Railway & Transport Review*, Vol. 23, 2000, pp. 22 – 30.

[142] Jennifer, R., "Wages, Rents, and the Quality of Life", *Journal of Political Economy*, Vol. 90, 1982, pp. 1257 – 1278.

[143] Kaplow, L., "Regional cost – of – living adjustments in tax – transfer schemes", *National Bureau of Economic Research*, No. w5008, 1997.

[144] Koo, J., Phillips, K. R. and Sigalla, F. D., "Measuring regional cost of living", *Journal of Business & Economic Statistics*, Vol. 18, No. 1, 2000, pp. 127 – 136.

[145] Krugman, P. R., "Increasing Returns and Economic Geography", *Journal of Political Economy*, Vol. 99, 1991, pp. 483 – 499.

[146] Kuznets, S. , "Modern Economic Growth: Findings and Reflections", *The American Economic Reviews*, Vol. 63, No. 3, 1973, pp. 247 – 258.

[147] Larsen, J. E. and Blair, J. P. , "Public service satisfaction and single family house prices in the USA", *International Journal of Housing Markets and Analysis*, Vol. 3, No. 4, 2010, pp. 278 – 289.

[148] Lee, W. and Choe, B. , "Agglomeration Effect and Tax Competition in the Metropolitan Area", *Annals of Regional Science*, Vol. 49, 2012, pp. 789 – 803.

[149] Lewis, B. D. and Pattinasarany, D. , "Determining citizen satisfaction with local public education in Indonesia: The significance of actual service quality and governance conditions", *Growth and Change*, Vol. 40, No. 1, 2009, pp. 85 – 115.

[150] Lucas, R. E. , "Life earnings and rural – urban migration", *Journal of Political Economy*, Vol. 112, 2004, pp. 29 – 57.

[151] Lucy, W. H. , Gilbert, D. and Birkhead, G. S. , "Equity in local service distribution", *Public Administration Review*, Vol. 37, No. 6, 1977, pp. 687 – 697.

[152] Maddala, G. S. , *Limited – dependent and Qualitative Variables in Economics*, Cambridge University Press, 1983.

[153] Marelli, E. , "Optimal City Size, the productivity of cities and urban production function", *Sistemi Urban*, Vol. 2, 1981, pp. 149 – 163.

[154] McMillan, M. L. , Wilson, W. R. and Arthur, L. M. , "The Publicness of Local Public Goods: Evidence from Ontario Municipalities", *The Canadian Journal of Economics / Revue canadienne d' Economique*, Vol. 14, 1981, pp. 596 – 608.

[155] Mishan, E. J. , *The Costs of Economic Growth*, Harmod Sworth: Penguin Books, 1967.

[156] Moulton, B. R. , "Interarea indexes of the cost of shelter using hedonic quality adjustment techniques", *Journal of Econometrics*, Vol. 68, No. 1, 1995, pp. 181 – 204.

[157] Muth, R. , *Cities and Housing*, University of Chicago Press, 1969.

[158] Ottaviano, G., Tabuchi, T. and Thisse, J., "Agglomeration and Trade Revisited", *International Economic Review*, Vol. 43, 2002, pp. 409 – 435.

[159] Pierre – Philippe Combos, Gilles Duranton, Laurent Gobillon, "Spatial wage disparities: Sorting matters", *Journal of Urban Economics*, Vol. 63, 2008, pp. 723 – 742.

[160] Plüger Michael, Takatoshi Tabuchi, "The Size of Regions With Land Use for Production", *Regional Science and Urban Economics*, Vol. 40, 2010, pp. 481 – 489.

[161] Poncet, S., "Fragmented China: Measure and Determinants of Chinese Domestic Market Disintegration", *Review of International Economics*, Vol. 13, 2005, pp. 409 – 430.

[162] Porter Michael, "Clusters and the New Economics of Competition", *Harvard Business Review*, Vol. 10, 1998, pp. 77 – 90.

[163] Quheng Deng and Shi Li, "What Lies behind Rising Earnings Inequality in Urban China? Regression – based Decompositions", *CESifo Economic Studies*, Vol. 55, 2009, pp. 3 – 4, 598 – 623.

[164] Richardson, H., "The cost of Urbanization: A four Country Comparison", *Economic Development and Cultural Chang*, Vol. 31, 1987, pp. 561 – 580.

[165] Richter, W. F. and Wellisch, D., "The provision of local public goods and factors in the presence of firm and household mobility", *Journal of Public Economics*, Vol. 60, 1996, pp. 73 – 93.

[166] Riou, S., "Transfer and Tax Competition in A System of Hierarchical Governments", *Regional Science and Urban Economics*, Vol. 36, 2006, pp. 249 – 269.

[167] Roomer, "Endogenous Technological Change", *Journal of Political Economy*, Vol. 98, 1990, pp. 71 – 102.

[168] Roos, M. W., "Agglomeration and The Public Sector", *Regional Science and Urban Economics*, Vol. 34, 2004, pp. 411 – 427.

[169] Rousseau, M. P., "Les Parisiens sont surproductifs", *Etudes Foncières*, Vol. 68, 1995, pp. 13 – 18.

[170] Song Huasheng, Thisse Jacques – François and Xiwei Zhu, "Urbanization and/or Rural Industrialization in China", *Regional Science and Urban Economics*, Vol. 42, 2012, pp. 126 – 134.

[171] Stiglitz, J. E. , "The Theory of Local Public Goods", In: Feldstein, M. and Inman, R. P. (eds.), *The Economics of Public Services*. Macmillan, London, 1977, pp. 274 – 333.

[172] Thomas, V. , "Spatial Differences in the cost of living", *Journal of Urban Economics*, Vol. 8, 1980, pp. 108 – 122.

[173] Todaro, M. P. , "A model of labor migration and urban unemployment in less development countries", *AER*, Vol. 59 (March), 1969, pp. 421 – 47.

[174] Tuan, C. and Ng, L. F. , "Manufacturing Agglomerationas Incentives to Asian FDI in China after WTO", *Journal of Asian Economics*, Vol. 15, 2004, pp. 673 – 693.

[175] Wang An – ming and Zeng Dao – zhi, "Agglomeration, Tax and Local Public Goods", *Hitotsubashi Journal of Economics*, Vol. 54, 2013, pp. 177 – 201.

[176] Wildasin, D. E. , "Theoretical Analysis of Local Public Economics", *Handbook of Regional and Urban Economics II*, 1987, pp. 1131 – 1178.

[177] Williamson, J. , "Regional inequality and the process of national development", *Economic Development and Cultural Change*, Vol. 13, No. 4, 1965, pp. 3 – 45.

[178] Yu Xiaohua, "Air pollution and policy choices for the residents in Beijing", *Working Paper*, 2014.

[179] Zheng, S. , Fu, Y. and Liu, H. , "Demand for Urban Quality of Living in China: Evolution in Compensating Land – Rent and Wage – Rate Differentials", *The Journal of Real Estate Finance and Economics*, Vol. 38, 2008, pp. 194 – 213.

[180] Zheng, X. P. , "Determinants of Agglomeration Economies and Diseconomies: Empirical Evidence from Tokyo", *Socio – economic Planning Sciences*, Vol. 35, 2001, pp. 131 – 144.

致　谢

　　本书是在笔者主持的国家社会科学基金项目结项报告的基础上进一步修改完善而成的。衷心感谢国家社会科学基金结项报告的匿名评审专家，衷心感谢我校文科处组织的对申请出版资助的著作进行匿名评审的专家，衷心感谢华中科技大学经济学院徐长生教授和张建华教授，他们富有建设性的修改建议对笔者修改完善本书起到了非常重要的作用。当然，所有文责由本书另一作者和笔者承担。

　　衷心感谢中国社会科学出版社卢小生老师。本书顺利出版，离不开他的热情帮助和卓越的编辑工作。

　　衷心感谢华中科技大学城市规划和建设学院万艳华教授，华中科技大学经济学院宋德勇教授、汪小勤教授、方齐云教授、李昭华教授、刘海云教授、卫平教授、彭代彦教授、周少甫教授、李卫兵副教授和学院其他同事的热情帮助。

　　衷心感谢给笔者热情帮助的华中科技大学经济学院的研究生们，他们是周启良、李名良、冯亚平、王伟波、向明、陈利锋、范阳、王相华、岳文涛、任为、陈颖超、王文双、胡耀文、侯曼青、叶之晨、汪玉杰。没有这些研究生富有创造性的帮助，本书将难以完成。

范红忠

2017 年 6 月 26 日于华中科技大学经济学院